काम के लिए जुनून जो आपको पसंद है

अरविंद उपाध्याय

भिक्षु का जुनून
"'अपने जुनून का पालन करें'
खतरनाक सलाह।"
थॉमस को इस बात का अहसास था
अंतिम स्थानों में से एक जो आप कर सकते हैं
अपेक्षा करना। वह एक पगडंडी पर चल रहा था
ओक के जंगल के माध्यम से जो रूपरेखा करता है
ट्रेम्पर का दक्षिणी कटोरा
पर्वत। पगडंडी में से एक थी
कई जो 230 से पार करते हैं-
ज़ेन माउंटेन की एकड़ संपत्ति
मठ, जिसने इसे कहा है
कैट्सकिल पर्वत का कोना
1980 के दशक की शुरुआत से घर। थॉमस
आधे रास्ते में दो साल का था
मठ में रहो, जहां वह था
एक अभ्यास करने वाला भिक्षु। उसका आगमन,
एक साल पहले, किया गया था
एक सपना-नौकरी कल्पना की पूर्ति
जिसे उन्होंने वर्षों से पाला था। वह
सभी के लिए अपने जुनून का पालन किया था
चीजें ज़ेन में यह एकांत
Catskills पीछे हट गए और उम्मीद की थी
बदले में खुशी। जैसे ही वह खड़ा हुआ
उस दोपहर ओक का जंगल,
हालाँकि, वह रोने लगा, उसका
कल्पना उसके चारों ओर टूट रही है।
"मैं हमेशा पूछ रहा था, 'क्या है'
जीवन का अर्थ?'" थॉमस ने बताया
जब मैं उनसे पहली बार कॉफी पर मिला था
कैम्ब्रिज, मैसाचुसेट्स में दुकान।
तब तक कई साल बीत चुके थे
में थॉमस की प्राप्ति के बाद से

Catskills, लेकिन वह रास्ता जिसने उसे आगे बढ़ाया
उस बिंदु तक स्पष्ट रहा और वह
इसके बारे में बात करने के लिए उत्सुक था, जैसे कि
पुनर्गणना से भूत भगाने में मदद मिलेगी
उसके जटिल अतीत के राक्षस।
कुंवारे लोगों की जोड़ी कमाने के बाद
दर्शन और धर्मशास्त्र में डिग्री,
फिर में मास्टर डिग्री
तुलनात्मक धर्म, थॉमस
तय किया कि ज़ेन बौद्ध अभ्यास
सार्थक जीवन की कुंजी थी।
"इतना बड़ा क्रॉसओवर था
दर्शन के बीच मैं था
अध्ययन और बौद्ध धर्म कि I
सोचा, 'मुझे अभी अभ्यास करने दो'
बौद्ध धर्म सीधे इनका उत्तर देने के लिए
बड़े सवाल, " उसने मुझसे कहा।
स्नातक होने के बाद, हालांकि,
थॉमस को पैसे की जरूरत थी, इसलिए उसने ले लिया
विभिन्न नौकरियों पर। उन्होंने एक बिताया
वर्ष, उदाहरण के लिए, अंग्रेजी पढ़ाना
गुमी में, एक औद्योगिक शहर
मध्य दक्षिण कोरिया। बहुतों के लिए, जीवन
पूर्वी एशिया में रोमांटिक लग सकता है,
लेकिन यह विदेशीवाद जल्द ही खत्म हो गया
थॉमस। "हर शुक्रवार की रात, के बाद"
काम, पुरुष इकट्ठा होंगे
ये सड़क गाड़ियां, जिनमें तंबू थे
उनमें से विस्तार, "थॉमस
मुझे बताया। "वे पीने के लिए इकट्ठे हुए"
सोजू [एक आसुत चावल शराब] देर से
रात। वहीं सर्दियों के दौरान
इन से आ रही भाप होगी

तंबू, पीने वाले सभी पुरुषों से।
हालाँकि, जो मुझे सबसे ज्यादा याद है, वह है
कि अगली सुबह सड़कों
सूखी उल्टी में ढक जाएगा।"
थॉमस की खोज ने भी प्रेरित किया
उसे चीन और में यात्रा करने के लिए
तिब्बत, और दक्षिण में समय बिताने के लिए
अफ्रीका, अन्य यात्राओं के बीच,
लंदन में समाप्त होने से पहले
डेटा में काफी सुस्त काम करना
प्रवेश। इस अवधि के दौरान,
थॉमस ने अपने विश्वास का पोषण किया
कि बौद्ध धर्म ने उसकी कुंजी धारण की
ख़ुशी। समय के साथ, यह
दिवास्वप्न के विचार में विकसित हुआ
वह एक साधु के रूप में रह रहे हैं। "मैंने बनाया था
इस तरह की एक अविश्वसनीय कल्पना के बारे में
ज़ेन अभ्यास और ज़ेन में रहना
मठ, "उन्होंने मुझे समझाया। "यह
मेरे सपने का प्रतिनिधित्व करने आया था
सच।" बाकी सभी काम ठप
इस कल्पना की तुलना। वह था
अपने जुनून का पालन करने के लिए समर्पित।
लंदन में रहते हुए यह था
थॉमस ने पहली बार ज़ेनू के बारे में सीखा
माउंटेन मठ, और वह था
तुरंत इसकी ओर आकर्षित
गंभीरता। "ये लोग थे"
वास्तव में गहन और ईमानदारी से अभ्यास करना
ज़ेन, "वह याद करते हैं। उसका जुनून
जोर देकर कहा कि ज़ेन पर्वत
मठ वहीं था जहां वह था।
थॉमस को नौ महीने लगे

आवेदन प्रक्रिया को पूरा करने के लिए।
जब वह आखिरकार कैनेडी पहुंचे
हवाई अड्डे, को मंजूरी दे दी गई है
लाइव आओ और अभ्यास करें
मठ, वह लेने के लिए एक बस में सवार हुआ
उसे Catskill ग्रामीण इलाकों में।
सवारी में तीन घंटे लगे। बाद में
शहर के फैलाव को छोड़कर, बस
की एक श्रृंखला के माध्यम से आगे बढ़े
दृश्यों के साथ विचित्र शहर
"उत्तरोत्तर अधिक" प्राप्त करना
सुंदर।" लगभग के एक दृश्य में
काल्पनिक प्रतीकवाद, बस
अंत में के पैर पर पहुंच गया
ट्रेम्पर माउंटेन, जहां यह
रुक गया और थॉमस को एक पर बाहर जाने दिया
चौराहा वह बस से चला गया
की ओर जाने वाली सड़क को रोकें
मठ का प्रवेश द्वार, जो था
गढ़ा-लोहे की एक जोड़ी द्वारा संरक्षित
द्वार, नए आगमन के लिए खुला छोड़ दिया।
एक बार मैदान पर, थॉमस
मुख्य भवन से संपर्क किया, a
चार मंजिला परिवर्तित चर्च
स्थानीय ब्लूस्टोन से निर्मित
और स्थानीय ओक के साथ लकड़ी। "यह है
मानो पहाड़ ने खुद को एक के रूप में पेश किया
आध्यात्मिक के लिए निवास स्थान
अभ्यास" इस प्रकार के भिक्षुओं
मठ उनके में इसका वर्णन करते हैं
आधिकारिक साहित्य। अतीत को धक्का देना
ओकन डबल दरवाजे, थॉमस था
एक भिक्षु द्वारा अभिवादन किया गया था

नवागंतुकों का स्वागत करने का काम सौंपा।
भावनाओं का वर्णन करने के लिए संघर्ष
इस अनुभव के, थॉमस अंत में
मुझे यह समझाने में कामयाब रहे
इस प्रकार है: "यह वास्तव में होने जैसा था"
भूख लगी है, और आप जानते हैं कि आप
यह अद्भुत भोजन प्राप्त करने जा रहे हैं-
यही इसका प्रतिनिधित्व करता है
मुझे।"
एक भिक्षु के रूप में थॉमस का नया जीवन
काफी अच्छी शुरुआत की। वह में रहता था
छोटा केबिन, जंगल में वापस सेट
मुख्य भवन से। जल्दी में उसका
उन्होंने एक वरिष्ठ भिक्षु से मुलाकात की, जो
एक समान केबिन में रह रहे थे
पंद्रह साल से अधिक के लिए, अगर वह कभी मिला
जोड़ने वाली पगडंडी पर चलते-चलते थक गए
मुख्य भवन के लिए आवास।
"मैं अभी इसे सीखना शुरू कर रहा हूँ,"
साधु ने मन लगाकर उत्तर दिया।
ज़ेन पर्वत पर दिन
एमओ 4:30 . से शुरू हुआ बुरा हाल
पूर्वाह्न, के समय पर निर्भर करता है
साल। मौन में रहकर,
भिक्षु सुबह नमस्कार करेंगे
चालीस से अस्सी मिनट के साथ
के साथ व्यवस्थित मैट पर ध्यान
मुख्य में "ज्यामितीय परिशुद्धता"
बड़ा कमरा। गोथिक के बाहर का दृश्य
हॉल के सामने की खिड़कियां थी
शानदार, लेकिन मैट ने रखा
ध्यानी बहुत कम बाहर देखने के लिए। ए
हॉल मॉनिटर की जोड़ी सबसे पीछे बैठी है

कमरे की, कभी-कभी पेसिंग
मैट के बीच। थॉमस ने समझाया:
"यदि आप अपने आप को गिरते हुए पाते हैं
सो रहे हैं, आप अनुरोध कर सकते हैं कि वे
आपको उस छड़ी से मारा, जिसके लिए उन्होंने रखा था
इस उद्देश्य।"
नाश्ते के बाद उसी में खाया
महान हॉल, सभी को सौंपा गया था
नौकरियां। थॉमस ने सफाई में बिताया समय
शौचालय और फावड़ा खाई भाग के रूप में
अपने घर की सफाई के कर्तव्यों का, लेकिन वह
भी सौंपा गया था, कुछ हद तक
कालानुक्रमिक रूप से, संभालने के लिए
मठ के लिए ग्राफिक डिजाइन
प्रिंट जर्नल। एक खास दिन
अधिक ध्यान के साथ जारी रखा,
वरिष्ठ चिकित्सकों के साथ साक्षात्कार,
और अक्सर लंबा, अभेद्य धर्म
व्याख्यान। भिक्षुओं को एक दिया गया था
हर शाम को खाने से पहले ब्रेक लें।
थॉमस ने अक्सर इसका फायदा उठाया
लकड़ी के चूल्हे को जलाने के लिए यह राहत
अपने केबिन में, ठंड की तैयारी
कैटस्किल नाइट्स।
थॉमस की समस्याएं शुरू हुईं
कोन्स। ज़ेनो में एक कोआन
परंपरा, एक शब्द पहेली है, अक्सर
एक कहानी या एक प्रश्न के रूप में प्रस्तुत किया।
वे तार्किक अवहेलना करने के लिए हैं
जवाब देते हैं और इसलिए आपको मजबूर करते हैं
अधिक सहज ज्ञान युक्त पहुंचें
वास्तविकता की समझ। में
मुझे अवधारणा समझाते हुए,

थॉमस ने निम्नलिखित दिया
उदाहरण, जिसका उसने सामना किया था
अपने अभ्यास में जल्दी: "मुझे दिखाओ an
तेज हवा में अचल पेड़। ”
"मैं यह भी नहीं जानता कि क्या
इसका उत्तर ऐसा लगेगा, " मैं
विरोध किया।
"एक साक्षात्कार में," उन्होंने समझाया,
"आपको तुरंत जवाब देना है, नहीं"
विचार। यदि आप इस तरह रुकते हैं, तो वे
तुम्हें कमरे से बाहर निकालो;
साक्षात्कार समाप्त हो गया है।"
"ठीक है, मैं होता
बाहर निकाल दिया।"
"यहां वह उत्तर है जो मैंने पास करने के लिए दिया था
कोन, ”उन्होंने कहा। "मैं खड़ा था, जैसे a
पेड़, और मेरे हाथ थोड़ा लहराया
मानो हवा में। सही? बिंदु
क्या यह एक अवधारणा है जो आप वास्तव में हैं
शब्दों में कैद नहीं कर सकता। ”
पहली बड़ी बाधाओं में से एक
युवा व्यवसायी गंभीर रूप से सामना करता है
ज़ेन अभ्यास म्यू कोन है:
इस कोन को पास करना सबसे पहले है
ज़ेन बौद्ध धर्म के "आठ द्वार"।
जब तक आप इस मुकाम तक नहीं पहुंच जाते,
आपको अभी तक गंभीर नहीं माना गया है
अभ्यास के छात्र। थॉमस
यह समझाने के लिए अनिच्छुक लग रहा था
मेरे लिए कोन। मुझे इसका सामना करना पड़ा था
ज़ेन पर मेरे शोध से पहले:
क्योंकि ये पहेलियाँ अवहेलना करती हैं
तर्कसंगतता, वर्णन करने का कोई भी प्रयास

उन्हें एक गैर-व्यवसायी के लिए हो सकता है
तुच्छ बनाना। इस वजह से मैंने नहीं किया
विवरण के लिए थॉमस दबाएं। इसके बजाय, मैं
इसे गुगल किया। यहाँ एक अनुवाद है I
मिल गया:
रास्ते के एक तीर्थयात्री ने पूछा
ग्रैंड मास्टर झाओझोउ,
"क्या कुत्ते के पास बुद्ध होते हैं"
प्रकृति है या नहीं?" झाओझोउ
कहा, "म्यू।"
चीनी में, म्यू अनुवाद
मोटे तौर पर "नहीं।" के मुताबिक
व्याख्याएं मैंने पाया, झाओझोउ is
तीर्थयात्री का जवाब नहीं
सवाल, लेकिन इसके बजाय इसे आगे बढ़ा रहा है
प्रश्नकर्ता के पास वापस। थॉमस
इस कोन को पारित करने के लिए संघर्ष किया,
महीनों तक इस पर गहनता से ध्यान केंद्रित किया।
"मैंने काम किया और उस पर काम किया
कोन, "उसने मुझसे कहा। "मैं सोने गया
इसके साथ; मैंने इसे अपने पूरे में रहने दिया
तन।"
फिर उसने तोड़ दिया।
"एक दिन मैं चल रहा था
जंगल, और एक पल बीत गया। मैंने खा लिया
इन पत्तों को देख रहा था, और 'मैं'
ग़ायब हो चुका था। हम सब अनुभव करते हैं
इस तरह की चीजें लेकिन कोई भी संलग्न न करें
उनके लिए महत्व। लेकिन जब मेरे पास था
इस अनुभव के लिए, मैं तैयार था
यह, और यह क्लिक किया। मुझे एहसास हुआ, 'यह है'
पूरा कोन।' "थॉमस हड
की एकता की एक झलक हासिल की

प्रकृति जो इसका मूल बनाती है
बौद्ध धर्म की समझ
दुनिया। यही एकता थी
कोन को जवाब दिया।
उत्साहित, a . के साथ अपने अगले साक्षात्कार में
वरिष्ठ भिक्षु थॉमस ने बनाया a
इशारा- "एक साधारण इशारा,
कुछ ऐसा जो आप कर सकते हैं
रोज़मर्रा की ज़िंदगी "- इससे यह स्पष्ट हो गया
कि उसके पास एक सहज ज्ञान युक्त था
कोन की समझ
उत्तर। उन्होंने इसे के माध्यम से बनाया था
पहला द्वार: वह आधिकारिक तौर पर गंभीर था
झेन का छात्र।
पास होने के बाद यह लंबे समय तक नहीं था
म्यू कोआन कि थॉमस के पास था
जुनून के बारे में अहसास। वह था
उसी जंगल में घूमना जहाँ
उसने कोन फोड़ दिया था। हथियारबंद
द्वारा प्रदान की गई अंतर्दृष्टि के साथ
म्यू पास करने के बाद, वह शुरू हो गया था
एक बार के मोटे लेक्चर को समझें
वरिष्ठ . द्वारा अधिकांश दिन दिए गए
भिक्षु "जैसे ही मैं उस राह पर चला, मैं
महसूस किया कि ये व्याख्यान सभी थे
उसी के बारे में बात कर रहे हैं
म्यू कोआन, "थॉमस ने कहा। अन्य में
शब्द, यह था। यह क्या था
इरेड के ज़ेन भिक्षु के रूप में जीवन:
तेजी से परिष्कृत संगीत
इस पर, मूल अंतर्दृष्टि।
वह अपने चरम पर पहुंच चुका था
जुनून - वह अब ठीक से कर सकता था

खुद को ज़ेन अभ्यासी कहते हैं—और
फिर भी, वह अनुभव नहीं कर रहा था
अविरल शांति और खुशी कि
अपने दिवास्वप्नों को आबाद किया था।
"वास्तविकता यह थी, कुछ भी नहीं था"
बदला हुआ। मैं बिल्कुल वैसा ही था
व्यक्ति, उसी चिंता के साथ और
चिंताएं रविवार की देर थी
दोपहर जब मैं इस पर आया
अहसास, और मैंने अभी शुरू किया
रोना।"
थॉमस ने उसका अनुसरण किया था
ज़ेन पर्वत के लिए जुनून
मठ, विश्वास, जितने करते हैं,
कि खुशी की कुंजी है
अपने सच की पहचान कॉलिंग और
फिर सभी के साथ उसका पीछा करना
साहस आप जुटा सकते हैं। लेकिन जैसे
थॉमस ने अनुभव किया कि देर से
रविवार की दोपहर ओक के जंगल में,
यह विश्वास भयावह रूप से भोला है।
एक बनने के अपने सपने को पूरा करना
पूर्णकालिक ज़ेन अभ्यासी ने नहीं किया
जादुई रूप से उसके जीवन को अद्भुत बनाते हैं।
जैसा कि थॉमस ने खोजा, पथ
खुशी के लिए - कम से कम जैसा कि इसका संबंध है
आप जीविका के लिए क्या करते हैं—और भी है
केवल उत्तर देने से जटिल
क्लासिक प्रश्न "मुझे क्या करना चाहिए"
मेरे जीवन के साथ करो?"
एक खोज शुरू
2010 की गर्मियों तक, मेरे पास था
उत्तर देने का जुनून सवार हो जाता है a

सरल प्रश्न: कुछ क्यों करते हैं
लोग जो करते हैं उससे प्यार करते हैं,
जबकि कई अन्य इसमें असफल होते हैं
लक्ष्य? यह जुनून था जिसने नेतृत्व किया
मुझे थॉमस जैसे लोगों के लिए, जिनके
कहानियों ने एक अंतर्दृष्टि को मजबूत करने में मदद की I
लंबे समय से सच होने का संदेह था:
जब काम बनाने की बात आती है
आप प्यार करते हैं, अपने जुनून का पालन करना है
विशेष रूप से उपयोगी सलाह नहीं।
क्या शुरू हुआ के लिए स्पष्टीकरण
मुझे नीचे यह रास्ता कुछ जाता है
इस तरह: की गर्मियों के दौरान
2010, जब यह व्यस्तता पहले
भाप उठाई, मैं एक था
एमआईटी में पोस्टडॉक्टोरल एसोसिएट,
जहां मैंने अपनी पीएचडी अर्जित की थी
कंप्यूटर विज्ञान साल पहले। मैं
प्रोफेसर बनने की राह पर था,
जो, जैसे स्नातक कार्यक्रम में
एमआईटी, को ही माना जाता है
सम्मानजनक पथ। अगर सही किया, a
प्रोफेसरशिप जीवन भर का काम है। मैं
दूसरे शब्दों में, 2010 में मैं योजना बना रहा था
मेरा पहला और आखिरी क्या हो सकता है
नौकरी की तलाश। अगर कभी
पता करें कि क्या जुनून पैदा करता है
किसी की आजीविका के लिए, यह था।
my . पर अधिक जोर से टगिंग करना
इस अवधि के दौरान ध्यान था
बहुत वास्तविक संभावना है कि मैं नहीं करूंगा
बिल्कुल एक प्रोफेसरशिप के साथ समाप्त करें।
थॉमस से मिलने के कुछ समय बाद, I

my . के साथ एक बैठक की स्थापना की थी
मेरी अकादमिक नौकरी पर चर्चा करने के लिए सलाहकार
तलाशी। "स्कूल कितने बुरे होते हैं
तुम जाना चाहते हो?" उसका था
उद्घाटन प्रश्न। अकादमिक नौकरी
बाजार हमेशा क्रूर होता है, लेकिन 2010 में,
एक अर्थव्यवस्था के साथ अभी भी मंदी में,
यह विशेष रूप से कठिन था।
मामलों को जटिल बनाने के लिए, my
अनुसंधान विशेषता साबित नहीं हुई थी
हाल के वर्षों में वह सब लोकप्रिय हो।
स्नातक करने वाले अंतिम दो छात्र
उस समूह से जहाँ मैंने my . लिखा था
शोध प्रबंध दोनों के साथ समाप्त हुआ
एशिया में प्रोफेसरशिप, जबकि
पिछले दो पोस्टडॉक्स से गुजरने के लिए
समूह लुगानो में समाप्त हुआ,
स्विट्ज़रलैंड, और विन्निपेग,
कनाडा, क्रमशः। "मैं कहना है,
मुझे पूरी प्रक्रिया मिली
बहुत कठिन, तनावपूर्ण, और
निराशाजनक," इनमें से एक पूर्व
छात्रों ने मुझे बताया। यह देखते हुए कि my
पत्नी और मैं में रहना चाहते थे
संयुक्त राज्य अमेरिका, और अधिमानतः पर
ईस्ट कोस्ट, एक विकल्प जो काफी हद तक
हमारे विकल्प संकुचित, मुझे सामना करना पड़ा
बहुत वास्तविक संभावना है कि my
अकादमिक नौकरी की खोज एक होगी
बस्ट, मुझे अनिवार्य रूप से शुरू करने के लिए मजबूर कर रहा है
खरोंच से यह पता लगाने में कि क्या करना है
मेरे जीवन के साथ करो।
यह पृष्ठभूमि थी

जिसे मैंने लॉन्च किया जो मैंने आखिरकार किया
"मेरी खोज" के रूप में संदर्भित करना शुरू किया। मेरे
सवाल स्पष्ट था: लोग कैसे होते हैं
अंत में वे जो करते हैं उससे प्यार करते हैं? और मैं
एक उत्तर की आवश्यकता थी।
यह पुस्तक दस्तावेज करती है कि मैं क्या हूं
मेरी खोज में मिला।
यहाँ आप क्या उम्मीद कर सकते हैं
आगे के पन्ने:
जैसा कि उल्लेख किया गया है, मैं बहुत दूर नहीं गया
मेरी खोज से पहले मुझे एहसास हुआ, जैसे
थॉमस ने मेरे सामने किया, कि
करियर पर पारंपरिक ज्ञान
सफलता - अपने जुनून का पालन करें - is
गंभीर रूप से त्रुटिपूर्ण। यह न केवल विफल रहता है
वर्णन करें कि अधिकांश लोग वास्तव में कैसे हैं
सम्मोहक करियर के साथ समाप्त, लेकिन
कई लोगों के लिए यह वास्तव में हो सकता है
चीजों को और खराब करना: की ओर ले जाना
पुरानी नौकरी स्थानांतरण और अविश्वसनीय
गुस्से में, जैसा कि उसने थॉमस के लिए किया था,
किसी की वास्तविकता अनिवार्य रूप से कम हो जाती है
सपना।
इसके साथ एक प्रारंभिक बिंदु के रूप में, I
नियम # 1 से शुरू करें, जिसमें मैं फाड़ता हूं
इस जुनून की सर्वोच्चता के नीचे
परिकल्पना। लेकिन मैं वहाँ नहीं रुकता।
मेरी तलाश ने मुझे आगे बढ़ा दिया
जो काम नहीं करता उसकी पहचान करना,
इस बात पर जोर देते हुए कि मैं भी इसका उत्तर दूं
निम्नलिखित: यदि "अपने का पालन करें"
जुनून" बुरी सलाह है, क्या
क्या मुझे इसके बजाय करना चाहिए? मेरी खोज

यह उत्तर, नियमों में वर्णित है
#2–4, मुझे अप्रत्याशित स्थिति में ले आया
स्थान। बेहतर ढंग से समझने के लिए
स्वायत्तता का महत्व, के लिए
उदाहरण के लिए, मैंने एक दिन बिताना समाप्त कर दिया
a . के स्वामित्व वाले जैविक खेत में
युवा आइवी लीग स्नातक। प्रति
बेहतर बारीकियों के बारे में मेरी समझ
कौशल, मैंने पेशेवर के साथ समय बिताया
संगीतकार—मृत्यु के उदाहरण
शिल्पकार संस्कृति जो मैंने सोचा था
के बारे में कुछ महत्वपूर्ण कहना
हम काम के प्रति कैसे दृष्टिकोण रखते हैं। मैं भी
उद्यम की दुनिया में गोता लगाया
पूंजीपति, पटकथा लेखक, रॉक-स्टार
कंप्यूटर प्रोग्रामर, और के
बेशक, हॉटशॉट प्रोफेसरों, नाम के लिए
बीच में बस कुछ और उदाहरण
अनेक—सभी को अलग करने के प्रयास में
क्या मायने रखता है और क्या नहीं
एक सम्मोहक करियर बनाते समय।
मुझे आश्चर्य हुआ कि कितने
अंतर्दृष्टि के स्रोत दिखाई देने लगे
एक बार मैंने धुंधले कोहरे को जला दिया
एक मोनो-केंद्रित . द्वारा उत्पन्न
आपका पीछा करने की जिद
जोश।
इस पुस्तक के आख्यान हैं
एक सामान्य धागे से बंधा हुआ: the
क्षमता का महत्व। चीज़ें
जो एक महान कार्य को महान बनाते हैं, I
खोजे गए, दुर्लभ और मूल्यवान हैं। यदि
आप उन्हें अपने कामकाज में चाहते हैं

जीवन, आपको कुछ दुर्लभ चाहिए और
बदले में देने के लिए मूल्यवान। अन्य में
शब्द, आपको अच्छा होना चाहिए
इससे पहले कि आप कुछ उम्मीद कर सकें
अच्छी नौकरी।
बेशक, महारत अपने आप में है
नहीं खुशी की गारंटी के लिए पर्याप्त नहीं है:
सम्मानित लेकिन दयनीय के कई उदाहरण
वर्कहोलिक्स इस दावे का समर्थन करते हैं।
तदनुसार, my . का यह मुख्य सूत्र
तर्क मात्र से आगे बढ़ता है
उपयोगी कौशल का अधिग्रहण और में
करियर निवेश करने की सूक्ष्म कला
पूंजी यह सही में उत्पन्न करता है
आपके कामकाजी जीवन में लक्षणों के प्रकार।
यह तर्क पारंपरिक रूप से फ़्लिप करता है
बुद्धि। यह के लिए जुनून आरोपित करता है
किनारे, यह दावा करते हुए कि यह भावना
एक कामकाज का एक प्रतीक है
जीवन अच्छी तरह से जिया। अपने का पालन न करें
जोश; बल्कि, इसे आप का अनुसरण करने दें
बनने की आपकी खोज, शब्दों में
मेरे पसंदीदा स्टीव मार्टिन उद्धरण में,
"इतना अच्छा है कि वे अनदेखा नहीं कर सकते"
तुम।"
कई लोगों के लिए, यह अवधारणा एक है
आमूल-चूल बदलाव, और किसी के साथ भी
विघटनकारी विचार, इसे बनाने की जरूरत है
स्पलैश प्रवेश। यही कारण है कि मैं
इस किताब को घोषणापत्र में लिखा है
शैली। मैंने सामग्री को चार में विभाजित किया
"नियम," प्रत्येक को जानबूझकर दिया गया
उत्तेजक शीर्षक। मैंने भी करने की कोशिश की

पुस्तक को छोटा और छिद्रपूर्ण बनाएं: I
का एक नया तरीका पेश करना चाहते हैं
दुनिया को देख रहे हैं, लेकिन मैं नहीं
अंतर्दृष्टि के साथ विस्तार करना चाहते हैं
अत्यधिक उदाहरण और
चर्चाएँ। यह पुस्तक प्रदान करती है
ठोस सलाह, लेकिन आप नहीं पाएंगे
दस-चरणीय प्रणाली या स्व-मूल्यांकन
इन पृष्ठों में प्रश्नोत्तरी। यह विषय है
कम करने के लिए बहुत सूक्ष्म
सूत्रबद्ध।
इस पुस्तक के अंत तक, आप
सीख लिया है कैसे मेरी अपनी कहानी
समाप्त होता है और विशिष्ट तरीके जो मैं हूं
अंतर्दृष्टि को अपने आप में लागू करना
कामकाजी जीवन। हम भी लौटेंगे
थॉमस, जो अपने विवाद के बाद
मठ में अहसास था
अपने पहले सिद्धांतों पर लौटने में सक्षम,
उसका ध्यान खोजने से हटा दें
सही काम और काम करने की ओर
सही है, और अंत में निर्माण, के लिए
अपने जीवन में पहली बार, किस चीज के लिए प्यार
वह करता है। यही खुशी है कि
आपको भी मांग करनी चाहिए।
यह मेरी आशा है कि अंतर्दृष्टि कि
अनुसरण आपको सरलता से मुक्त करेगा
"फॉलो योर" जैसे वाक्यांश
जुनून" और "वह करें जो आपको पसंद है" -
कैचफ्रेज़ का प्रकार जिसमें है
करियर की उलझन पैदा करने में मदद की
जो आज बहुतों को पीड़ित करता है—और
इसके बजाय, आपको एक यथार्थवादी प्रदान करें

एक सार्थक और की ओर पथ
व्यस्त कामकाजी जीवन। कॉलिंग और
फिर सभी के साथ उसका पीछा करना
साहस आप जुटा सकते हैं। लेकिन जैसे
थॉमस ने अनुभव किया कि देर से
रविवार की दोपहर ओक के जंगल में,
यह विश्वास भयावह रूप से भोला है।
एक बनने के अपने सपने को पूरा करना
पूर्णकालिक ज़ेन अभ्यासी ने नहीं किया
जादुई रूप से उसके जीवन को अद्भुत बनाते हैं।
जैसा कि थॉमस ने खोजा, पथ
खुशी के लिए - कम से कम जैसा कि इसका संबंध है
आप जीविका के लिए क्या करते हैं—और भी है
केवल उत्तर देने से जटिल
क्लासिक प्रश्न "मुझे क्या करना चाहिए"
मेरे जीवन के साथ करो?"
एक खोज शुरू
2010 की गर्मियों तक, मेरे पास था
उत्तर देने का जुनून सवार हो जाता है a
सरल प्रश्न: कुछ क्यों करते हैं
लोग जो करते हैं उससे प्यार करते हैं,
जबकि कई अन्य इसमें असफल होते हैं
लक्ष्य? यह जुनून था जिसने नेतृत्व किया
मुझे थॉमस जैसे लोगों के लिए, जिनके
कहानियों ने एक अंतर्दृष्टि को मजबूत करने में मदद की I
लंबे समय से सच होने का संदेह था:
जब काम बनाने की बात आती है
आप प्यार करते हैं, अपने जुनून का पालन करना है
विशेष रूप से उपयोगी सलाह नहीं।
क्या शुरू हुआ के लिए स्पष्टीकरण
मुझे नीचे यह रास्ता कुछ जाता है
इस तरह: की गर्मियों के दौरान
2010, जब यह व्यस्तता पहले

भाप उठाई, मैं एक था
एमआईटी में पोस्टडॉक्टोरल एसोसिएट,
जहां मैंने अपनी पीएचडी अर्जित की थी
कंप्यूटर विज्ञान साल पहले। मैं
प्रोफेसर बनने की राह पर था,
जो, जैसे स्नातक कार्यक्रम में
एमआईटी, को ही माना जाता है
सम्मानजनक पथ। अगर सही किया, a
प्रोफेसरशिप जीवन भर का काम है। में
दूसरे शब्दों में, 2010 में मैं योजना बना रहा था
मेरा पहला और आखिरी क्या हो सकता है
नौकरी की तलाश। अगर कभी
पता करें कि क्या जुनून पैदा करता है
किसी की आजीविका के लिए, यह था।
my . पर अधिक जोर से टगिंग करना
इस अवधि के दौरान ध्यान था
बहुत वास्तविक संभावना है कि मैं नहीं करूंगा
बिल्कुल एक प्रोफेसरशिप के साथ समाप्त करें।
थॉमस से मिलने के कुछ समय बाद, I
my . के साथ एक बैठक की स्थापना की थी
मेरी अकादमिक नौकरी पर चर्चा करने के लिए सलाहकार
तलाशी। "स्कूल कितने बुरे होते हैं
तुम जाना चाहते हो?" उसका था
उद्घाटन प्रश्न। अकादमिक नौकरी
बाजार हमेशा क्रूर होता है, लेकिन 2010 में,
एक अर्थव्यवस्था के साथ अभी भी मंदी में,
यह विशेष रूप से कठिन था।
मामलों को जटिल बनाने के लिए, my
अनुसंधान विशेषता साबित नहीं हुई थी
हाल के वर्षों में वह सब लोकप्रिय हो।
स्नातक करने वाले अंतिम दो छात्र
उस समूह से जहाँ मैंने my . लिखा था
शोध प्रबंध दोनों के साथ समाप्त हुआ

एशिया में प्रोफेसरशिप, जबकि
पिछले दो पोस्टडॉक्स से गुजरने के लिए
समूह लुगानो में समाप्त हुआ,
स्विट्ज़रलैंड, और विन्निपेग,
कनाडा, क्रमशः। "मैं कहना है,
मुझे पूरी प्रक्रिया मिली
बहुत कठिन, तनावपूर्ण, और
निराशाजनक," इनमें से एक पूर्व
छात्रों ने मुझे बताया। यह देखते हुए कि my
पत्नी और मैं में रहना चाहते थे
संयुक्त राज्य अमेरिका, और अधिमानतः पर
ईस्ट कोस्ट, एक विकल्प जो काफी हद तक
हमारे विकल्प संकुचित, मुझे सामना करना पड़ा
बहुत वास्तविक संभावना है कि my
अकादमिक नौकरी की खोज एक होगी
बस्ट, मुझे अनिवार्य रूप से शुरू करने के लिए मजबूर कर रहा है
खरोंच से यह पता लगाने में कि क्या करना है
मेरे जीवन के साथ करो।
यह पृष्ठभूमि थी
जिसे मैंने लॉन्च किया जो मैंने आखिरकार किया
"मेरी खोज" के रूप में संदर्भित करना शुरू किया। मेरे
सवाल स्पष्ट था: लोग कैसे होते हैं
अंत में वे जो करते हैं उससे प्यार करते हैं? और मैं
एक उत्तर की आवश्यकता थी।
यह पुस्तक दस्तावेज करती है कि मैं क्या हूं
मेरी खोज में मिला।
यहाँ आप क्या उम्मीद कर सकते हैं
आगे के पन्ने:
जैसा कि उल्लेख किया गया है, मैं बहुत दूर नहीं गया
मेरी खोज से पहले मुझे एहसास हुआ, जैसे
थॉमस ने मेरे सामने किया, कि
करियर पर पारंपरिक ज्ञान
सफलता - अपने जुनून का पालन करें - is

गंभीर रूप से त्रुटिपूर्ण। यह न केवल विफल रहता है
वर्णन करें कि अधिकांश लोग वास्तव में कैसे हैं
सम्मोहक करियर के साथ समाप्त, लेकिन
कई लोगों के लिए यह वास्तव में हो सकता है
चीजों को और खराब करना: की ओर ले जाना
पुरानी नौकरी स्थानांतरण और अविश्वसनीय
गुस्से में, जैसा कि उसने थॉमस के लिए किया था,
किसी की वास्तविकता अनिवार्य रूप से कम हो जाती है
सपना।

इसके साथ एक प्रारंभिक बिंदु के रूप में, I
नियम # 1 से शुरू करें, जिसमें मैं फाड़ता हूं
इस जुनून की सर्वोच्चता के नीचे
परिकल्पना। लेकिन मैं वहाँ नहीं रुकता।
मेरी तलाश ने मुझे आगे बढ़ा दिया
जो काम नहीं करता उसकी पहचान करना,
इस बात पर जोर देते हुए कि मैं भी इसका उत्तर दूं
निम्नलिखित: यदि "अपने का पालन करें"
जुनून" बुरी सलाह है, क्या
क्या मुझे इसके बजाय करना चाहिए? मेरी खोज
यह उत्तर, नियमों में वर्णित है
#2–4, मुझे अप्रत्याशित स्थिति में ले आया
स्थान। बेहतर ढंग से समझने के लिए
स्वायत्तता का महत्व, के लिए
उदाहरण के लिए, मैंने एक दिन बिताना समाप्त कर दिया
a . के स्वामित्व वाले जैविक खेत में
युवा आइवी लीग स्नातक। प्रति
बेहतर बारीकियों के बारे में मेरी समझ
कौशल, मैंने पेशेवर के साथ समय बिताया
संगीतकार—मृत्यु के उदाहरण
शिल्पकार संस्कृति जो मैंने सोचा था
के बारे में कुछ महत्वपूर्ण कहना
हम काम के प्रति कैसे दृष्टिकोण रखते हैं। मैं भी
उद्यम की दुनिया में गोता लगाया

पूंजीपति, पटकथा लेखक, रॉक-स्टार
कंप्यूटर प्रोग्रामर, और के
बेशक, हॉटशॉट प्रोफेसरों, नाम के लिए
बीच में बस कुछ और उदाहरण
अनेक—सभी को अलग करने के प्रयास में
क्या मायने रखता है और क्या नहीं
एक सम्मोहक करियर बनाते समय।
मुझे आश्चर्य हुआ कि कितने
अंतर्दृष्टि के स्रोत दिखाई देने लगे
एक बार मैंने धुंधले कोहरे को जला दिया
एक मोनो-केंद्रित . द्वारा उत्पन्न
आपका पीछा करने की जिद
जोश।
इस पुस्तक के आख्यान हैं
एक सामान्य धागे से बंधा हुआ: the
क्षमता का महत्व। चीज़ें
जो एक महान कार्य को महान बनाते हैं, I
खोजे गए, दुर्लभ और मूल्यवान हैं। यदि
आप उन्हें अपने कामकाज में चाहते हैं
जीवन, आपको कुछ दुर्लभ चाहिए और
बदले में देने के लिए मूल्यवान। अन्य में
शब्द, आपको अच्छा होना चाहिए
इससे पहले कि आप कुछ उम्मीद कर सकें
अच्छी नौकरी।
बेशक, महारत अपने आप में है
नहीं कॉलिंग और
फिर सभी के साथ उसका पीछा करना
साहस आप जुटा सकते हैं। लेकिन जैसे
थॉमस ने अनुभव किया कि देर से
रविवार की दोपहर ओक के जंगल में,
यह विश्वास भयावह रूप से भोला है।
एक बनने के अपने सपने को पूरा करना
पूर्णकालिक ज़ेन अभ्यासी ने नहीं किया

जादुई रूप से उसके जीवन को अद्‌भुत बनाते हैं।
जैसा कि थॉमस ने खोजा, पथ
खुशी के लिए - कम से कम जैसा कि इसका संबंध है
आप जीविका के लिए क्या करते हैं—और भी है
केवल उत्तर देने से जटिल
क्लासिक प्रश्न "मुझे क्या करना चाहिए"
मेरे जीवन के साथ करो?"
एक खोज शुरू
2010 की गर्मियों तक, मेरे पास था
उत्तर देने का जुनून सवार हो जाता है a
सरल प्रश्न: कुछ क्यों करते हैं
लोग जो करते हैं उससे प्यार करते हैं,
जबकि कई अन्य इसमें असफल होते हैं
लक्ष्य? यह जुनून था जिसने नेतृत्व किया
मुझे थॉमस जैसे लोगों के लिए, जिनके
कहानियों ने एक अंतर्दृष्टि को मजबूत करने में मदद की I
लंबे समय से सच होने का संदेह था:
जब काम बनाने की बात आती है
आप प्यार करते हैं, अपने जुनून का पालन करना है
विशेष रूप से उपयोगी सलाह नहीं।
क्या शुरू हुआ के लिए स्पष्टीकरण
मुझे नीचे यह रास्ता कुछ जाता है
इस तरह: की गर्मियों के दौरान
2010, जब यह व्यस्तता पहले
भाप उठाई, मैं एक था
एमआईटी में पोस्टडॉक्टोरल एसोसिएट,
जहां मैंने अपनी पीएचडी अर्जित की थी
कंप्यूटर विज्ञान साल पहले। मैं
प्रोफेसर बनने की राह पर था,
जो, जैसे स्नातक कार्यक्रम में
एमआईटी, को ही माना जाता है
सम्मानजनक पथ। अगर सही किया, a
प्रोफेसरशिप जीवन भर का काम है। मैं

दूसरे शब्दों में, 2010 में मैं योजना बना रहा था
मेरा पहला और आखिरी क्या हो सकता है
नौकरी की तलाश। अगर कभी
पता करें कि क्या जुनून पैदा करता है
किसी की आजीविका के लिए, यह था।
my . पर अधिक जोर से टगिंग करना
इस अवधि के दौरान ध्यान था
बहुत वास्तविक संभावना है कि मैं नहीं करूंगा
बिल्कुल एक प्रोफेसरशिप के साथ समाप्त करें।
थॉमस से मिलने के कुछ समय बाद, I
my . के साथ एक बैठक की स्थापना की थी
मेरी अकादमिक नौकरी पर चर्चा करने के लिए सलाहकार
तलाशी। "स्कूल कितने बुरे होते हैं
तुम जाना चाहते हो?" उसका था
उद्घाटन प्रश्न। अकादमिक नौकरी
बाजार हमेशा क्रूर होता है, लेकिन 2010 में,
एक अर्थव्यवस्था के साथ अभी भी मंदी में,
यह विशेष रूप से कठिन था।
मामलों को जटिल बनाने के लिए, my
अनुसंधान विशेषता साबित नहीं हुई थी
हाल के वर्षों में वह सब लोकप्रिय हो।
स्नातक करने वाले अंतिम दो छात्र
उस समूह से जहाँ मैंने my . लिखा था
शोध प्रबंध दोनों के साथ समाप्त हुआ
एशिया में प्रोफेसरशिप, जबकि
पिछले दो पोस्टडॉक्स से गुजरने के लिए
समूह लुगानो में समाप्त हुआ,
स्विट्ज़रलैंड, और विन्निपेग,
कनाडा, क्रमशः। "मैं कहना है,
मुझे पूरी प्रक्रिया मिली
बहुत कठिन, तनावपूर्ण, और
निराशाजनक," इनमें से एक पूर्व
छात्रों ने मुझे बताया। यह देखते हुए कि my

पत्नी और मैं में रहना चाहते थे
संयुक्त राज्य अमेरिका, और अधिमानतः पर
ईस्ट कोस्ट, एक विकल्प जो काफी हद तक
हमारे विकल्प संकुचित, मुझे सामना करना पड़ा
बहुत वास्तविक संभावना है कि my
अकादमिक नौकरी की खोज एक होगी
बस्ट, मुझे अनिवार्य रूप से शुरू करने के लिए मजबूर कर रहा है
खरोंच से यह पता लगाने में कि क्या करना है
मेरे जीवन के साथ करो।
यह पृष्ठभूमि थी
जिसे मैंने लॉन्च किया जो मैंने आखिरकार किया
"मेरी खोज" के रूप में संदर्भित करना शुरू किया। मेरे
सवाल स्पष्ट था: लोग कैसे होते हैं
अंत में वे जो करते हैं उससे प्यार करते हैं? और मैं
एक उत्तर की आवश्यकता थी।
यह पुस्तक दस्तावेज करती है कि मैं क्या हूं
मेरी खोज में मिला।
यहाँ आप क्या उम्मीद कर सकते हैं
आगे के पन्ने:
जैसा कि उल्लेख किया गया है, मैं बहुत दूर नहीं गया
मेरी खोज से पहले मुझे एहसास हुआ, जैसे
थॉमस ने मेरे सामने किया, कि
करियर पर पारंपरिक ज्ञान
सफलता - अपने जुनून का पालन करें - is
गंभीर रूप से त्रुटिपूर्ण। यह न केवल विफल रहता है
वर्णन करें कि अधिकांश लोग वास्तव में कैसे हैं
सम्मोहक करियर के साथ समाप्त, लेकिन
कई लोगों के लिए यह वास्तव में हो सकता है
चीजों को और खराब करना: की ओर ले जाना
पुरानी नौकरी स्थानांतरण और अविश्वसनीय
गुस्से में, जैसा कि उसने थॉमस के लिए किया था,
किसी की वास्तविकता अनिवार्य रूप से कम हो जाती है
सपना।

इसके साथ एक प्रारंभिक बिंदु के रूप में, I
नियम # 1 से शुरू करें, जिसमें मैं फाड़ता हूं
इस जुनून की सर्वोच्चता के नीचे
परिकल्पना। लेकिन मैं वहाँ नहीं रुकता।
मेरी तलाश ने मुझे आगे बढ़ा दिया
जो काम नहीं करता उसकी पहचान करना,
इस बात पर जोर देते हुए कि मैं भी इसका उत्तर दूं
निम्नलिखित: यदि "अपने का पालन करें"
जुनून" बुरी सलाह है, क्या
क्या मुझे इसके बजाय करना चाहिए? मेरी खोज
यह उत्तर, नियमों में वर्णित है
#2–4, मुझे अप्रत्याशित स्थिति में ले आया
स्थान। बेहतर ढंग से समझने के लिए
स्वायत्तता का महत्व, के लिए
उदाहरण के लिए, मैंने एक दिन बिताना समाप्त कर दिया
a . के स्वामित्व वाले जैविक खेत में
युवा आइवी लीग स्नातक। प्रति
बेहतर बारीकियों के बारे में मेरी समझ
कौशल, मैंने पेशेवर के साथ समय बिताया
संगीतकार—मृत्यु के उदाहरण
शिल्पकार संस्कृति जो मैंने सोचा था
के बारे में कुछ महत्वपूर्ण कहना
हम काम के प्रति कैसे दृष्टिकोण रखते हैं। मैं भी
उद्यम की दुनिया में गोता लगाया
पूंजीपति, पटकथा लेखक, रॉक-स्टार
कंप्यूटर प्रोग्रामर, और के
बेशक, हॉटशॉट प्रोफेसरों, नाम के लिए
बीच में बस कुछ और उदाहरण
अनेक—सभी को अलग करने के प्रयास में
क्या मायने रखता है और क्या नहीं
एक सम्मोहक करियर बनाते समय।
मुझे आश्चर्य हुआ कि कितने
अंतर्दृष्टि के स्रोत दिखाई देने लगे

एक बार मैंने धुंधले कोहरे को जला दिया
एक मोनो-केंद्रित . द्वारा उत्पन्न
आपका पीछा करने की जिद
जोश।
इस पुस्तक के आख्यान हैं
एक सामान्य धागे से बंधा हुआ: the
क्षमता का महत्व। चीज़ें
जो एक महान कार्य को महान बनाते हैं, I
खोजे गए, दुर्लभ और मूल्यवान हैं। यदि
आप उन्हें अपने कामकाज में चाहते हैं
जीवन, आपको कुछ दुर्लभ चाहिए और
बदले में देने के लिए मूल्यवान। अन्य में
शब्द, आपको अच्छा होना चाहिए
इससे पहले कि आप कुछ उम्मीद कर सकें
अच्छी नौकरी।
बेशक, महारत अपने आप में है
नहीं

क्रम-सूची

1

स्टीव जॉब्स का “जुनून”

जिसमें मैं की वैधता पर सवाल उठाता हूं
जुनून परिकल्पना, जो कहती है
कि व्यावसायिक की कुंजी
खुशी आपकी नौकरी से मेल खाने के लिए है a
पहले से मौजूद जुनून।
जुनून परिकल्पना
जून 2005 में, स्टीव जॉब्स ने ले लिया
देने के लिए स्टैनफोर्ड स्टेडियम में पोडियम
आरंभ भाषण करने के लिए
स्टैनफोर्ड की स्नातक कक्षा।
नीचे जींस और सैंडल पहने हुए
उनके औपचारिक वस्त्र, जॉब्स ने संबोधित किया a
शॉर्ट के साथ 23,000 की भीड़
भाषण जिसने उनसे सबक लिया
जिंदगी। लगभग एक तिहाई रास्ते में
पता, जॉब्स ने पेशकश की
निम्नलिखित सलाह:

आपको वह ढूंढना होगा जो आप
प्यार...। [टी] वह करने का एकमात्र तरीका
महान काम यह है कि आप जिसे प्यार करते हैं
करना। अगर आपको यह नहीं मिला है
फिर भी, देखते रहो, और मत करो
निपटारा करना।

जब वह समाप्त हो गया, तो उसे एक प्राप्त हुआ
उत्साह पूर्ण स्वागत।
हालांकि जॉब्स का पता निहित है
कई अलग-अलग सबक, उनके
आप जो प्यार करते हैं उसे करने पर जोर
स्पष्ट स्टैंडआउट था। में
आधिकारिक प्रेस विज्ञप्ति का वर्णन
घटना, उदाहरण के लिए, स्टैनफोर्ड की खबर
सेवा ने बताया कि जॉब्स ने "आग्रह किया"
स्नातक अपने सपनों को आगे बढ़ाने के लिए। ”
इसके तुरंत बाद, एक अनौपचारिक वीडियो
पते पर पोस्ट किया गया था
YouTube, जहां यह वायरल हुआ,
3.5 मिलियन से अधिक बार देखा गया।
जब स्टैनफोर्ड ने एक अधिकारी पोस्ट किया
वीडियो, इसने एक अतिरिक्त 3 . एकत्र किया
मिलियन व्यूज। पर टिप्पणियाँ
इन क्लिप्स पर घर
अपने काम से प्यार करने का महत्व,
दर्शकों के साथ उनका सारांश
इसी तरह की प्रतिक्रियाएं:

"सबसे मूल्यवान सबक है
अपना उद्देश्य खोजें, अपना अनुसरण करें
जुनून.... जीवन बहुत छोटा है
वह करना जो आपको लगता है कि आपको करना है
करना।"
"अपने जुनून का पालन करें-जीवन है
जीने के लिए। ”
"जुनून जीने का इंजन है"
आपका जीवन।"
"[यह] आपके काम के लिए जुनून है कि
मायने रखता है।"
"'निपटान मत करो।' आमीन।"
दूसरे शब्दों में, कई

इसे देखने वाले लाखों लोग
भाषण स्टीव को देखने के लिए उत्साहित थे
जॉब्स-आइकोनोक्लास्टिक का गुरु
सोच - अपनी मुहर लगाओ
अत्यधिक पर स्वीकृति
लोकप्रिय करियर का आकर्षक अंश
सलाह, जिसे मैं जुनून कहता हूं
परिकल्पना:
जुनून परिकल्पना
व्यवसाय की कुंजी
खुशी सबसे पहले पता लगाना है
आप किसके बारे में भावुक हैं
और फिर एक नौकरी ढूंढो जो
इस जुनून से मेल खाता है।
यह परिकल्पना इनमें से एक है
आधुनिक अमेरिकी समाज का सबसे
अच्छी तरह से पहने जाने वाले विषय। हममें से वो
भाग्यशाली है कि कुछ विकल्प है
हम अपने जीवन के साथ क्या करते हैं
इस संदेश के साथ बमबारी,
कम उम्र से शुरू। हमें बताया गया
साहस के साथ उन लोगों को शेर करने के लिए
उनके जुनून का पालन करें, और दया करें
अनुरूपवादी ड्रोन जो चिपके रहते हैं
सुरक्षित रास्ता।
यदि आप इसकी सर्वव्यापकता पर संदेह करते हैं
संदेश, कुछ मिनट बिताएं
करियर-सलाह शेल्फ ब्राउज़ करना
अगली बार जब आप किसी किताबों की दुकान पर जाएँ।
एक बार जब आप तकनीकी को देखते हैं
रिज्यूमे लेखन और नौकरी साक्षात्कार शिष्टाचार पर मैनुअल, इसे खोजना मुश्किल है
एक किताब जो प्रचार नहीं करती
जुनून परिकल्पना। यह किताबें
करियर मैच जैसे शीर्षक हैं:

आप किसके साथ हैं कनेक्ट करना
आप क्या करना पसंद करेंगे, और क्या करें
आप क्या हैं: बिल्कुल सही खोजें
के माध्यम से आपके लिए करियर
व्यक्तित्व प्रकार के रहस्य, और
वे वादा करते हैं कि आप कुछ ही हैं
व्यक्तित्व परीक्षण खोजने से दूर
आप जो करना चाहते है वैसी नौकरी। हाल ही में एक नया,
का अधिक आक्रामक तनाव
जुनून परिकल्पना किया गया है
फैल रहा है - एक तनाव जो निराश करता है
उस पारंपरिक "क्यूबिकल जॉब्स," द्वारा
उनका स्वभाव ही खराब है, और वह
जुनून की आवश्यकता है कि आप हड़ताल करें
स्वयं के बल पर।यह वह जगह है जहाँ आप
एस्केप फ्रॉम क्यूबिकल जैसे शीर्षक खोजें
राष्ट्र, जो, एक समीक्षा के रूप में
इसका वर्णन किया, "चाल सिखाता है"
जो आपको बनाता है उसे खोजने के पीछे
गड़गड़ाहट।"
ये किताबें, साथ ही
हजारों पूर्णकालिक ब्लॉगर,
पेशेवर सलाहकार, और स्वयंभू गुरु जो इनकी परिक्रमा करते हैं
कार्यस्थल के समान मूल मुद्दे
खुशी, सब पेडल एक ही
सबक: खुश रहने के लिए, आपको चाहिए
जुनून के पीछे रहो। एक के रूप में
जाने-माने करियर काउंसलर ने बताया
मैं, "वह करो जो तुम्हें पसंद है, और
पैसे का पालन करेंगे" बन गया है
करियर-सलाह का वास्तविक आदर्श वाक्य
खेत।
हालाँकि, एक समस्या है
यहाँ दुबके हुए: जब आप अतीत को देखते हैं

फील-गुड नारे और गहराई तक जाएं
कितना भावुक . के विवरण में
स्टीव जॉब्स जैसे लोगों को वास्तव में मिला
शुरू किया, या वैज्ञानिकों से इस बारे में पूछें कि क्या
वास्तव में कार्यस्थल की भविष्यवाणी करता है
खुशी, बात बहुत हो जाती है
अधिक जटिल। आप शुरू करते हैं
बारीकियों के सूत्र खोजें कि, एक बार
खींच लिया, की तंग निश्चितता को उजागर करना
जुनून परिकल्पना, अंततः
एक अनिश्चित मान्यता के लिए अग्रणी:
"अपने जुनून का पालन करें" बस हो सकता है
भयानक सलाह हो।यह उस समय के आसपास था जब मैं था
ग्रेजुएट स्कूल से संक्रमण
कि मैंने इन पर खींचना शुरू कर दिया
धागे, अंततः my . की ओर ले जाते हैं
जुनून की पूर्ण अस्वीकृति
परिकल्पना और my . को लात मार रहा है
वास्तव में क्या मायने रखता है यह जानने के लिए खोज
आप जिस काम से प्यार करते हैं उसे बनाने के लिए। नियम 1
my . बाहर बिछाने के लिए समर्पित है
जुनून के खिलाफ तर्क, इस रूप में
अंतर्दृष्टि - कि "अपने जुनून का पालन करें"
बुरी सलाह है — प्रदान करता है
हर चीज के लिए नींव
अनुसरण करता है। शायद सबसे अच्छी जगह
शुरुआत वहीं से हुई है, जहां से हमने शुरुआत की थी
स्टीव जॉब्स की असली कहानी और
एप्पल कंप्यूटर की स्थापना।

स्टीव जॉब्स ने क्या किया, क्या नहीं किया
उन्होंने कहा
अगर आप एक युवा स्टीव जॉब्स से मिले होते
उसके आगे के वर्षों में
Apple कंप्यूटर की स्थापना, आप

उसे इस रूप में आंकी नहीं होता
कोई है जो के बारे में भावुक था
एक प्रौद्योगिकी कंपनी शुरू करना।
जॉब्स ने रीड कॉलेज में भाग लिया था, a
प्रतिष्ठित लिबरल आर्ट्स एन्क्लेव
ओरेगन, जहां उन्होंने अपने बाल उगाए
लंबा और नंगे पैर चलने लगा।
अन्य प्रौद्योगिकी दूरदर्शी के विपरीत
अपने युग के, जॉब्स विशेष रूप से नहीं थे
या तो व्यवसाय में रुचि रखते हैं या
एक छात्र के रूप में इलेक्ट्रॉनिक्स। वह इसके बजाय
पश्चिमी इतिहास और नृत्य का अध्ययन किया,
और पूर्वी रहस्यवाद में डूब गया।
कॉलेज के बाद नौकरी छोड़ दी
उनका पहला वर्ष, लेकिन जारी रहा
थोड़ी देर के लिए परिसर में सो रहा है
फर्श और छानबीन मुक्त भोजन पर
स्थानीय हरे कृष्ण मंदिर। उसके
गैर-अनुरूपता ने उसे बनाया
कैंपस सेलिब्रिटी-एक "सनकी" में
समय की शब्दावली। जेफरी के रूप में
एस यंग ने अपने संपूर्ण रूप में नोट किया
1988 की जीवनी पर शोध किया, स्टीव
जॉब्सः द जर्नी इज द रिवॉर्ड,
नौकरियां अंततः होने से थक गईं
एक कंगाल और, जल्दी के दौरान
1970 के दशक में, कैलिफोर्निया में स्वदेश लौटे,
जहां वह अपने साथ वापस चले गए
माता-पिता और खुद से बात की
अटारी में रात की पाली में नौकरी। (द
कंपनी ने उनका ध्यान खींचा था
सैन जोस मर्करी में एक विज्ञापन के साथ
समाचार जो पढ़ता है, "मज़े करो और बनाओ
पैसा।") इस अवधि के दौरान, जॉब्स

अटारी और के बीच अपना समय विभाजित किया
ऑल-वन फार्म, ए कंट्री कम्यून
सैन फ्रांसिस्को के उत्तर में स्थित है। पर
एक बिंदु पर, उन्होंने अटारी में अपनी नौकरी छोड़ दी
बनाने के लिए कई महीने
भिक्षुओं की आध्यात्मिक यात्रा
भारत के माध्यम से, और लौटने पर
घर पर उन्होंने गंभीरता से प्रशिक्षण लेना शुरू किया
पास के लॉस अल्टोस ज़ेन सेंटर

1974 में, जॉब्स के से लौटने के बाद
भारत, एक स्थानीय इंजीनियर और
एलेक्स कामराडटे नाम के उद्यमी
कंप्यूटर टाइम-शेयरिंग शुरू किया
कंपनी ने कॉल-इन कंप्यूटर करार दिया।
कामरेड ने स्टीव से संपर्क किया
एक टर्मिनल डिवाइस डिजाइन करने के लिए वोज्नियाक
वह ग्राहकों को उपयोग करने के लिए बेच सकता था
अपने केंद्रीय कंप्यूटर तक पहुंचना।
जॉब्स के विपरीत, वोज्नियाक एक सच्चे थे
इलेक्ट्रॉनिक्स जो जुनूनी था
प्रौद्योगिकी के साथ और इसका अध्ययन किया था
औपचारिक रूप से कॉलेज में। दूसरे पहलू पर,
हालांकि, वोज्नियाक नहीं कर सका
पेट का कारोबार, तो उसने अनुमति दी
जॉब्स, एक लंबे समय से दोस्त, संभालने के लिए
व्यवस्था का विवरण। सभी
के पतन तक ठीक चल रहा था
1975, जब जॉब्स सीज़न के लिए रवाना हुए
ऑल-वन में समय बिताने के लिए
कम्यून दुर्भाग्य से, वह असफल रहा
कामरेड को यह बताने के लिए कि वह जा रहा है।
जब वह लौटा, तो वह था
जगह ले ली।

मैं यह कहानी इसलिए बताता हूं क्योंकि ये हैं
शायद ही किसी की हरकतें
प्रौद्योगिकी के बारे में भावुक और
उद्यमिता, फिर भी यह कम था
नौकरियां शुरू होने से एक साल पहले
एप्पल कंप्यूटर। दूसरे शब्दों में, में
की शुरुआत तक के महीने
उनकी दूरदर्शी कंपनी, स्टीव जॉब्स
कुछ विवादित था
युवक, आध्यात्मिक खोज रहा है
ज्ञानोदय और डबलिंग
इलेक्ट्रॉनिक्स केवल जब उसने वादा किया था
उसे जल्दी नकद कमाने के लिए।
इसी सोच के साथ बाद में
उसी वर्ष, जॉब्स ने ठोकर खाई
उसका बड़ा ब्रेक। उन्होंने देखा कि
स्थानीय "वायरहेड्स" उत्साहित थे
मॉडल-किट की शुरूआत
कंप्यूटर जो उत्साही कर सकते थे
घर पर इकट्ठा करो। (वह अकेला नहीं था
इसकी संभावना को देखते हुए
उत्साह। जब एक महत्वाकांक्षी
युवा हार्वर्ड छात्र ने पहली बार देखा
किट कंप्यूटर के कवर की कृपा करें
लोकप्रिय इलेक्ट्रॉनिक्स पत्रिका, वह
विकसित करने के लिए एक कंपनी का गठन किया
बेसिक प्रोग्रामिंग का संस्करण
नई मशीन के लिए भाषा,
अंततः स्कूल छोड़ना
व्यापार बढ़ाने के लिए। उन्होंने फोन किया
नई फर्म माइक्रोसॉफ्ट।)

जॉब्स ने वोज्नियाक को का विचार दिया
इनमें से किसी एक किट कंप्यूटर को डिजाइन करना
सर्किट बोर्ड ताकि वे बेच सकें

उन्हें स्थानीय शौकीनों के लिए। प्रारंभिक
बोर्ड बनाने की थी योजना
$25 प्रत्येक और उन्हें $50 के लिए बेचते हैं।
नौकरियां सौ बेचना चाहती थीं,
कुल, जो, हटाने के बाद
बोर्डों को प्रिंट करने की लागत, और a
प्रारंभिक बोर्ड के लिए $1,500 शुल्क
डिजाइन, उन्हें एक के साथ छोड़ देंगे
अच्छा $1,000 का लाभ। न तो वोज्नियाकी
न ही जॉब्स ने अपनी नियमित नौकरी छोड़ी: यह
सख्ती से एक कम जोखिम वाला उद्यम था
उनके खाली समय के लिए मतलब।
हालांकि, इस बिंदु से,
कहानी जल्दी से किंवदंती में बदल जाती है।
स्टीव नंगे पांव बाइट पर पहुंचे
दुकान, पॉल टेरेल की अग्रणी
माउंटेन व्यू कंप्यूटर स्टोर, और
टेरेल को सर्किट बोर्ड की पेशकश की
बिक्री के लिए। टेरेल बेचना नहीं चाहता था
सादे बोर्ड, लेकिन कहा कि वह खरीदेगा
पूरी तरह से इकट्ठे कंप्यूटर। वह
प्रत्येक के लिए $500 का भुगतान करेगा, और
जितनी जल्दी हो सके पचास चाहते थे
वितरित किया। नौकरियां पर कूद गईं
और भी बड़ा बनाने का अवसर
पैसे की राशि और शुरू
स्टार्ट-अप पूंजी को एक साथ खंगालना।
यह इस अप्रत्याशित हवा के झोंके में था
कि Apple कंप्यूटर का जन्म हुआ था। जैसा
यंग जोर देते हैं, "उनकी योजनाएं
चौकस और छोटे समय थे।
वे लेने का सपना नहीं देख रहे थे
दुनिया भर में।"

नौकरियों का गन्दा पाठ
मैंने स्टीव जॉब्स का विवरण साझा किया
कहानी, क्योंकि जब बात आती है
पूरा करने का काम ढूँढना, विवरण
मामला। अगर एक युवा स्टीव जॉब्स के पास होता
खुद की सलाह ली और फैसला किया
केवल उस काम का पीछा करने के लिए जिसे वह प्यार करता था, हम
शायद उसे आज मिल जाएगा
लॉस अल्टोस ज़ेन सेंटर में से एक
सबसे लोकप्रिय शिक्षक। लेकिन वह
इस सरल सलाह का पालन नहीं किया।
Apple कंप्यूटर निश्चित रूप से नहीं था
जुनून से पैदा हुआ, लेकिन इसके बजाय
एक भाग्यशाली विराम का परिणाम था—a
"छोटे समय" योजना कि
अप्रत्याशित रूप से उड़ान भरी।
मुझे संदेह नहीं है कि जॉब्स
अंततः के बारे में भावुक हो गया
उसका काम: यदि आपने इनमें से एक देखा है
उनके प्रसिद्ध मुख्य भाषण,
आपने एक आदमी देखा है जो स्पष्ट रूप से
उसने जो किया उससे प्यार किया। लेकिन तो क्या? सभी
जो हमें बताता है कि आनंद लेना अच्छा है
आप क्या करते हो। हालांकि यह सलाह
सच है, टॉटोलॉजिकल पर सीमाएं और
दबाने में हमारी मदद नहीं करता
सवाल है कि हम वास्तव में परवाह करते हैं
के बारे में: हमें वह काम कैसे मिलता है?
हम अंततः प्यार करेंगे? नौकरियों की तरह,
क्या हमें एक में बसने का विरोध करना चाहिए
कठोर करियर और इसके बजाय बहुत कोशिश करें
छोटी योजनाएं, एक का इंतजार
उड़ान भरना? क्या फर्क पड़ता है
सामान्य क्षेत्र हम तलाशते हैं? कैसे करें

हम जानते हैं कि कब ए के साथ रहना है
परियोजना या कब आगे बढ़ना है? में
दूसरे शब्दों में, जॉब्स की कहानी उत्पन्न करती है
जवाब से ज्यादा सवाल।
शायद यह केवल एक चीज बनाता है
स्पष्ट है कि, कम से कम जॉब्स के लिए,
"अपने जुनून का पालन करें" नहीं था
विशेष रूप से उपयोगी सलाह।

2

जुनून दुर्लभ है

जिसमें मेरा तर्क है कि जितना अधिक आप
जुनून के उदाहरण की तलाश करें
परिकल्पना, जितना अधिक आप पहचानते हैं
इसकी दुर्लभता।
रोडट्रिप राष्ट्र रहस्योद्घाटन
यह पता चला है कि जॉब्स जटिल है
कार्य सिद्धि का मार्ग आम है
दिलचस्प लोगों के बीच
दिलचस्प करियर। 2001 में, एक समूह
चार दोस्तों में से, सभी हाल ही में
कॉलेज से स्नातक की उपाधि प्राप्त की, a
साक्षात्कार के लिए क्रॉस-कंट्री रोड ट्रिप
जो लोग "[जीवित] केंद्रित रहते हैं
के आसपास क्या अर्थपूर्ण था
उन्हें।" दोस्तों ने मांगी सलाह
अपने स्वयं के करियर को आकार देने के लिए
कुछ पूरा करने वाला। उन्होंने फिल्माया
उनकी यात्रा के बारे में वृत्तचित्र, जो
तब एक श्रृंखला में विस्तारित किया गया था
पीबीएस। उन्होंने अंततः लॉन्च किया a
रोडट्रिप नेशन नामक गैर-लाभकारी संस्था,
दूसरों की मदद करने के लक्ष्य के साथ
युवा उनकी नकल करते हैं

सफ़र। रोडट्रिप क्या बनाता है
राष्ट्र प्रासंगिक यह है कि यह बनाए रखता है
की एक व्यापक वीडियो लाइब्रेरी
के लिए आयोजित साक्षात्कार
परियोजना
1
. शायद कोई बेहतर नहीं है
में गोता लगाने के लिए एकल संसाधन
लोगों के साथ कैसे समाप्त होता है की वास्तविकता
सम्मोहक करियर।

जब आप इसके साथ समय बिताते हैं
संग्रह, जो मुफ्त में उपलब्ध है
ऑनलाइन, आप जल्द ही नोटिस करते हैं कि
स्टीव जॉब्स के रास्ते का गन्दा स्वभाव है
अपवाद से अधिक नियम। में
सार्वजनिक रेडियो के साथ एक साक्षात्कार
मेजबान इरा ग्लास, उदाहरण के लिए, एक समूह
तीन स्नातक से नीचे उसे दबाएं
ज्ञान के लिए कैसे "पता लगाना"
आप क्या चाहते हैं" और "जानें क्या"
आप अच्छे होंगे।"
"फिल्मों में यह विचार है"
कि आपको बस अपने लिए जाना चाहिए
सपना, "ग्लास उन्हें बताता है। "लेकिन मैं
उस पर विश्वास मत करो। चीजें होती हैं
चरण। ”
ग्लास जोर देता है कि यह लेता है
कुछ भी अच्छा करने का समय,
इसमें लगे कई वर्षों का पुनर्गणना
उसे बिंदु पर रेडियो मास्टर करने के लिए
जहां उनके पास दिलचस्प विकल्प थे।
"महत्वपूर्ण बात यह है कि खुद को मजबूर करना"
काम के माध्यम से, कौशल को मजबूर करें
आइए; यह सबसे कठिन चरण है," वह

कहते हैं।
उसके त्रस्त चेहरों को देखकर
साक्षात्कारकर्ता, जो शायद थे
कुछ और सुनने की उम्मीद
काम से ऊपर उठना कठिन है, इसलिए चूसो
यह ऊपर है, ग्लास जारी है: "मुझे ऐसा लगता है
आपकी समस्या यह है कि आप कोशिश कर रहे हैं
सार में सभी चीजों का न्याय करने के लिए
इससे पहले कि आप उन्हें करें। वह आपकी
दुखद गलती। ”
2
पुरालेख में अन्य साक्षात्कार
इसी विचार को बढ़ावा दें कि यह कठिन है
पहले से भविष्यवाणी करने के लिए कि आप क्या करेंगे
अंततः प्यार हो जाना।
एस्ट्रोबायोलॉजिस्ट एंड्रयू स्टील, फॉर
उदाहरण के लिए, कहते हैं, "नहीं, मेरे पास नहीं था"
विचार मैं क्या करने जा रहा था। मैं
उन प्रणालियों पर आपत्ति करें जो आपको कहते हैं
अब तय करना चाहिए कि आप क्या हैं
करने जा रहे।" छात्रों में से एक
स्टील से पूछता है कि क्या उसने अपनी पीएचडी शुरू की थी
कार्यक्रम "उम्मीद है कि आप एक दिन करेंगे"
दुनिया बदल दो।"
"नहीं," स्टील ने जवाब दिया, "मैं बस
विकल्प चाहता था।"
3
अल मेरिक, के संस्थापक
चैनल द्वीप सर्फ़बोर्ड, बताता है a
ठोकर खाने की ऐसी ही कहानी
समय के साथ जुनून। "लोग एक में हैं
अपने जीवन को शुरू करने के लिए जल्दी करो, और यह है
दुख की बात है, "वह अपने साक्षात्कारकर्ताओं को बताता है। "मैं
के विचार के साथ बाहर नहीं गया

एक बड़ा साम्राज्य बनाना, "वह बताते हैं।
"मैं होने पर अपने लिए लक्ष्य निर्धारित करता हूं
सबसे अच्छा मैं उस पर हो सकता हूँ [कभी] मैं
किया।

एक अन्य क्लिप में, विलियम मॉरिस,
में स्थित एक प्रसिद्ध ग्लास ब्लोअर
स्टैनवुड, वाशिंगटन, लाता है
उनकी कार्यशाला में छात्रों का समूह
एक परिवर्तित खलिहान में घिरा हुआ है
रसीला, प्रशांत नॉर्थवेस्ट वन द्वारा। "मैं
विभिन्न रुचियों का एक टन है, और
मेरे पास फोकस नहीं है," इनमें से एक
छात्र शिकायत करते हैं। मॉरिस देखता है
उसे: "आप कभी निश्चित नहीं होंगे। आप
सुनिश्चित नहीं होना चाहता।"
5
ये साक्षात्कार एक पर जोर देते हैं
महत्वपूर्ण बिंदु: सम्मोहक
करियर में अक्सर जटिल होते हैं
मूल जो सरल विचार को अस्वीकार करते हैं
आपको बस इतना करना है कि फॉलो करें
आपका जुनून।
यह अवलोकन इस प्रकार आ सकता है
हममें से उन लोगों के लिए आश्चर्य है जिनके पास है
की चमक में लंबे समय से आधारित
जुनून परिकल्पना। यह नहीं होगा,
हालांकि, बहुतों को आश्चर्यचकित करें
जिन वैज्ञानिकों ने अध्ययन किया है
कार्यस्थल संतुष्टि के प्रश्न
कठोर सहकर्मी-समीक्षा का उपयोग करना
अनुसंधान। वे खोज रहे हैं
दशकों से इसी तरह के निष्कर्ष, लेकिन
आज तक, में बहुत से लोग नहीं हैं
करियर-सलाह क्षेत्र ने उन्हें भुगतान किया है

गंभीर ध्यान। यह इन के लिए है
अनुसंधान प्रयासों की अनदेखी की कि मैं
आगे अपना ध्यान लगाएं।

जुनून का विज्ञान

कुछ लोग उनका आनंद क्यों लेते हैं
काम करते हुए इतने सारे लोग
मत? यहाँ है क्लिफ्सनोट्स
सामाजिक विज्ञान का सारांश
इस क्षेत्र में अनुसंधान: वहाँ हैं
कई जटिल कारण
कार्यस्थल की संतुष्टि, लेकिन
अपने से मेल खाने की रिडक्टिव धारणा
पहले से मौजूद जुनून के लिए नौकरी नहीं है
उनमें से।
आपको इसकी बेहतर समझ देने के लिए
इस शोध से सामने आई हकीकत
यहाँ तीन और हैं
दिलचस्प निष्कर्ष मैंने
सामना करना पड़ा:
निष्कर्ष # 1: करियर जुनून
दूर्लभ हैं
2002 में, के नेतृत्व में एक शोध दल
कनाडा के मनोवैज्ञानिक रॉबर्ट जे.
वेलेरैंड ने एक व्यापक प्रशासित किया
539 . के समूह के लिए प्रश्नावली
कनाडा के विश्वविद्यालय के छात्र
6

.

प्रश्नावली के संकेत थे
दो महत्वपूर्ण का उत्तर देने के लिए डिज़ाइन किया गया
प्रश्न: क्या इन छात्रों के पास है
जुनून? और यदि हां, तो वे क्या हैं?
जुनून के मूल में
परिकल्पना यह धारणा है कि

हम सभी के पास पहले से मौजूद जुनून हैं
खोजे जाने की प्रतीक्षा कर रहा है। इस
प्रयोग उस धारणा को रखता है
कसौटी। यहाँ क्या मिला: 84
सर्वेक्षण किए गए छात्रों का प्रतिशत
जुनून के रूप में पहचाना गया।
यह के लिए अच्छी खबर की तरह लगता है
जुनून के समर्थक
परिकल्पना—अर्थात, जब तक आप गोता नहीं लगाते
इनके विवरण में गहराई से
पीछा यहां शीर्ष पांच हैं
पहचाने गए जुनून: नृत्य, हॉकी
(ये कनाडा के छात्र थे,
माइंड यू), स्कीइंग, पढ़ना, और
तैराकी। हालांकि प्रिय
छात्रों के दिल, ये
जुनून के पास देने के लिए बहुत कुछ नहीं है
जब नौकरी चुनने की बात आती है। में
वास्तव में, कुल के 4 प्रतिशत से भी कम
पहचाने गए जुनून का कोई संबंध था
काम या शिक्षा के लिए, के साथ
शेष 96 प्रतिशत वर्णन
शौक-शैली की रुचियां जैसे कि खेल
और कला इसे अवशोषित करने के लिए कुछ समय निकालें
परिणाम, के रूप में यह करने के लिए एक मजबूत झटका सौदा करता है
जुनून परिकल्पना। हम कैसे
अगर हम नहीं करते हैं तो हमारे जुनून का पालन करें
करने के लिए कोई प्रासंगिक जुनून है
पालन करना? कम से कम इन कनाडाई के लिए
कॉलेज के छात्र, विशाल बहुमत
के लिए एक अलग रणनीति की आवश्यकता होगी
अपना करियर चुनना।

निष्कर्ष #2: जुनून लेता है
समय

एमी रज़ेस्निविस्की, के एक प्रोफेसर
येल में संगठनात्मक व्यवहार
यूनिवर्सिटी ने बनाया करियर
लोग कैसे सोचते हैं इसका अध्ययन करना
उनके काम। उसकी सफलता
पेपर, जर्नल ऑफ में प्रकाशित
व्यक्तित्व में अनुसंधान जबकि वह
अभी भी एक स्नातक छात्र था,
a . के बीच अंतर की पड़ताल करता है
नौकरी, करियर, और कॉलिंग
7
. एक नौकरी,
Wrzesniewski के सूत्रीकरण में, एक है
बिलों का भुगतान करने का तरीका करियर है a
तेजी से बेहतर की ओर पथ
काम है, और एक बुलाहट वह काम है जो
आपके जीवन का एक महत्वपूर्ण हिस्सा और a
आपकी पहचान का महत्वपूर्ण हिस्सा।
रज़ेस्निविस्की ने सर्वेक्षण किया
विभिन्न प्रकार के कर्मचारी
पेशा, डॉक्टरों से लेकर . तक
लिपिक के लिए कंप्यूटर प्रोग्रामर
श्रमिकों, और पाया कि अधिकांश
लोग दृढ़ता से अपने काम की पहचान करते हैं
इन तीन श्रेणियों में से एक के साथ।
इनके लिए एक संभावित स्पष्टीकरण
विभिन्न वर्गीकरण यह है कि कुछ
पेशा दूसरों से बेहतर है।
जुनून परिकल्पना, के लिए
उदाहरण, भविष्यवाणी करता है कि व्यवसाय
जो आम जुनून से मेल खाते हैं, जैसे
डॉक्टर या शिक्षक होने के नाते,
का उच्च अनुपात होना चाहिए
जो लोग काम का अनुभव करते हैं

एक सच्ची कॉलिंग, जबकि कम आकर्षक
पेशा—वह प्रकार जो कोई नहीं
के बारे में दिवास्वप्न—होना चाहिए
लगभग कोई भी अनुभव नहीं कर रहा है
कॉलिंग के रूप में काम करें। इसका परीक्षण करने के लिए
स्पष्टीकरण, रेज़ेस्निविस्की ने देखा
कर्मचारियों के एक समूह में जो सभी
एक ही स्थिति थी और लगभग
समान कार्य जिम्मेदारियां:
कॉलेज के प्रशासनिक सहायक।
उसने पाया, उसके स्वीकार किए गए आश्चर्य के लिए,
कि ये कर्मचारी मोटे तौर पर थे
उनके देखने के बीच समान रूप से विभाजित
नौकरी, करियर, या के रूप में स्थिति
बुला रहा है दूसरे शब्दों में, ऐसा लगता है
कि अकेले काम का प्रकार नहीं है
आवश्यक रूप से भविष्यवाणी करें कि कितना
लोग इसका आनंद लेते हैं।

जुनून के समर्थक

हालाँकि, परिकल्पना उत्तर दे सकती है
कि एक कॉलेज की तरह एक स्थिति
प्रशासनिक सहायक आकर्षित करेगा a
कर्मचारियों की विस्तृत विविधता। कुछ
स्थिति में आ सकता है क्योंकि
उनमें उच्च के लिए एक जुनून है
शिक्षा और इसलिए प्यार करेंगे
काम, जबकि अन्य हो सकता है
दूसरे के लिए नौकरी में ठोकर खाना
कारण, शायद इसलिए कि यह स्थिर है
और इसके अच्छे लाभ हैं, और
इसलिए कम ऊंचा होगा
अनुभव।
लेकिन Wrzesniewski नहीं किया गया था।
उसने यह पता लगाने के लिए सहायकों का सर्वेक्षण किया

बाहर उन्होंने अपना काम क्यों देखा
अलग तरह से, और पता चला कि
एक सहायक का सबसे मजबूत भविष्यवक्ता
उसके काम को एक कॉलिंग के रूप में देखना था
काम पर बिताए वर्षों की संख्या।
दूसरे शब्दों में, अधिक
अनुभव एक सहायक के पास था,
अधिक संभावना है कि वह उससे प्यार करती थी
काम।
इस नतीजे से एक और झटका लगा है
जुनून परिकल्पना। में
व्रज़ेस्निवेस्की का शोध,
सबसे खुश, सबसे भावुक
कर्मचारी वे नहीं हैं जो
एक में उनके जुनून का पालन किया
स्थिति, लेकिन इसके बजाय जो
काफी लंबे समय से किया गया है
वे जो करते हैं उसमें अच्छे बन जाते हैं। पर
प्रतिबिंब, यह समझ में आता है। अगर तुम
कई वर्षों का अनुभव है, तो
आपके पास बेहतर होने का समय है
आप क्या करते हैं और एक भावना विकसित करते हैं
प्रभावकारिता का। यह आपको समय भी देता है
के साथ मजबूत संबंध विकसित करना
आपके सहकर्मियों और बहुतों को देखने के लिए
आपके काम के उदाहरण लाभप्रद
अन्य। यहाँ क्या महत्वपूर्ण है,
हालाँकि, क्या यह स्पष्टीकरण है,
हालांकि उचित है, इसके विपरीत है
जुनून परिकल्पना, जो इसके बजाय
तत्काल पर जोर देता है
खुशी जो मिलती है
अपनी नौकरी को सच्चे जुनून से मिलाना।

निष्कर्ष #3: जुनून एक पक्ष है
महारत का प्रभाव
उनकी लोकप्रिय टेड टॉक में ज्यादा समय नहीं है,
शीर्षक "आश्चर्यजनक विज्ञान पर"
प्रेरणा, "लेखक डैनियल पिंक,
अपनी पुस्तक ड्राइव पर चर्चा करते हुए, बताता है
दर्शकों कि उन्होंने आखिरी बिताया
विज्ञान का अध्ययन करने वाले दो साल
मानव प्रेरणा का। "मैं बता रहा हूं
आप, यह करीब भी नहीं है," वे कहते हैं।
"यदि आप विज्ञान को देखते हैं, वहाँ है
क्या विज्ञान के बीच एक बेमेल
जानता है और व्यवसाय क्या करता है।"
जब गुलाबी "क्या" के बारे में बात करती है
विज्ञान जानता है," वह जिक्र कर रहा है, के लिए
अधिकांश भाग, एक चालीस वर्षीय के लिए
सैद्धांतिक ढांचे के रूप में जाना जाता है
आत्मनिर्णय सिद्धांत (एसडीटी),
जो यकीनन सबसे अच्छा है
वर्तमान में विज्ञान को समझना है
क्यों कुछ खोज हमारे प्राप्त करते हैं
इंजन चल रहा है जबकि अन्य निकल रहे हैं
हमें ठंडा एसडीटी हमें बताता है कि प्रेरणा, में
कार्यस्थल या कहीं और,
यह आवश्यक है कि आप तीन बुनियादी बातों को पूरा करें
मनोवैज्ञानिक जरूरतें—कारक
"पोषक तत्वों" के रूप में वर्णित
आंतरिक रूप से महसूस करने की आवश्यकता
आपके काम के लिए प्रेरित:
स्वायत्तता: यह भावना कि आप
अपने दिन पर नियंत्रण रखें,
और यह कि आपके कार्य हैं
महत्वपूर्ण
योग्यता: वह भावना जो

आप जो करते हैं उसमें आप अच्छे हैं
संबंधितता: की भावना
अन्य लोगों से संबंध
आखिरी जरूरत सबसे कम है
आश्चर्य की बात है: यदि आप करीब महसूस करते हैं
काम पर लोग, आप जा रहे हैं
काम का अधिक आनंद लें। यह पहले दो
जरूरत है कि और अधिक दिलचस्प साबित हो।
यह स्पष्ट है, उदाहरण के लिए, कि
स्वायत्तता और क्षमता हैं
सम्बंधित। अधिकांश नौकरियों में, जैसा कि आप
आप जो करते हैं उसमें बेहतर बनें, नहीं
केवल आप का बोध होता है
उपलब्धि जो से आती है
अच्छा होना, लेकिन आप आम तौर पर हैं
अधिक नियंत्रण के साथ पुरस्कृत भी
अपनी जिम्मेदारियों के ऊपर। इन
परिणाम एमी को समझाने में मदद करते हैं
Wrzesniewski के निष्कर्ष: शायद
एक कारण जो अधिक अनुभवी
सहायकों ने अपने काम का आनंद लिया था
क्योंकि इसे बनाने में समय लगता है
क्षमता और स्वायत्तता कि
इस आनंद को उत्पन्न करता है।
समान रुचि की यह सूची क्या है
बुनियादी मनोवैज्ञानिक जरूरतों का करता है
शामिल नहीं है। सूचना, वैज्ञानिकों ने किया
"मौजूदा जुनून से मेल खाने वाले काम" को होने के रूप में नहीं ढूंढें
प्रेरणा के लिए महत्वपूर्ण। लक्षण
उन्होंने पाया, इसके विपरीत, अधिक हैं
सामान्य और अज्ञेयवादी हैं
प्रश्न में विशिष्ट प्रकार का कार्य।
क्षमता और स्वायत्तता, के लिए
उदाहरण, अधिकांश द्वारा प्राप्त किया जा सकता है

विभिन्न प्रकार की नौकरियों में लोग-
यह मानते हुए कि वे डालने को तैयार हैं
महारत के लिए आवश्यक कड़ी मेहनत।
यह संदेश उतना प्रेरक नहीं है जितना
"अपने जुनून का पालन करें और आप करेंगे
तुरंत खुश हो जाओ, "लेकिन यह
निश्चित रूप से सच्चाई की अंगूठी है। में
दूसरे शब्द, सही काम कर रहे हैं
सही काम ढूँढना।

3

जुनून खतरनाक है

जिसमें मेरा तर्क है कि सदस्यता लेना
जुनून के लिए परिकल्पना कर सकते हैं
आप कम खुश हैं।
जुनून परिकल्पना का जन्म
सटीक तय करना मुश्किल है
वह क्षण जब हमारा समाज शुरू हुआ
के महत्व पर बल देते हुए
अपने जुनून के बाद, लेकिन एक अच्छा
सन्निकटन 1970 . है
आपका क्या रंग है का प्रकाशन
पैराशूट? लेखक, रिचर्ड
बोल्स, उस समय के लिए काम कर रहे थे
एपिस्कोपल चर्च सलाह दे रहा है
परिसर के मंत्री, जिनमें से कई
नौकरी जाने का खतरा था।
उन्होंने . का पहला संस्करण प्रकाशित किया
सीधे के रूप में पैराशूट
सामना करने वालों के लिए सुझावों का संग्रह
व्यवसाय मे बदलाव।

मूल प्रिंट
दौड़ एक सौ प्रतियां थी।
बोल्स गाइड का आधार
आधुनिक के लिए स्वयं स्पष्ट लगता है

कान: "[चित्रा] आप क्या पसंद करते हैं?
करो... और फिर एक ऐसी जगह ढूंढो जो
आप जैसे लोगों की जरूरत है।" लेकिन 1970 में,
यह एक कट्टरपंथी धारणा थी। "[पर
समय,] बहुत कुछ करने का विचार
पेन-एंड-पेपर अभ्यास करने के लिए
अपने खुद के करियर पर नियंत्रण रखना था
एक dilettante के व्यायाम के रूप में माना जाता है, "
बोल्स याद करते हैं
1
. की आशावाद
हालाँकि, यह संदेश इस पर पकड़ा गया:
आप जो करते हैं उसे नियंत्रित कर सकते हैं
आपका जीवन, तो क्यों न आगे बढ़ें क्या
आप प्यार करते हैं? अब से अधिक हैं
बोल्स की पुस्तक की छह मिलियन प्रतियां
प्रिंट में।
दशकों से
बोल्स की पुस्तक का प्रकाशन हो सकता है
की अवधि के रूप में समझा
जुनून के प्रति समर्पण बढ़ाना
परिकल्पना। आप इसकी कल्पना कर सकते हैं
Google के Ngram का उपयोग करके बदलाव करें
दर्शक
2
. यह उपकरण आपको अनुमति देता है
Google के विशाल कोष में खोजें
कितनी बार देखने के लिए डिजीटल किताबें
चयनित वाक्यांशों में बदल जाते हैं
समय के साथ प्रकाशित लेखन। अगर तुम
दर्ज करें "अपने जुनून का पालन करें," आप
1970 में उपयोग में स्पाइक देखें
(वह वर्ष जब बोल्स की पुस्तक थी
प्रकाशित), उसके बाद अपेक्षाकृत

1990 तक स्थिर उच्च उपयोग, पर
कौन सा बिंदु ग्राफ वक्र झूलता है
ऊपर की ओर। 2000 तक, वाक्यांश
"अपने जुनून का पालन करें" दिखा रहा था
प्रिंट में तीन गुना अधिक बार
सत्तर और अस्सी के दशक की तुलना में।

पैराशूट, दूसरे शब्दों में,
बेबी बूम को पेश करने में मदद की
इस जुनून केंद्रित करने के लिए पीढ़ी
करियर को आगे बढ़ाएं, उनके पास एक सबक है
अब उनके बच्चों को सौंप दिया,
इको बूम जनरेशन, जो
तब से जुनून पर बार उठाया है
जुनून। यह युवा पीढ़ी
"काम के लिए उच्च उम्मीदें" हैं
मनोवैज्ञानिक जेफरी बताते हैं
Arnett, मानसिकता के विशेषज्ञ
आधुनिक स्नातकोत्तर। "उनकी अपेक्षा है
काम सिर्फ एक नौकरी नहीं बल्कि एक
साहसिक[,]... आत्मविकास और आत्म-अभिव्यक्ति के लिए एक स्थल[,]
... और कुछ ऐसा जो प्रदान करता है
उनके आकलन के साथ संतोषजनक फिट
उनकी प्रतिभा का। "भले ही आप मेरे तर्क को स्वीकार कर लें
कि जुनून परिकल्पना है
त्रुटिपूर्ण, यह इस बिंदु पर है कि आप
जवाब दे सकता है, "कौन परवाह करता है!" अगर
जुनून परिकल्पना प्रोत्साहित कर सकती है
यहां तक कि लोगों की एक छोटी संख्या
एक बुरी नौकरी छोड़ दो या प्रयोग करने के लिए
उनके करियर के साथ, आप बहस कर सकते हैं,
तो इसने एक सेवा प्रदान की है।
तथ्य यह है कि यह व्यावसायिक परी कथा
अब तक फैल गया है कारण नहीं होना चाहिए
चिंता।

मैं असहमत हूं। जितना अधिक मैंने अध्ययन किया
मुद्दा, जितना अधिक मैंने देखा कि
जुनून परिकल्पना आश्वस्त करती है
लोग कि कहीं न कहीं एक है
जादू "सही" नौकरी उनका इंतजार कर रही है,
और अगर वे इसे ढूंढते हैं, तो वे
तुरंत पहचान लें कि यह है
जो काम उन्हें करना था।
समस्या, ज़ाहिर है, जब
वे इस निश्चितता को खोजने में विफल रहते हैं, बुरा
चीजें अनुसरण करती हैं, जैसे कि पुरानी नौकरी-
कूदना और अपंग आत्म-संदेह।
हम इस प्रभाव को में देख सकते हैं
सांख्यिकी। जैसा कि मैंने अभी स्थापित किया है,
पिछले कई दशकों को द्वारा चिह्नित किया गया है
के प्रति बढ़ती प्रतिबद्धता
बोल्स का संक्रामक विचार। और अभी तक,
इस सब के लिए बढ़ा हुआ फोकस
हमारे जुनून और होल्डिंग के बाद
काम के लिए हम प्यार करते हैं, हम नहीं हैं
किसी भी खुशी को प्राप्त करना। 2010
यू.एस. का सम्मेलन बोर्ड सर्वेक्षण
नौकरी से संतुष्टि ने पाया कि केवल 45
अमेरिकियों का प्रतिशत वर्णन
खुद के रूप में संतुष्ट
नौकरियां। यह संख्या लगातार रही है
61 . के निशान से घट रहा है
1987 में दर्ज किया गया प्रतिशत, पहला
सर्वेक्षण का वर्ष। लिन फ्रेंको के रूप में,
बोर्ड के निदेशक
उपभोक्ता अनुसंधान केंद्र नोट,
यह केवल एक खराब व्यवसाय के बारे में नहीं है
चक्र: "दोनों आर्थिक के माध्यम से"
पिछले दो के दौरान उछाल और बस्ट

दशकों, हमारी नौकरी से संतुष्टि
संख्याओं ने एक सुसंगत दिखाया है
गिरावट रुझान।" युवाओं के बीच
लोग, समूह शायद सबसे अधिक
में काम की भूमिका के संबंध में
उनका जीवन, 64 प्रतिशत अब कहते हैं कि
वे अपने में सक्रिय रूप से नाखुश हैं
नौकरियां। यह का उच्चतम स्तर है
असंतोष कभी के लिए मापा जाता है
सर्वेक्षण के पूरे दो दशक के इतिहास में कोई भी आयु वर्ग
4
. में
दूसरे शब्दों में, जुनून केंद्रित करियर योजना के साथ हमारी पीढ़ियों का प्रयोग हो सकता है
विफल माना जाता है: जितना अधिक हम
हम जो करते हैं उससे प्यार करने पर ध्यान केंद्रित करते हैं,
कम हमने इसे प्यार करना समाप्त कर दिया।

ये आँकड़े, निश्चित रूप से हैं
स्पष्ट नहीं है, क्योंकि अन्य कारक खेलते हैं a
कार्यस्थल में गिरावट में भूमिका
ख़ुशी। अधिक विकसित करने के लिए
इस की आंत की समझ
बेचैनी, हम उपाख्यान की ओर मुड़ सकते हैं
स्रोत। एलेक्जेंड्रा पर विचार करें
रॉबिंस और एबी विल्नर की 2001
यौवन के प्रति उदासीनता,
क्वार्टरलाइफ क्राइसिसः द यूनीक
आप में जीवन की चुनौतियाँ
बिसवां दशा। यह पुस्तक इतिहास का वर्णन करती है
दर्जनों . की व्यक्तिगत गवाही
दुखी ट्वेंटीसोमेथिंग्स जो
काम की दुनिया में भटकाव महसूस करते हैं।
उदाहरण के लिए, स्कॉट की कहानी को लें,
से एक सत्ताईस वर्षीय
वाशिंगटन डीसी।

"मेरी पेशेवर स्थिति अब
अधिक सही नहीं हो सकता, "स्कॉट
रिपोर्ट। "मैंने पीछा करना चुना
करियर मैं अपने दिल में जानता था मैं था
के बारे में भावुक: राजनीति...। मुझे पसंद है
मेरा ऑफिस, मेरे दोस्त... यहां तक कि मेरे भी
रोब जमाना।" के ग्लैमरस वादे
जुनून परिकल्पना, हालांकि,
स्कॉट को यह सवाल करने के लिए प्रेरित किया कि क्या उसका
परफेक्ट जॉब काफी परफेक्ट थी।
"यह पूरा नहीं हो रहा है," वह चिंता करता है
इस तथ्य पर विचार करते समय कि उसका
नौकरी, सभी नौकरियों की तरह, मुश्किल शामिल है
जिम्मेदारियां। उसके पास तब से है
अपने जीवन के लिए अपनी खोज को फिर से शुरू किया
काम। "मैंने खुद को प्रतिबद्ध किया है
रुचि रखने वाले अन्य विकल्पों की खोज करना
मुझे, "स्कॉट कहते हैं। "लेकिन मेरे पास एक है
कठिन समय वास्तव में एक के बारे में सोच रहा है
करियर जो आकर्षक लगता है। "
"मैंने चाहने वाले कॉलेज में स्नातक किया है
अंतिम नौकरी से ज्यादा कुछ नहीं
मेरे लिए," जिल कहते हैं, एक और युवा
क्वार्टरलाइफ़ में प्रोफाइल किया गया व्यक्ति
संकट। आश्चर्य नहीं, सब कुछ
जिल की कोशिश इस ऊंचाई को पूरा करने में विफल रही
निशान।
"मैं जो चाहता हूं उसके बारे में बहुत खो गया हूं
करो," पच्चीस वर्षीय निराश करता है
ऐलेन, "कि मुझे एहसास भी नहीं है"
मैं क्या त्याग कर रहा हूं।"

और इसी तरह। ये कहानियाँ, जो
सभी उम्र में तेजी से आम हैं,
कॉलेज के छात्रों से लेकर अधेड़ तक, सभी एक ही ओर इशारा करते हैं

निष्कर्ष: जुनून
परिकल्पना सिर्फ गलत नहीं है, यह है
खतरनाक भी। किसी को बताना
"उनके जुनून का पालन करना" उचित नहीं है
निर्दोष आशावाद का कार्य, लेकिन
संभावित रूप से एक के लिए नींव
करियर भ्रम से भरा और
गुस्सा

जुनून से परे

जारी रखने से पहले, मुझे करना चाहिए
एक स्पष्ट बिंदु पर जोर दें: For
कुछ लोग, उनका अनुसरण करते हुए
जुनून काम करता है। रोडट्रिप
राष्ट्र अभिलेखागार, उदाहरण के लिए,
रोलिंग के साथ एक साक्षात्कार शामिल करें
स्टोन फिल्म समीक्षक पीटर ट्रैवर्स, जो
दावा है कि एक बच्चे के रूप में भी वह इस्तेमाल करता था
मूवी में नोटबुक लाने के लिए
थिएटर उनके विचारों को रिकॉर्ड करने के लिए
6
.
जोश की ताकत और भी है
आम जब आप को देखते हैं
प्रतिभाशाली व्यक्तियों के करियर, जैसे
पेशेवर एथलीटों के रूप में। आप होना चाहते हैं
कठोर दबाव, उदाहरण के लिए, खोजने के लिए a
पेशेवर बेसबॉल खिलाड़ी जो
यह दावा नहीं करता कि वह रहा है
खेल के प्रति जहां तक जुनूनी
वापस के रूप में वह याद कर सकते हैं।
कुछ लोग जिनके बारे में मैंने बात की
मेरे विचारों ने के उदाहरणों का उपयोग किया है
मेरे निष्कर्षों को खारिज करने के लिए इस प्रकार
जुनून के बारे में। "यहाँ एक मामला है जहाँ

किसी ने सफलतापूर्वक अनुसरण किया
उनका जुनून," वे कहते हैं, "इसलिए
'अपने जुनून का पालन करें' अच्छा होना चाहिए
सलाह।" यह दोषपूर्ण तर्क है।
a . के कुछ उदाहरणों का अवलोकन करना
रणनीति काम करने से नहीं बनती
सार्वभौमिक रूप से प्रभावी। यह आवश्यक है
बड़ी संख्या में अध्ययन करने के बजाय
उदाहरण और पूछें कि क्या काम किया
अधिकांश मामलों में। और
जब आप के एक बड़े समूह का अध्ययन करते हैं
जो लोग इसके बारे में भावुक हैं
वे क्या करते हैं, जैसा मैंने किया
इस पुस्तक पर शोध करने पर आप पाते हैं कि
अधिकांश—सभी नहीं—एक कहानी बताएंगे
साधारण से अधिक जटिल
पहले से मौजूद जुनून की पहचान करना
और फिर उसका पीछा करना। उदाहरण जैसे
पीटर ट्रैवर्स और पेशेवर के रूप में
एथलीट, इसलिए, अपवाद हैं।
कुछ भी हो, उनकी दुर्लभता
मेरे दावे को रेखांकित करता है कि अधिकांश के लिए
लोग, "अपने जुनून का पालन करें" is
बुरी सलाह।

यह निष्कर्ष प्रेरित करता है
महत्वपूर्ण अनुवर्ती प्रश्नः
जुनून परिकल्पना के बिना
हमारा मार्गदर्शन करें, हमें क्या करना चाहिए
बजाय? मैं यही सवाल उठाता हूं
पालन करने वाले तीन नियमों में।
ये नियम मेरी खोज को आगे बढ़ाते हैं
पता लगाएं कि लोग वास्तव में कैसे समाप्त होते हैं
वे जो करते हैं उससे प्यार करते हैं। वे
स्वर से दूर एक बदलाव का प्रतिनिधित्व करते हैं

यहां इस्तेमाल किए गए कानूनी तर्क का और
कुछ और व्यक्तिगत में:
कब्जा करने के मेरे प्रयासों का सबूत
my . की जटिलता और अस्पष्टता
की हकीकत से रूबरू
कार्यस्थल की खुशी। साथ
जुनून के कांटेदार अंडरब्रश
परिकल्पना को मंजूरी दी, हम केवल कर सकते हैं
अब और अधिक यथार्थवादी पर प्रकाश डालें
कैरियर सलाह का तनाव जिसमें ऐसा है
लंबे समय से छाया में गला घोंट दिया गया है।
यह एक प्रक्रिया है जो में शुरू होती है
मेरे आगमन के साथ अगला नियम a
अंतर्दृष्टि का असंभावित स्रोत: एक समूह
ब्लूग्रास संगीतकारों का अभ्यास
बोस्टन के उपनगरीय इलाके में उनका शिल्प।

4

इतने अच्छे बनो कि वे अनदेखा नहीं कर सकते आप

शिल्पकार की स्पष्टता

जिसमें मैं दो अलग-अलग परिचय देता हूं के बारे में सोचने के तरीके काम: शिल्पकार मानसिकता, ए आप किस मूल्य पर ध्यान केंद्रित कर रहे हैं अपनी नौकरी में उत्पादन, और जुनून मानसिकता, किस पर ध्यान दें अपने काम को महत्व दें। अधिकांश लोग जुनून मानसिकता को अपनाते हैं, लेकिन इस अध्याय में मेरा तर्क है कि शिल्पकार मानसिकता है आप काम करने के लिए नींव प्यार।

ब्लूग्रास फ्रैट हाउस में ऊपर की ओर जब मैंने पहली बार कोने का चक्कर लगाया मैपलटन स्ट्रीट पर, घर, ए लापरवाह विक्टोरियन, के साथ मिश्रित इसके साफ उपनगरीय पड़ोसियों। ये था जैसे ही मैं करीब आया, मैंने देखा

सनकीपन। पेंट था
छीलना। चमड़े की एक जोड़ी थी
पोर्च पर बाहर झुकनेवाला।
खाली बड लाइट की बोतलें बिखरी हुई हैं
मैदान।
जॉर्डन टाइस, एक पेशेवर गिटार
नई ध्वनिक शैली के खिलाड़ी,
धूम्रपान a . के सामने के दरवाजे से खड़ा था
सिगरेट। उसने मुझे लहराया। मैं के रूप में
उसके पीछे पीछा किया, मैंने देखा कि a
छोटे फ़ोयर ने एंट्री बंद कर दी थी
शयन कक्ष में तब्दील कर दिया गया है।
"बैंजो प्लेयर जो वहां सोता है"
एमआईटी से पीएचडी है, "जॉर्डन ने कहा।
"आप उसे पसंद करेंगे।"
    जॉर्डन कई संगीतकारों में से एक है
जो किराये से आते-जाते रहते हैं,
किसी में खुद को निचोड़ना
अंतरिक्ष जो तकनीकी से मिलता है
रहने योग्य की परिभाषा "स्वागत
ब्लूग्रास फ्रैट हाउस के लिए," वह
ने कहा, हम के रूप में स्पष्टीकरण के माध्यम से
दूसरी मंजिल तक गया
वह कहाँ रहता है। जॉर्डन का कमरा है
मठवासी किसी भी छात्रावास से छोटा
मेरे पास कॉलेज में कमरा था, यह बहुत बड़ा है
एक जुड़वां बिस्तर और एक साधारण के लिए पर्याप्त
प्रेसबोर्ड डेस्क। एक फेंडर ट्यूब
amp एक कोने में बैठता है और एक रोलिंग
दूसरे में लगेज बैग। के सबसे
उनके गिटार, मुझे लगता है, रखे गए हैं
सामान्य व्यवहार में नीचे
अंतरिक्ष, जैसा कि मैंने केवल एक में देखा था
कमरा, एक बीट-अप मार्टिन। हमें करना पड़ा

दूसरे कमरे से कुर्सी उधार लेना
ताकि हम दोनों बैठ सकें
    जॉर्डन चौबीस है। में
पारंपरिक काम की दुनिया यह है
युवा, लेकिन जब आप उस पर विचार करते हैं
उन्होंने अपने पहले रिकॉर्ड सौदे पर हस्ताक्षर किए जबकि
अभी भी हाई स्कूल में, यह स्पष्ट है कि में
ध्वनिक संगीत की दुनिया
जॉर्डन का कोई धोखेबाज़ नहीं है। वह भी
दर्दनाक रूप से मामूली। उनकी एक समीक्षा
तीसरा एल्बम, लॉन्ग स्टोरी, शुरू हुआ,
"संगीत का हमेशा अपना हिस्सा रहा है
कौतुक, मोजार्ट से तक
वर्तमान दिन।"
    ठीक यही है
जॉर्डन की प्रशंसा के प्रकार
मेरे बारे में लिखने से नफरत है। जब मैं
उससे पूछा कि क्यों गैरी फर्ग्यूसन, a
जाने-माने ब्लूग्रास कलाकार ने चुना
जॉर्डन सोलह साल की उम्र में दौरे पर
उसके साथ, वह केवल हकला सकता था,
मौन में जाने से पहले।
"यह एक बड़ी बात है," मैंने धक्का दिया। "वह
आपको उसका गिटार वादक बनने के लिए चुना।
उनके पास ढेर सारे गिटार का विकल्प था
खिलाड़ी, और उसने एक सोलह वर्षीय को चुना।"
"मुझे कोई अहंकार नहीं है"
उस विशिष्ट चीज़ से," वह अंत में
उत्तर दिया।
यहाँ जॉर्डन को क्या उत्साहित करता है:
उसका संगीत। जब मैंने उससे पूछा,
"आज आप क्या काम कर रहे हैं?"
उसकी आँखें चमक उठीं क्योंकि उसने an . को पकड़ लिया था
उनकी से खुली रचना पुस्तक

मेज़। उस पर की पाँच पंक्तियाँ थीं
संगीत, हल्के ढंग से लिखे गए—मुख्यतः
चौथाई नोटों के घने रन
सप्तक को ऊपर और नीचे फैलाना,
कभी-कभी के साथ विरामित
हस्तलिखित व्याख्या। "मैं दयालु हूं
एक नई धुन पर काम कर रहे हैं," वह
व्याख्या की। "यह वास्तव में होने जा रहा है
तेज़।"
जॉर्डन ने अपने मार्टिन को उठाया
मुझे नया गाना बजाओ। यह था
ब्लूग्रास की ड्राइविंग बीट, लेकिन
माधुर्य, जो a . से प्रेरित था
डेब्यू रचना, खुशी से
शैली की उपेक्षा करता है। जब जॉर्डन
खेला, वह बस से परे देखा
फ्रेटबोर्ड और तेज सांस ली,
छिटपुट हांफना। एक बिंदु पर वह
एक नोट छूट गया, जिसने उसे परेशान कर दिया। वह
बैकअप लिया और फिर से शुरू किया,
जब तक वह खेलने पर जोर दे रहा है
बिना पूरा वाक्यांश समाप्त किया
गलती।
मैंने उससे कहा कि मैं इससे प्रभावित हूं
चाटुकारिता की गति। "नहीं, यह है
धीमा, "उन्होंने जवाब दिया। फिर उसने दिखाया
मुझे वह जिस गति की ओर काम कर रहा है:
यह कम से कम दोगुना तेज है। "मैं नहीं कर सकता
अभी तक बढ़त बना ली है," वह
दूर जाने के बाद माफी मांगी
उसके पास से। "मुझे लगता है कि मैं यह कर सकता था,
लेकिन मुझे नोट पॉप आउट करने के लिए नहीं मिल रहे हैं
फिर भी जैसा मैं चाहता हूं।" उसने मुझे दिखाया
कैसे लीड में लगातार नोट्स

कई तार फैलाते हैं,
तेजी से चुनना जटिल। "इसका
वास्तव में चौड़ा। ”
मेरे अनुरोध पर, जॉर्डन ने निर्धारित किया
इस गीत के लिए उनका अभ्यास नियम।
वह काफी धीमी गति से खेलकर शुरुआत करता है
कि वह प्रभाव प्राप्त कर सकता है
इच्छाएँ: वह के प्रमुख नोट चाहता है
जब वह भरता है तो माधुर्य बजता है
रन अप के साथ बीच में जगह और
फ्रेटबोर्ड के नीचे। फिर वह जोड़ता है
गति—बस इतना कि वह नहीं कर सकता
काफी काम करते हैं। वह दोहराता है
यह बार-बार। "यह एक भौतिक है"
और मानसिक व्यायाम, ”उन्होंने समझाया।
"आप ट्रैक रखने की कोशिश कर रहे हैं
विभिन्न धुन और चीजें। में एक
पियानो, सब कुछ स्पष्ट रूप से रखा गया है
आप के सामने; दस अंगुल कभी नहीं
एक दूसरे के रास्ते में आना।
गिटार पर, आपको बजट देना होगा
आपकी उंगलियां।"
उन्होंने इस गाने पर अपने काम को बुलाया
उनका "तकनीकी फोकस"
पल। एक सामान्य दिन में, यदि वह नहीं है
एक शो की तैयारी, वह करेंगे अभ्यास
इसी तीव्रता के साथ, हमेशा
उससे थोड़ा ही तेज खेल रहा है
आरामदायक, दो या तीन घंटे के लिए
सीधा। मैंने उससे पूछा कि कब तक
अंत में नया मास्टर करने के लिए ले जाएगा
कौशल। "शायद एक महीने की तरह," वह
अनुमान लगाया फिर उन्होंने खेला
एक बार और चाटो।

शिल्पकार मानसिकता

मुझे कुछ के बारे में स्पष्ट होने दो: मैं
वास्तव में परवाह नहीं है अगर जॉर्डन Tice
वह जो करता है उससे प्यार करता है। मैं भी नहीं
परवाह क्यों उसने बनने का फैसला किया
संगीतकार या क्या वह गिटार देखता है
अपने "जुनून" के रूप में खेल रहा है। संगीतकारों का
करियर के रास्ते अलग-अलग होते हैं, अक्सर
असामान्य परिस्थितियों पर निर्भर
और भाग्यशाली जीवन में जल्दी टूट जाता है। (द
तथ्य यह है कि जॉर्डन के माता-पिता दोनों हैं
ब्लूग्रास संगीतकार, उदाहरण के लिए,
स्पष्ट रूप से उनकी में एक बड़ी भूमिका निभाई
गिटार के लिए प्रारंभिक समर्पण।) क्योंकि
इसमें से, मुझे मूल कभी नहीं मिला
कलाकारों के करियर की कहानियां
वह सब जो हममें से बाकी लोगों के लिए प्रासंगिक है।
यहाँ मेरी दिलचस्पी क्या है
जॉर्डन: वह अपने पास कैसे जाता है
दैनिक आधार पर काम करते हैं। यहाँ छिपकर,
मैंने खोजा, महान की अंतर्दृष्टि है
काम के लिए मेरी खोज का मूल्य जो मुझे पसंद है।
वह रास्ता जो मुझे जॉर्डन तक ले गया
और वह जिस अंतर्दृष्टि का प्रतिनिधित्व करता है वह शुरू हुई
चार्ली के 2007 के एक एपिसोड के साथ
गुलाब शो। गुलाब साक्षात्कार कर रहा था
अभिनेता और हास्य अभिनेता स्टीव
मार्टिन अपने संस्मरण बॉर्न के बारे में
खड़े होना
2
. उन्होंने बात की
मार्टिन के उदय की वास्तविकता। "मैंने पढ़ा
सामान्य तौर पर आत्मकथाएँ, "मार्टिन
कहा। "[और मैं अक्सर निराश हो जाता हूं] ...

और कहो, 'तुमने उस एक हिस्से को छोड़ दिया'
यहाँ, आपको वह ऑडिशन कैसे मिला
उस एक चीज़ के लिए जहाँ अचानक
आप कोपा में काम कर रहे हैं? कैसे
क्या ऐसा हुआ?'" मार्टिन ने लिखा उसका
"कैसे" प्रश्न का उत्तर देने के लिए पुस्तक,
कम से कम खुद के संबंध में
स्टैंड-अप में सफलता। इसमें था
"कैसे" की व्याख्या कि मार्टिन
एक सरल विचार पेश किया कि
जब मैंने पहली बार इसे सुना तो मुझे फड़फड़ाया।
उद्धरण अंतिम पाँच में आता है
साक्षात्कार के मिनट, जब
रोज ने मार्टिन से उसके लिए सलाह मांगी
इच्छुक कलाकार।
"कोई भी कभी भी [my .] पर ध्यान नहीं देता है
सलाह], क्योंकि यह उत्तर नहीं है
वे सुनना चाहते थे," मार्टिन ने कहा।
"वे जो सुनना चाहते हैं वह है 'यहाँ है'
आपको एक एजेंट कैसे मिलता है, यहां बताया गया है:
आप एक स्क्रिप्ट लिखते हैं,'... लेकिन मैं हमेशा
कहो, 'इतने अच्छे बनो कि वे अनदेखा नहीं कर सकते'
तुम।' "
रोज़ के ट्रेडमार्क के जवाब में
अस्पष्ट घुरघुराना, मार्टिन ने बचाव किया
उनकी सलाह: "अगर किसी का
सोच रहा था, 'मैं वास्तव में कैसे हो सकता हूं'
अच्छा?' लोग आने वाले हैं
तुम।"
ठीक यही तत्वज्ञान है
जिसने मार्टिन को स्टारडम में पहुंचा दिया।
वह केवल बीस वर्ष का था जब
उन्होंने अपने कार्य को नया करने का फैसला किया
अनदेखा करने के लिए कुछ बहुत अच्छा है।

"उस समय कॉमेडी पूरी तरह से तैयार थी
और पंच लाइन... क्लिचेडो
नाइट क्लब कॉमेडियन, रैट-ए-जैसे-जैसे, "
मार्टिन ने रोज को समझाया।
3 वह
सोचा कि यह कुछ और हो सकता है
परिष्कृत। यहां बताया गया है कि कैसे मार्टिन
एक लेख में उनके विकास की व्याख्या की
उन्होंने अपने समय के आसपास प्रकाशित किया
चार्ली रोज़ साक्षात्कार: "क्या होगा अगर
कोई पंच लाइन नहीं थी? क्या हो अगर
कोई संकेतक नहीं थे? क्या अगर मैं
तनाव पैदा किया और कभी नहीं छोड़ा
यह? क्या होगा अगर मैं एक चरमोत्कर्ष के लिए नेतृत्व किया,
लेकिन मैंने जो कुछ दिया वह एक था
एंटीक्लाइमेक्स?"
4
एक प्रसिद्ध बिट में,
मार्टिन दर्शकों को बताता है कि यह है
उनके प्रसिद्ध नाक-पर-माइक्रोफ़ोन दिनचर्या के लिए समय। फिर झुक जाता है
में और उसकी नाक पर डालता है
कई सेकंड के लिए माइक्रोफोन,
कदम पीछे हटते हैं, एक लंबा धनुष लेते हैं, और
भीड़ को धन्यवाद।
"हंसी तब नहीं आई," वह
बताते हैं, "लेकिन उनके बाद ही"
एहसास हुआ कि मैं पहले ही आगे बढ़ चुका हूं
अगले बिट।"
इसने मार्टिन को अपने दम पर ले लिया
अनुमान, अपने नए कार्य के लिए दस साल
साथ देने के लिए, लेकिन जब ऐसा हुआ, तो उसने
एक राक्षस सफलता बन गया। यह स्पष्ट है
उनके कहने में कि कोई वास्तविक नहीं था
उनकी अंतिम प्रसिद्धि का शॉर्टकट।

"[आखिरकार] आप इतने हैं
अनुभवी [कि] वहाँ एक है
आत्मविश्वास जो बाहर आता है, "मार्टिन
व्याख्या की। "मुझे लगता है कि यह कुछ है
दर्शक महकते हैं।"इतने अच्छे बनो कि वो नज़रअंदाज़ न कर सकें
तुम। जब मैंने पहली बार यह सलाह सुनी,
मैं मार्टिन का साक्षात्कार देख रहा था
ऑनलाइन। 2008 की सर्दी थी
और मैं अपने फाइनल के करीब पहुंच रहा था
स्नातक छात्र के रूप में वर्ष। पर
समय, मैंने हाल ही में एक ब्लॉग शुरू किया था
स्टडी हैक्स कहा जाता है, जो था
छात्र की जोड़ी से प्रेरित-
मेरे द्वारा प्रकाशित की गई सलाह मार्गदर्शिकाएँ, और
मुख्य रूप से युक्तियों पर केंद्रित
स्नातक से नीचे। सुनवाई के तुरंत बाद
मार्टिन का स्वयंसिद्ध, हालांकि, मैं धराशायी हो गया
एक ब्लॉग पोस्ट के बाहर जिसने उसका परिचय दिया
मेरे पाठकों के लिए विचार।
5 "ज़रूर, यह है"
डरावना, "मैंने निष्कर्ष निकाला। "लेकिन यहां तक
अधिक, मुझे यह मुक्तिदायक लगता है।"
मेरे स्नातक छात्र कैरियर के रूप में
घुमावदार हो रहा था, मेरे पास था
मेरे शोध के प्रति जुनूनी हो जाओ
रणनीति—एक जुनून जो था
क्रोनिक वर्किंग में प्रकट
और के विवरण का पुनर्विक्रय
मेरी वेबसाइट पर मेरा काम। यह एक था
निराशाजनक प्रक्रिया: मुझे लगा जैसे मैं था
दुनिया को समझाने के लिए खींच रहा है
कि मेरा काम दिलचस्प था, फिर भी
किसी ने परवाह नहीं की। मार्टिन के अभिगृहीत ने दिया
मुझे इस आत्म-प्रचार से राहत है। "इन पर ध्यान देना बंद करें"

थोड़ा विवरण, ”इसने मुझे बताया। "केंद्र
बेहतर बनने के बजाय। ”
प्रेरित होकर, मैंने अपना ध्यान
मेरी वेबसाइट एक आदत है जो जारी है
आज तक: मैं बिताए गए घंटों को ट्रैक करता हूं
हर महीने सोच को समर्पित
अनुसंधान समस्याओं के बारे में कठिन (में
जिस महीने में मैंने पहली बार यह लिखा था
अध्याय, उदाहरण के लिए, मैं समर्पित
इन मुख्य कार्यों के लिए बयालीस घंटे)।
यह घंटे-ट्रैकिंग रणनीति
मेरा ध्यान वापस करने में मदद की
सब से ऊपर क्या की गुणवत्ता के लिए
मैं उत्पादन करता हूँ। एक ही समय पर,
हालाँकि, यह भी वृद्धिशील महसूस हुआ, जैसे
अगर मैंने अभी तक पूरा नहीं समझा होता
मार्टिन के कट्टरपंथी के निहितार्थ
विचार। जब मैंने बाद में my . लॉन्च किया
लोगों का अंत कैसे होता है, इसे उजागर करने की खोज
अपने काम से प्यार करते हुए, यह नहीं लिया
मेरे लिए मार्टिन के पास लौटने की बहुत इच्छा है
सलाह। सहज रूप से मैंने समझ लिया कि यह
में महत्वपूर्ण भूमिका निभाई
एक उल्लेखनीय कैरियर का निर्माण।
यही मुझे जॉर्डन टाइस तक ले गया:
अगर मैं वास्तव में इसे समझना चाहता था
स्वयंसिद्ध, मुझे लगा, मुझे चाहिए
जीने वालों को समझो
इसके द्वारा उनका जीवन।टाइस के बारे में बात करते हुए सुनकर
दिनचर्या, मैं उनके मार्टिनस्क फोकस से प्रभावित था कि वह क्या पैदा करता है।
जैसा कि आपको याद होगा, वह खुश है
हर दिन घंटे बिताएं, सप्ताह के बाद
सप्ताह, बमुश्किल सुसज्जित . में
मठवासी कमरा, खुद को थका रहा

एक नए फ्लैट लेने की खोज में
तकनीक, सभी क्योंकि वह सोचता है
में कुछ महत्वपूर्ण जोड़ देगा
धुन वह लिख रहा है। यह समर्पण
आउटपुट, मुझे एहसास हुआ, उसकी भी व्याख्या करता है
दर्दनाक विनम्रता। जॉर्डन के लिए,
अहंकार का कोई मतलब नहीं है।
"यहां मैं सम्मान करता हूं: बनाना
कुछ सार्थक और फिर
इसे दुनिया के सामने पेश करते हुए," वह
व्याख्या की।
जॉर्डन से मिलने से प्रेरित होकर, मुझे मिला
मार्क कैस्टवेन्स के संपर्क में
एक सनकी वयोवृद्ध का दृष्टिकोण प्राप्त करें
कलाकार की मानसिकता पर। निशान है
नैशविले के एक स्टूडियो संगीतकार
जिसने निश्चित रूप से अपनी धारियाँ अर्जित की हैं:
वह निन्यानवे नंबर पर खेला जाता है
बिलबोर्ड पर एक हिट एकल
चार्ट। जब मैंने मार्क को के बारे में बताया
जॉर्डन, वह सहमत था कि एक जुनूनी
आप जो करते हैं उसकी गुणवत्ता पर ध्यान दें
उत्पादन पेशेवर में नियम है
संगीत। "यह आपकी उपस्थिति को रौंद देता है,
आपके उपकरण, आपका व्यक्तित्व,
और आपके कनेक्शन, "वह
व्याख्या की। "स्टूडियो संगीतकारों के पास है
यह कहावत: 'टेप झूठ नहीं बोलता।'
रिकॉर्डिंग के तुरंत बाद
प्लेबैक आता है; आपकी क्षमता है
छिपने की जगह नहीं।"
मुझे वह मुहावरा पसंद आया—टेप
झूठ नहीं बोलता - जैसा कि यह अच्छी तरह से बताता है
क्या कलाकारों को प्रेरित करता है जैसे कि

जॉर्डन, मार्क और स्टीव मार्टिन। यदि
आप ऐसा बनने पर ध्यान केंद्रित नहीं कर रहे हैं
अच्छा है कि वे आपको नज़रअंदाज़ नहीं कर सकते, आप हैं
पीछे छूटने वाला है। यह स्पष्टता
ताज़ा कर रहा था।चल रही चीजों को आसान बनाने के लिए
आगे, मैं इसे आउटपुट-केंद्रित कहूंगा
शिल्पकार के काम करने का तरीका
नज़रिया। नियम #2 में मेरा लक्ष्य है
आपको एक विचार के बारे में आश्वस्त करें कि
मेरे लिए और अधिक समय स्पष्ट हो गया
मैंने कलाकारों जैसे का अध्ययन करने में बिताया
Tice: चाहे किसी भी प्रकार का हो
आप जो काम करते हैं, शिल्पकार मानसिकता
आपके करियर के निर्माण के लिए महत्वपूर्ण है
प्यार। इससे पहले कि हम आगे बढ़ें
खुद, हालांकि, मैं एक लेना चाहता हूँ
इस मानसिकता के विपरीत करने का क्षण
जिस तरह से हम में से अधिकांश अभ्यस्त हैं
हमारी रोजी-रोटी के बारे में सोच रहे हैं।
जुनून मानसिकता
"[लोग] पर ध्यान केंद्रित करके फलते-फूलते हैं
सवाल यह है कि वे वास्तव में कौन हैं-
और उस काम को जोड़ने के लिए
वे वास्तव में प्यार करते हैं।"
6 पो ब्रोंसन ने लिखा
2002 में प्रकाशित घोषणापत्र में यह
फास्ट कंपनी में। यह होना चाहिए
परिचित ध्वनि, क्योंकि यह बिल्कुल वैसा ही है
आप किस प्रकार की सलाह देंगे यदि
आपने जुनून की सदस्यता ली
परिकल्पना, जिसे मैंने खारिज कर दिया था
नियम 1। इसे ध्यान में रखते हुए, कॉल करें
द्वारा समर्थित काम करने का दृष्टिकोण
ब्रोंसन जुनून मानसिकता।

जबकि शिल्पकार मानसिकता
आप जो कर सकते हैं उस पर ध्यान केंद्रित करता है
दुनिया, जुनून मानसिकता केंद्रित है
इसके बजाय दुनिया क्या कर सकती है
तुम। यह मानसिकता कितनी है
लोग अपने काम करने के लिए संपर्क करते हैं
ज़िंदगियाँ।
दो कारण हैं I
जुनून मानसिकता को नापसंद करें (अर्थात,
इस तथ्य से परे दो कारण, जैसे
मैंने नियम #1 में तर्क दिया, यह a . पर आधारित है
झूठा आधार)। सबसे पहले, जब आप
केवल अपने काम पर ध्यान दें
आपको प्रदान करता है, यह आपको बनाता है
आपको जो पसंद नहीं है उसके बारे में हाइपरवेयर
इसके बारे में, जीर्ण करने के लिए अग्रणी
नाखुशी। यह विशेष रूप से सच है
प्रवेश स्तर के पदों के लिए, जो, द्वारा
परिभाषा, भरने नहीं जा रहे हैं
चुनौतीपूर्ण परियोजनाओं के साथ और
स्वायत्तता - ये बाद में आते हैं। कब
आप कामकाजी दुनिया में प्रवेश करते हैं
जुनून मानसिकता, कष्टप्रद
आपके द्वारा सौंपे गए कार्य या
कॉर्पोरेट की निराशा
नौकरशाही बहुत ज्यादा हो सकती है
संभालने के लिए।दूसरा, और अधिक गंभीर,
जुनून को चला रहे गहरे सवाल
मानसिकता - "मैं कौन हूँ?" और क्या
क्या मैं सच में प्यार करता हूँ?”—अनिवार्य रूप से
पुष्टि करना असंभव है। "क्या यह है
मैं हूँ वाक़ई?" और "क्या मुझे यह पसंद है?"
हाँ-या-ना साफ़ करने के लिए शायद ही कभी कम करें
प्रतिक्रियाएँ। दूसरे शब्दों में,

जुनून मानसिकता लगभग है
आपको हमेशा बनाए रखने की गारंटी
दुखी और भ्रमित, जो
शायद बताते हैं क्यों ब्रोंसन
स्वीकार करते हैं, लंबे समय तक उनके करियर-साधक महाकाव्य में मुझे क्या करना चाहिए
मेरा जीवन? वो "एक एहसास"
इस पुस्तक में सभी के पास है
अनुभवी चूकने का है
जिंदगी।"शिल्पकार मानसिकता को अपनाना
संक्षेप में, मैंने दो प्रस्तुत किए हैं
अलग-अलग तरीके से लोग सोचते हैं
उनका कामकाजी जीवन। पहला है
शिल्पकार मानसिकता, जो केंद्रित है
आप दुनिया को क्या पेशकश कर सकते हैं।
दूसरी है जुनून मानसिकता,
जो इसके बजाय इस बात पर ध्यान केंद्रित करता है कि
दुनिया आपको दे सकती है। शिल्पकार
मानसिकता स्पष्टता प्रदान करती है, जबकि
जुनून मानसिकता का एक दलदल प्रदान करता है
अस्पष्ट और अनुत्तरित
प्रशन। जैसा कि मैंने बाद में निष्कर्ष निकाला
जॉर्डन टाइस से मिलना, वहाँ है
के बारे में कुछ मुक्त
शिल्पकार मानसिकता: यह आपसे पूछता है
आत्मकेंद्रित चिंताओं को पीछे छोड़ दें
इस बारे में कि क्या आपका काम "न्यायसंगत" है
ठीक है," और इसके बजाय अपना सिर रखो
नीचे और दूर होने पर प्लग करें
वास्तव में अच्छा है। किसी का बकाया नहीं है
आप एक महान कैरियर, यह तर्क देता है; तुम
इसे अर्जित करने की आवश्यकता है—और प्रक्रिया
आसान नहीं होगा।
इसे ध्यान में रखते हुए, यह केवल
की स्पष्टता से ईर्ष्या करना स्वाभाविक है

जॉर्डन टाइस जैसे कलाकार। परंतु
यहाँ नियम का मूल तर्क है
2: आपको सिर्फ ईर्ष्या नहीं करनी चाहिए
शिल्पकार मानसिकता, आपको चाहिए
इसका अनुकरण करें। दूसरे शब्दों में, मैं हूँ
सुझाव है कि आप एक तरफ रख दें
सवाल है कि क्या आपका काम है
आपका सच्चा जुनून, और इसके बजाय मुड़ें
ऐसा बनने की ओर आपका ध्यान
अच्छा है कि वे आपकी उपेक्षा नहीं कर सकते। वह है,
इस बात की परवाह किए बिना कि आप a . के लिए क्या करते हैं
जी रहे हैं, अपने काम को ए की तरह करें
सच्चे कलाकार।
मानसिकता में यह बदलाव एक साबित हुआ
अपने आप में रोमांचक विकास
खोज। लेकिन जैसा कि मैंने पाया, यह आता है
कुछ के लिए अधिक आसानी से के लिए
अन्य। जब मैंने की खोज शुरू की
मेरे ब्लॉग पर शिल्पकार मानसिकता,
मेरे कुछ पाठक असहज हो गए।
मैंने देखा कि वे घर में शुरू हो रहे हैं
एक सामान्य प्रतिवाद पर,
जिसे मुझे हमारे सामने संबोधित करना चाहिए
जारी रखें। यहां बताया गया है कि कैसे एक पाठक
इसे रखें:
टाइस पीसने को तैयार है
छोटे के साथ लंबे घंटे
मान्यता, लेकिन वह है
क्योंकि यह सेवा में है
कुछ वह स्पष्ट रूप से है
के बारे में भावुक और है
लंबे समय से रहा है। वह है
पाया कि एक काम है कि
उसके लिए सही।

मैंने यह प्रतिक्रिया काफी सुनी है
इसे एक नाम देने का समय: "द
पहले से मौजूद तर्क
जोश।" इसके मूल में यह विचार है कि
शिल्पकार मानसिकता ही व्यवहार्य है
उन लोगों के लिए जो पहले से ही महसूस कर रहे हैं
अपने काम के प्रति जुनूनी, और
इसलिए इसे इस रूप में प्रस्तुत नहीं किया जा सकता
जुनून का एक विकल्प
नज़रिया।
मैं इसे नहीं खरीदता।
सबसे पहले, आइए से दूर हो जाएं
धारणा है कि जॉर्डन जैसे कलाकार
Tice या स्टीव मार्टिन पूरी तरह से हैं
उनके ज्ञान में सुरक्षित है कि
उन्हें अपनी असली कॉलिंग मिल गई है। यदि
आप किसी भी समय के साथ बिताते हैं
पेशेवर मनोरंजनकर्ता, विशेष रूप से
जो अभी शुरुआत कर रहे हैं, एक
पहली चीज़ जो आप नोटिस करते हैं, वह है उनका
उनके विषय में असुरक्षा
आजीविका। जॉर्डन का एक नाम था
उसके दोस्तों की क्या चिंता
अपने जीवन के साथ कर रहे हैं और
चाहे उसकी उपलब्धियां
अनुकूल रूप से तुलना करें: "बादल का
बाहरी विकर्षण। "
इस बादल से लड़ना जारी है
युद्ध। इन पंक्तियों के साथ, स्टीव
मार्टिन अपने दौरान इतना अनिश्चित था
को दशक भर का समर्पण
अपनी दिनचर्या में सुधार करते हुए कि वह
नियमित रूप से अपंग चिंता का सामना करना पड़ा
हमले। इनका स्रोत

कलाकारों की शिल्पकार मानसिकता है
कुछ निर्विवाद आंतरिक नहीं
जुनून, लेकिन इसके बजाय कुछ
अधिक व्यावहारिक: यह वही है जो काम करता है
मनोरंजन व्यवसाय। जैसा
मार्क कैस्टवेन्स ने इसे रखा, "टेप"
झूठ नहीं बोलता": यदि आप गिटार हैं
खिलाड़ी या कॉमेडियन, आप क्या हैं
उत्पादन मूल रूप से वह सब कुछ है जो मायने रखता है।
यदि आप बहुत अधिक समय बिताते हैं
आपके पास है या नहीं, इस पर ध्यान केंद्रित करना
आपका सच्चा बुलावा मिल गया,
प्रश्न को मूक बना दिया जाएगा
जब आप खुद को बाहर पाते हैं
काम।दूसरा, और अधिक मौलिक,
मुझे वास्तव में परवाह नहीं है कि कलाकार क्यों
शिल्पकार मानसिकता को अपनाएं। मैं के रूप में
पहले उल्लेख किया गया है, उनकी दुनिया है
मूर्खतापूर्ण, और अधिकांश क्या
उन्हें टिक करता है सामान्य नहीं करता है।
कारण मैंने जॉर्डन पर ध्यान केंद्रित किया
कहानी यह है कि मैं चाहता था कि आप देखें
शिल्पकार मानसिकता कैसी दिखती थी
जैसे कार्रवाई में। दूसरे शब्दों में,
भूल जाओ कि जॉर्डन ने इसे क्यों अपनाया
मानसिकता और नोटिस के बजाय वह कैसे
इसे तैनात करता है। अगले अध्याय में, मैं
तर्क दें कि आप कैसे भी हों
अभी अपने काम के बारे में महसूस करो,
शिल्पकार मानसिकता को अपनाना
नींव होगी जिस पर
आप एक सम्मोहक करियर बनाएंगे।
यही कारण है कि मैं "तर्क" को अस्वीकार करता हूं
पहले से मौजूद जुनून से," क्योंकि

यह चीजों को पीछे ले जाता है। वास्तव में, जैसा कि मैं प्रदर्शित करूंगा, आप इसे अपनाएं शिल्पकार मानसिकता पहले और फिर जुनून पीछा करता है।

5

करियर कैपिटल की शक्ति

जिसमें मैं के महत्व को उचित ठहराता हूँ
वाद-विवाद करके शिल्पकार की मानसिकता
वह लक्षण जो एक महान बनाते हैं
महान कार्य दुर्लभ और मूल्यवान हैं,
और इसलिए, यदि आप एक महान चाहते हैं
नौकरी, आपको दुर्लभ निर्माण करने की आवश्यकता है और
मूल्यवान कौशल—जिसे मैं करियर कहता हूं
पूंजी - बदले में एर के लिए।

महान नौकरियों का अर्थशास्त्र

पिछले अध्याय में मैंने एक बोल्ड पेशकश की थी
प्रस्ताव: अगर आप प्यार करना चाहते हैं
आप क्या करते हैं, जुनून को छोड़ दें
मानसिकता ("दुनिया क्या पेशकश कर सकती है
मुझे?") और इसके बजाय को अपनाएं
शिल्पकार मानसिकता ("मैं क्या कर सकता हूं
दुनिया की पेशकश?")।
इस रणनीति के लिए मेरा तर्क
एक साधारण प्रश्न से शुरू होता है: क्या
महान कार्य को महान बनाता है? में
इस प्रश्न की खोज, यह करने में मदद करता है
विशिष्ट हो जाओ। नियम # 1 में, मैंने प्रदान किया
लोगों के कई उदाहरण जो
महान काम और प्यार था (या प्यार किया)

वे क्या करते हैं—ताकि हम आकर्षित कर सकें
वहां से। दूसरों के बीच, आई
Apple के संस्थापक स्टीव को पेश किया
नौकरियां, रेडियो होस्ट इरा ग्लास, और
मास्टर सर्फ़बोर्ड शेपर अली
मेरिक। इस तिकड़ी का उपयोग हमारे . के रूप में करना
चल रहा उदाहरण, अब मैं पूछ सकता हूँ
यह इनके बारे में विशेष रूप से क्या है
तीन करियर जो उन्हें ऐसा बनाता है
सम्मोहक? ये रहे जवाब
जिसके साथ मैं आया था:
विशेषताएँ जो महान को परिभाषित करती हैं
काम
रचनात्मकता: ईरा ग्लास, के लिए
उदाहरण, धक्का दे रहा है
रेडियो की सीमाएं, और
में मुट्ठी भर पुरस्कार जीतना
प्रक्रिया।
प्रभाव: Apple II से . तक
iPhone, स्टीव जॉब्स के पास है
हमारे जीने का तरीका बदल गया
डिजिटल युग में रहता है।
नियंत्रण: अली को कोई नहीं बताता
मेरिक कब जागें या
क्या पहनने के लिए। वह अपेक्षित नहीं है
एक कार्यालय में नौ से पांच तक।
इसके बजाय, उसका चैनल द्वीप
Surfboards का कारखाना स्थित है a
सांता बारबरा से ब्लॉक
समुद्र तट, जहां मेरिक स्टिल
नियमित रूप से सर्फिंग में समय बिताता है। (
जेक बर्टन बढ़ई, संस्थापक
बर्टन स्नोबोर्ड्स, के लिए
उदाहरण, याद करता है कि कैसे

विलय के लिए बातचीत
दो कंपनियों के बीच
हुआ, जबकि वह और मेरिक
सर्फ़ में लहरों का इंतज़ार किया
पंक्ति बनायें।)
यह सूची व्यापक नहीं है, लेकिन
अगर अपने खुद के सपने-नौकरी पर विचार करें
कल्पनाएँ, आप शायद कुछ नोटिस करेंगे
इन लक्षणों का संयोजन। हम कर सकते हैं
अब इस प्रश्न पर आगे बढ़ते हैं कि
वास्तव में मायने रखता है: आप कैसे प्राप्त करते हैं
आपके अपने काम करने में ये लक्षण
जिंदगी? पहली चीजों में से एक I
ध्यान दिया जब मैंने इसका अध्ययन करना शुरू किया
सवाल यह है कि ये कारक हैं
दुर्लभ। अधिकांश नौकरियां उनकी पेशकश नहीं करती हैं
कर्मचारी महान रचनात्मकता, प्रभाव,
या वे जो करते हैं उस पर नियंत्रण करते हैं और
वे इसे कैसे करते हैं। यदि आप हाल ही के हैं
प्रवेश स्तर में कॉलेज स्नातक
नौकरी, उदाहरण के लिए, आप बहुत हैं
सुनने की अधिक संभावना है "जाओ बदलो"
वाटर कूलर" की तुलना में आप "जाओ" हैं
दुनिया बदल दो।"

परिभाषा के अनुसार, हम यह भी जानते हैं कि
ये लक्षण मूल्यवान हैं—जैसा कि वे हैं
किसी कार्य को महान बनाने की कुंजी। परंतु
अब हम वेल-ट्रोड में जा रहे हैं
क्षेत्र। बुनियादी आर्थिक सिद्धांत
हमें बताता है कि अगर आप कुछ चाहते हैं
यह दुर्लभ और मूल्यवान दोनों है, आप
कुछ दुर्लभ और मूल्यवान चाहिए
बदले में प्रस्ताव—यह आपूर्ति है और
मांग 101. यह इस प्रकार है कि यदि आप

एक अच्छी नौकरी चाहते हैं, आपको चाहिए
में पेशकश करने के लिए महान मूल्य के कुछ
वापसी। अगर यह सच है, तो निश्चित रूप से हम
इसे हमारी कहानियों में देखना चाहिए
उदाहरणों की तिकड़ी- और हम करते हैं। अब
कि हम जानते हैं कि क्या देखना है, यह
लेन-देन की व्याख्या
सम्मोहक करियर बन जाता है
अचानक प्रकट।
स्टीव जॉब्स पर विचार करें। जब नौकरियां
पॉल टेरेल के बाइट में चला गया
दुकान वह कुछ पकड़े हुए था
वह सचमुच दुर्लभ और मूल्यवान था:
Apple I के लिए सर्किट बोर्ड,
अधिक उन्नत व्यक्तिगत में से एक
नवेली बाजार में कंप्यूटर
समय। बेचने से पैसा
उस मूल की सौ इकाइयाँ
डिज़ाइन ने जॉब्स को अधिक नियंत्रण दिया
उनका करियर, लेकिन क्लासिक इकोनॉमिक में
शर्तें, और भी अधिक मूल्यवान पाने के लिए
उनके कामकाजी जीवन में लक्षण, उन्हें चाहिए
उसके पास जो कुछ था उसका मूल्य बढ़ाने के लिए
देने के लिए। यह इस बिंदु पर है कि जॉब्स
चढ़ाई तेज होने लगती है। वह लेता है
Mark . से $250,000 के वित्त पोषण में
मार्ककुला और स्टीव के साथ काम करता है
वोज्नियाक एक नया उत्पादन करने के लिए
कंप्यूटर डिजाइन जो है
असंदिग्ध रूप से बहुत अच्छा होना
अवहेलना करना। अन्य इंजीनियर थे
खाड़ी क्षेत्र के Homebrew . में
कंप्यूटर क्लब संस्कृति जो कर सकती थी
जॉब्स और वोज्नियाक के मैच का मिलान करें

तकनीकी कौशल, लेकिन जॉब्स के पास था
निवेश और करने के लिए अंतर्दृष्टि
इस तकनीकी ऊर्जा की ओर ध्यान केंद्रित करें
एक पूर्ण उत्पाद का उत्पादन।
परिणाम Apple II था, एक मशीन
जो के आगे छलांग लगा दी
प्रतियोगिता: इसमें रंगीन ग्राफिक्स थे;
मॉनिटर और कीबोर्ड थे
मामले के अंदर एकीकृत;
वास्तुकला खुला था, अनुमति
स्मृति का तेजी से विस्तार और
बाह्य उपकरणों (जैसे फ़्लॉपी)
डिस्क, जो कि Apple II थी
मुख्यधारा में पेश करने वाले पहले
उपयोग)। यह वह उत्पाद था जिसने रखा
मानचित्र पर कंपनी और वह
छोटे समय से नौकरियों को धक्का दिया
एक के सिर में उद्यमी
दूरदर्शी कंपनी। उसने उत्पन्न किया
कुछ महान मूल्य और में
वापसी उनके करियर को मिला इंजेक्शन
रचनात्मकता, प्रभाव और नियंत्रण।

रेडियो होस्ट इरा ग्लास था
अपना बनाने का मौका दिया
शैली को परिभाषित करने वाला रेडियो शो यह
उसके बाद ही अमेरिकी जीवन
खुद को जनता में से एक के रूप में साबित किया
रेडियो के सर्वश्रेष्ठ संपादक और मेजबान। काँच
एक प्रशिक्षु के रूप में शुरू किया और फिर चले गए
All . के लिए टेप कटर बनने के लिए
बातों पर विचार किया। वहां कई हैं
युवा लोग जो शुरू करते हैं
ग्लास के समान पथ: लैंडिंग an
स्थानीय एनपीआर स्टेशन पर इंटर्नशिप

और फिर निम्न स्तर तक बढ़ रहा है
उत्पादन की स्थिति। लेकिन ग्लास
पैक से अलग होने लगा
जब उसने अपना ध्यान केंद्रित किया
अपने कौशल को और अधिक दुर्लभ बनाना और
अधिक मूल्यवान। उसकी कुरकुरी
खंड संपादन अंततः प्राप्त हुआ
उसे कुछ की मेजबानी करने का अवसर
हवा पर अपने स्वयं के खंडों की। और
भले ही ग्लास में एक आवाज हो कि
सब कुछ पवित्र के बारे में मजाक करता है
एक रेडियो व्यक्तित्व क्या होना चाहिए
ध्वनि की तरह, वह पुरस्कार जीतने लगा
उसके खंडों के लिए। यह संभव है कि ए
संपादन के लिए गुप्त प्राकृतिक प्रतिभा मई
यहां एक भूमिका निभाएं, लेकिन याद रखें
नियम # 1 से कि ग्लास जोर देता है
कड़ी मेहनत का महत्व
कौशल विकसित करने की आवश्यकता है। "हम सब
जो रचनात्मक कार्य करते हैं... आपको मिलता है
इस बात में, और वहाँ की तरह है a
'अंतराल।' आप जो बना रहे हैं वह ऐसा नहीं है
अच्छा, ठीक है?... यह बनने की कोशिश कर रहा है
अच्छा है लेकिन ... यह इतना अच्छा नहीं है, "
उन्होंने एक साक्षात्कार में समझाया
उसका पेशा।
1 "मुख्य बात यह है कि
अपने आप को काम के माध्यम से मजबूर करें,
कौशल को आने के लिए मजबूर करें; वह है
सबसे कठिन चरण, "उन्होंने अपने में विस्तार से बताया
रोडट्रिप राष्ट्र सत्र। अन्य में
शब्द, यह कहानी नहीं है a
कौतुक जो एक रेडियो में चला गया
कॉलेज के बाद स्टेशन और बाहर चला गया

एक शो के साथ। जितना अधिक आप पढ़ेंगे
ग्लास के बारे में, जितना अधिक आप
एक युवक से मिलें जो था
तक अपने कौशल को विकसित करने के लिए प्रेरित किया
वे होने के लिए बहुत मूल्यवान थे
अवहेलना करना। यह रणनीति काम कर गई। के बाद
उनके लघु खंडों की सफलता
सभी बातों पर विचार किया गया, ग्लास था
की एक स्ट्रिंग को होस्ट करने के लिए टैप किया गया
विभिन्न स्थानीय शो का निर्माण किया गया
शिकागो के WBEZ स्टेशन का, आगे
उसके कौशल के मूल्य में वृद्धि। में
1995, जब स्टेशन प्रबंधक
WBEZ ने एक साथ रखने का फैसला किया
किसी भी आंख के साथ फ्री-फॉर्म शो
राष्ट्रीय सिंडिकेशन की ओर - a
दिस अमेरिकन लाइफ नाम का शो-
ग्लास उनकी सूची में सबसे ऊपर था। उसके
करियर आज रचनात्मकता से भरपूर है,
प्रभाव, और नियंत्रण, लेकिन जब आप
उनकी कहानी पढ़ें, आर्थिक
उपक्रम अचूक हैं। काँच
के लिए कठोर, दुर्लभ और मूल्यवान कौशल के संग्रह का आदान-प्रदान किया
उसका शानदार काम।अल मेरिक के साथ, नहीं
आश्चर्यजनक रूप से, हमें वही शैली मिलती है
कहानी का। दुर्लभ और मूल्यवान कौशल
जिसने मेरिक के करियर को a . के रूप में लॉन्च किया
पेशेवर सर्फ़बोर्ड शेपर है
क्रिस्टल स्पष्ट: उनके बोर्ड जीते
प्रतियोगिताएं। इसके लिए क्या महत्वपूर्ण है
ध्यान दें कि यह हमेशा नहीं था
मामला। मेरिक ने का व्यापार उठाया
शीसे रेशा अपने वर्षों से आकार दे रहा है
एक नाविक के रूप में बिताया, और वह जानता था

खुद से सर्फिंग के बारे में-
फिर से, के साथ फिर से संबंध
खेल, लेकिन इसने बहुत कुछ लिया
अपने बोर्ड क्राफ्टिंग कौशल को उस स्थान तक पहुँचाने के लिए कड़ी मेहनत की जहाँ
वे मूल्यवान थे। "[बाहर शुरू,]
बहुत बार आप डरते हैं कि
आप असफल होने जा रहे हैं, कि
यह आदमी जिसके लिए आप एक बोर्ड बना रहे हैं
एक विश्व चैंपियन और उसके बोर्ड हैं
[नहीं होगा] सही काम कर रहा है," वह
उनके रोडट्रिप नेशन में याद किया गया
सत्र। "यह सिर्फ मुझे काम करता है
कठिन और पूरा करने के लिए कठिन प्रयास
मैं किसके साथ पूरा करने की कोशिश कर रहा हूं
एक सर्फ़बोर्ड। " एक कार्यालय होना a
समुद्र तट से ब्लॉक, the . के साथ
a . पर सर्फ करने के लिए उड़ान भरने की स्वतंत्रता
पल की सूचना, बहुत अच्छा लगता है, लेकिन
यह उस प्रकार की नौकरी नहीं है जो उचित है
सौंप दिया जा रहा है। इसे पाने के लिए, मेरिक
एहसास हुआ कि उसे एक दुर्लभ और की जरूरत है
बदले में देने के लिए मूल्यवान कौशल।
एक बार उनके पास केली जैसे सर्फ पेशेवर थे
स्लेटर ने अपने बोर्ड की सवारी की—और
जीतना - वह हुक्म चलाने के लिए स्वतंत्र हो गया
उनके कामकाजी जीवन की शर्तें।यहाँ, तो, मुख्य किस्में हैं
मेरे तर्क का:
कैरियर राजधानी
महान कार्य का सिद्धांत
लक्षण जो महान परिभाषित करते हैं
काम दुर्लभ और मूल्यवान हैं।
आपूर्ति और मांग का कहना है कि अगर
आप चाहते हैं कि ये लक्षण आपको चाहिए
पेशकश करने के लिए दुर्लभ और मूल्यवान कौशल

बदले में। इन दुर्लभ के बारे में सोचो
और मूल्यवान कौशल जो आप कर सकते हैं
अपनी करियर पूंजी के रूप में पेश करें।
शिल्पकार मानसिकता, इसके साथ
बनने पर अथक ध्यान
"इतना अच्छा है कि वे अनदेखा नहीं कर सकते"
आप," एक रणनीति अच्छी तरह से अनुकूल है
कैरियर पूंजी प्राप्त करने के लिए।
यही कारण है कि यह ट्रम्प
जुनून मानसिकता अगर आपका लक्ष्य है
आप जिस काम से प्यार करते हैं उसे बनाने के लिए।
जॉब्स, ग्लास, और मेरिक सभी
शिल्पकार मानसिकता को अपनाया।
(कुछ तो इन सटीक शब्दों का प्रयोग भी करते हैं
खुद का वर्णन करने में। "मैं था एक
शिल्पकार, "मेरिक ने कहा, एक में
अपने शुरुआती दिनों में एक के रूप में साक्षात्कार
बोर्ड शेपर।
2
) कैरियर पूंजी
सिद्धांत हमें बताता है कि यह नहीं है
संयोग। लक्षण जो परिभाषित करते हैं
महान कार्य की आवश्यकता है कि आपके पास है
कुछ दुर्लभ और मूल्यवान
बदले में ऑफर—कौशल जिसे मैं करियर कहता हूं
राजधानी। शिल्पकार मानसिकता,
किस पर अपने अथक ध्यान के साथ
आप उत्पादन करते हैं, वास्तव में मानसिकता है
यदि आपका लक्ष्य था तो आप अपनाएंगे
के रूप में ज्यादा कैरियर पूंजी हासिल करने के लिए
संभव। आखिरकार, यही कारण है कि मैं
शिल्पकार मानसिकता को बढ़ावा दें
जुनून मानसिकता। यह नहीं है
पर कुछ दार्शनिक बहस

जुनून का अस्तित्व या का मूल्य
कड़ी मेहनत - मैं तीव्रता से हो रहा हूँ
व्यावहारिक: आपको अच्छा करने की आवश्यकता है
अपने में अच्छी चीजें पाने के लिए
कामकाजी जीवन, और शिल्पकार
मानसिकता हासिल करने पर केंद्रित है
ठीक यही लक्ष्य।लेकिन वहाँ है, मुझे स्वीकार करना होगा, a
इस तर्क का गहरा परिणाम है।
जुनून मानसिकता ही नहीं है
आप काम बनाने के लिए अप्रभावी
प्यार; कई मामलों में यह सक्रिय रूप से
इस लक्ष्य के खिलाफ काम करें, कभी-कभी
विनाशकारी परिणामों के साथ।

साहस से खाद्य टिकटों तक
लेखों की एक जोड़ी, के भीतर प्रकाशित
न्यू में एक दूसरे के दो दिन
2009 की गर्मियों में यॉर्क टाइम्स,
के बीच के अंतर पर जोर दें
जुनून मानसिकता और शिल्पकार
नज़रिया। संबंधित पहला लेख
लिसा फ्यूएर
3
. अड़तीस साल की उम्र में, फ्यूअर ने अपना करियर छोड़ दिया
विज्ञापन और विपणन। चेफ़िंग
कॉर्पोरेट की बाधाओं के तहत
जीवन, उसने सवाल करना शुरू कर दिया कि क्या
यह उसकी बुलाहट थी। "मैंने देखा था
मेरे पति व्यापार में जाते हैं
खुद, और मुझे लगा जैसे मैं यह कर सकता हूं,
भी, "उसने कहा। तो उसने फैसला किया
उद्यमिता को आजमाएं।
जैसा कि टाइम्स द्वारा रिपोर्ट किया गया है, Feuer
दो-सौ घंटे में नामांकित
योग निर्देश पाठ्यक्रम, टैपिंग a

$4,000 . का भुगतान करने के लिए गृह इक्विटी ऋण
शिक्षा। हाथ में प्रमाणन, वह
कर्मा किड्स योगा की शुरुआत की, एक योग
छोटे बच्चों पर केंद्रित अभ्यास
और गर्भवती महिलाएं। "मैं जो प्यार करता हूँ"
करो," उसने रिपोर्टर से कहा कि कब
शुरू करने की कठिनाइयों को सही ठहराना
एक स्वतंत्र व्यवसाय।
जुनून मानसिकता का समर्थन करता है
फ़्यूअर का निर्णय। उन लोगों के लिए
एक सच के मिथक से मंत्रमुग्ध
कॉलिंग, और कुछ भी वीर नहीं है
जुनून के लिए व्यापार आराम से।
उदाहरण के लिए, लेखक पर विचार करें
पामेला स्लिम, में एक आस्तिक
जुनून मानसिकता जिसने लिखा
क्यूबिकल से लोकप्रिय किताब एस्केप
राष्ट्र।
4 स्लिम उसके बारे में वर्णन करता है
वेबसाइट निम्नलिखित नमूना
संवाद, जिसका वह दावा करती है कि उसके पास है
अक्सर:मैं: तो क्या आप तैयार हैं
अपने साथ आगे बढ़ें
योजना?
उन्हें: मुझे पता है कि मुझे क्या करना है
करते हैं, लेकिन मुझे नहीं पता कि मैं
यह कर सकते हैं! मैं कौन हूँ
सफल होने का दिखावा करें
(कलाकार) (कोच) (सलाहकार)
(मालिश करनेवाली)? क्या हो अगर
सब मेरी तरफ देखते हैं
वेबसाइट और हंसी
उन्मादपूर्ण ढंग से कि मैं
मेरा बेचने पर भी विचार करें

सेवाएं? क्यों होता
कोई भी कभी भी चाहता है
मेरे साथ जुड़ें?
मैं: थोड़ा काम करने का समय
आपकी रीढ़।
5
इन मुलाकातों से प्रेरित,
स्लिम ने लॉन्च किया फोन-सेमिनार
उत्पाद जिसे आपका पुनर्निर्माण कहा जाता है
रीड की हड्डी। इसका लक्ष्य आश्वस्त करना है
लिसा फ्यूएर की तरह बनने के लिए और लोग
अनुसरण करने का साहस पाकर
उनके सपने। पाठ्यक्रम
विवरण कहता है स्लिम जवाब देगा
"हमें क्यों मिलता है" जैसे प्रश्न
दूसरों के मॉडल में रहकर फंस गए
सफलता की?" और "हम कैसे प्राप्त करते हैं
में बड़े काम करने की हिम्मत
दुनिया?" इसकी कीमत सैंतालीस डॉलर है।
अपनी रीढ़ की हड्डी का पुनर्निर्माण करना एक है
साहस संस्कृति का उदाहरण, a
लेखकों का बढ़ता समुदाय और
ऑनलाइन कमेंटेटर धक्का दे रहे हैं
निम्नलिखित विचार: सबसे बड़ी बाधा
आपके और आपके पसंदीदा काम के बीच है
साहस की कमी-साहस
"अन्य" से दूर जाने की आवश्यकता है
लोगों की सफलता की परिभाषा "और
अपने सपने का पालन करने के लिए। यह एक विचार है
यह सही समझ में आता है जब
की पृष्ठभूमि में प्रस्तुत किया गया है
जुनून मानसिकता: अगर कुछ है
सही नौकरी हमारे लिए वहाँ इंतज़ार कर रही है,
हर दिन हम इसका पालन नहीं कर रहे हैं

जुनून एक बर्बाद दिन है। कब
इस दृष्टि से देखा जाए तो
फ्यूअर की चाल साहसी प्रतीत होती है
और लंबे समय से अतिदेय; वह एक हो सकती है
पामेला स्लिम के अतिथि व्याख्याता
टेलीसेमिनार। लेकिन यह विचार टूट जाता है
नजरिये से देखे जाने पर
करियर कैपिटल थ्योरी-ए
परिप्रेक्ष्य जो कर्मा किड्स . बनाता है
योग अचानक लगता है गरीब
जुआ जुनून का नकारात्मक पक्ष
मानसिकता यह है कि यह योग्यता को छीन लेता है।
स्लिम जैसे जुनून समर्थकों के लिए,
एक स्वतंत्र कैरियर शुरू करना कि
आपको नियंत्रण, रचनात्मकता देता है, और
प्रभाव आसान है—यह केवल का कार्य है
आरंभ करना जो हमें ऊपर ले जाता है।
कैरियर पूंजी सिद्धांत असहमत है। यह
हमें बताता है कि महान कार्य केवल
बहुत साहस चाहिए, लेकिन कौशल भी
महान (और वास्तविक) मूल्य का। कब
फ़्यूअर ने अपना विज्ञापन करियर छोड़ दिया
योग स्टूडियो शुरू किया, इतना ही नहीं उसने किया
अर्जित कैरियर पूंजी को त्यागें
विपणन में कई वर्षों में
उद्योग, लेकिन वह बदल गई
एक असंबंधित क्षेत्र जहां उसके पास था
लगभग कोई पूंजी नहीं। योग को देखते हुए
लोकप्रियता, एक महीने का प्रशिक्षण
कार्यक्रम फुएर के बहुत करीब है
के कौशल पदानुक्रम के नीचे
योग चिकित्सक, उसे एक बना रहे हैं
वह इतनी अच्छी होने का लंबा रास्ता तय करती है
नजरअंदाज नहीं किया जा सकता। के अनुसार

कैरियर पूंजी सिद्धांत, वह इसलिए
उसके योगकार्य जीवन में बहुत कम लाभ है। यह संभावना नहीं है,
इसलिए, कि चीजें अच्छी होंगी
Feuer के लिए—जो, दुर्भाग्य से, is
वास्तव में क्या हो रहा है।
2008 में मंदी की मार के रूप में,
फ्यूअर का व्यवसाय संघर्ष कर रहा था। में से एक
जिन जिमों में वह पढ़ाती थीं, वे बंद हैं।
फिर उसने दो कक्षाओं की पेशकश की a
स्थानीय पब्लिक हाई स्कूल थे
गिरा दिया, और कसने के साथ
अर्थव्यवस्था, निजी की मांग
सबक कम हो गया। 2009 में, जब
उसे टाइम्स के लिए प्रोफाइल किया गया था, वह
केवल $15,000 . बनाने की राह पर था
साल के लिए। निष्कर्ष की ओर
प्रोफ़ाइल का, फ़्यूअर भेजता है
रिपोर्टर एक टेक्स्ट संदेश: "मैं वहां हूं
फ़ूड स्टैम्प ऑफ़िस अब इंतज़ार कर रहा है।"
यह हस्ताक्षरित है: "मेरे iPhone से भेजा गया।"
लिसा फ्यूअर्स . के दो दिन बाद
प्रोफाइल प्रकाशित किया गया था, टाइम्स
अपने पाठकों को दूसरे से मिलवाया
विपणन कार्यकारी, जो डफी।
6
फ्यूअर की तरह, डफी ने काम किया
विज्ञापन और अंततः शुरू हुआ
कॉर्पोरेट की बाधाओं पर झंझट
जिंदगी। "मैं एजेंसी से थक गया था"
व्यापार, "वह याद करते हैं। "मैं चाहता था
मेरे जीवन को सरल बनाएं और इस पर ध्यान केंद्रित करें
फिर से रचनात्मक पक्ष। " मान लें कि
डफी का मूल प्रशिक्षण इस प्रकार था
कलाकार-उसने प्रवेश किया था

एक तकनीकी के रूप में विज्ञापन उद्योग
एक कठिन होने के बाद ही इलस्ट्रेटर
उसके साथ रहने का समय
पेंटिंग्स- के समर्थक
जुनून मानसिकता प्रोत्साहित कर सकती है
डफी की स्थिति में कोई
विज्ञापन को पीछे छोड़ दें और वापस आ जाएं
रचनात्मक कला के लिए उनके जुनून के लिए।
डफी, यह पता चला है, से है
विचार के शिल्पकार स्कूल।
की बाधाओं से भागने के बजाय
उनकी वर्तमान नौकरी, उन्होंने प्राप्त करना शुरू कर दिया
कैरियर की पूंजी उसे खरीदने की आवश्यकता होगी
खुद उनमें से। उनकी विशेषता
अंतरराष्ट्रीय लोगो बन गए और
ब्रांड चिह्न। जैसे-जैसे उसकी क्षमता बढ़ती गई, वैसे-वैसे
उसके विकल्प किया। आखिरकार, वह था
मिनियापोलिस द्वारा किराए पर लिया गया-
आधारित फॉलन मैकएलिगॉट एजेंसी,
जिसने उसे अपना खुद का चलाने की अनुमति दी
बड़े के भीतर सहायक
संगठन, इसे डफी कहते हैं
डिजाइन। दूसरे शब्दों में, उसकी राजधानी
उसे और अधिक स्वायत्तता मिली थी।
फालोन में बीस साल बाद
McElligott, के लिए लोगो पर काम कर रहा है
सोनी और जैसी प्रमुख कंपनियां
कोका-कोला, डफी एक बार फिर
अधिक हासिल करने के लिए अपनी पूंजी का निवेश किया
स्वायत्तता, इस बार उसकी शुरुआत करके
खुद की पंद्रह-व्यक्ति की दुकान: डफी और
भागीदार। यह उद्यमशीलता कदम
Feuer के साथ तेजी से विपरीत है।
डफी ने शुरू की अपनी कंपनी

पर्याप्त कैरियर पूंजी के साथ
तुरंत पनपे—वह उनमें से एक था
दुनिया का सबसे अच्छा लोगो पुरुष और था
ग्राहकों की प्रतीक्षा सूची। फ्यूएर
केवल दो के साथ अपनी कंपनी शुरू की
सौ घंटे का प्रशिक्षण और एक
साहस की प्रचुरता।यह अनुमान लगाना उचित है कि उस समय तक
डफी हाल ही में सेवानिवृत्त हुए, उन्होंने प्यार किया
उसने क्या किया था। उनके काम ने उन्हें
नियंत्रण और सम्मान के ढेर और,
आपके दृष्टिकोण के आधार पर
विज्ञापन का महत्व भी था
दुनिया पर एक बड़ा प्रभाव। मुझे सम,
हालांकि, सबसे ज्वलंत विपरीत
फ्यूअर की कहानी डफी की खरीद थी
डफी ट्रेल्स का, सौ एकड़
विस्कॉन्सिन के तट पर पीछे हटना
टोटागेटिक नदी। डफी एक शौकीन चावला है
क्रॉस-कंट्री स्कीयर, और पांच
जंगली पगडंडियों के मील, से स्केलेबल
नवंबर से मार्च, बनाया
अप्रतिरोध्य पीछे हटना। जैसा कि सूचित किया गया
न्यूयॉर्क टाइम्स द्वारा,
संपत्ति आराम से घर कर सकती है
कम से कम बीस मेहमान, फैले हुए
तीन अलग आवासीय
आउटबिल्डिंग, लेकिन सबसे गर्म . पर
गर्मी की रातें, यह स्क्रीन है
रिट्रीट के सोलह एकड़ के गज़ेबो,
बास-स्टॉक वाली झील जो आकर्षित करती है
अधिकांश आगंतुक।
डफी ने यह संपत्ति . में खरीदी
पैंतालीस वर्ष की आयु: अन्य में
शब्द, उम्र के लंबे समय बाद नहीं

फ्यूअर ने किस पर विज्ञापन छोड़ दिया
उसके योग व्यवसाय को आगे बढ़ाएं। यही तो
समानांतर जो कहानियों की इस जोड़ी को देता है
उनके फ्रॉस्टियन उपक्रम। "दो
पीली लकड़ी में बदली सड़कें, "
और एक यात्री ने रास्ता चुना
महारत जबकि दूसरे को कहा जाता था
जुनून की चमक की ओर। भूतपूर्व
अंत में उद्योग में मनाया जाता है,
अपनी आजीविका के नियंत्रण में,
और अपने परिवार के साथ सप्ताहांत में
एक वन वापसी। बाद का अंत
खाद्य टिकटों पर।
यह तुलना नहीं है
अनिवार्य रूप से निष्पक्ष। हम नहीं जानते कि
फ्यूअर डफी की नकल कर सकता था
सफलता अगर वह रुकी थी
विपणन और विज्ञापन और था
अपनी बेचैन ऊर्जा को केंद्रित किया
उत्कृष्ट बन रहा है। लेकिन एक के रूप में
रूपक, कहानी अच्छी तरह से काम करती है।
फ़्यूअर की छवि, लाइन में प्रतीक्षा कर रही है
भोजन टिकटों के लिए, जबकि डफी, ए
समान आयु, a . से रिटर्न
खर्च करने के लिए सफल विदेश यात्रा a
डफी में आराम से सप्ताहांत स्कीइंग
ट्रेल्स, हड़ताली है। यह अच्छी तरह से पकड़ लेता है
जोखिम और अतार्किक दोनों
इसके विपरीत खरोंच से शुरू करना
इसके बजाय प्राप्त उत्तोलन के साथ
अधिक कैरियर पूंजी प्राप्त करना। दोनों
फ्यूअर और डफी के पास एक ही था
उनके काम के साथ मुद्दे; ये मुद्दे
लगभग एक ही समय में उभरा;

और उन दोनों की एक ही इच्छा थी
वे जो करते हैं उससे प्यार करने के लिए। लेकिन उनके पास था
निपटने के लिए दो अलग-अलग दृष्टिकोण
ये मुद्दे। अंत में, यह था
डफी की प्रतिबद्धता
शिल्प कौशल जो स्पष्ट था
विजेता| जब शिल्प कौशल विफल हो जाता है
बहुत समय पहले मैंने लिखना शुरू नहीं किया था
इस अध्याय में, मुझे एक ई-मेल प्राप्त हुआ
जॉन से, हाल ही में एक कॉलेज
my . के स्नातक और लंबे समय तक पाठक
ब्लॉग। वह अपने बारे में चिंतित था
कर सलाहकार के रूप में नई नौकरी। यद्यपि
उसे काम मिल गया
"कभी-कभी दिलचस्प," घंटे
लंबे थे और कार्य थे
जमकर निर्धारित, इसे बनाना
बाहर खड़ा होना मुश्किल है। "अलग से
जीवन शैली पसंद नहीं है," जॉन
शिकायत की, "मुझे चिंता है कि
मेरा काम बड़ा नहीं है
उद्देश्य, और, वास्तव में, कि यह सक्रिय रूप से
सबसे कमजोर को चोट पहुँचाता है। "
इस अध्याय ने पक्ष में तर्क दिया है
शिल्पकार मानसिकता और
इसके जुनून-केंद्रित के खिलाफ
विकल्प। क्या बनाता है का हिस्सा
शिल्पकार मानसिकता रोमांचकारी है
के प्रकार की ओर अज्ञेयवाद
काम तुम करो। लक्षण जो परिभाषित करते हैं
करियर के साथ बड़े काम खरीदे जाते हैं
पूंजी, सिद्धांत का तर्क है; वे नहीं करते
अपने काम से मेल खाने से आओ
आपका जन्मजात जुनून। वजह से

यह, आपको पसीना नहीं पड़ेगा
क्या आपको अपनी कॉलिंग मिल गई है
—ज्यादातर कोई भी काम बन सकता है
एक सम्मोहक करियर की नींव।
जॉन ने यह तर्क सुना था और
मुझे लिखा क्योंकि वह एक था
कठिन समय इसे अपने जीवन में लागू करने के लिए a
कर सलाहकार। उसे उसका पसंद नहीं आया
काम और वह जानना चाहता था कि क्या,
एक अच्छे शिल्पकार की तरह उसे चाहिए
बस इसे चूसो और जारी रखो
अच्छा होने पर ध्यान दें। यह एक
महत्वपूर्ण प्रश्न, और यहाँ क्या है
मैंने जॉन से कहा:
"ऐसा लगता है कि आपको छोड़ देना चाहिए
आपका काम।" प्रतिबिंब पर, यह बन गया
मेरे लिए स्पष्ट है कि कुछ नौकरियां हैं
करियर लागू करने के लिए बेहतर अनुकूल
दूसरों की तुलना में पूंजी सिद्धांत। सहायता के लिए
जॉन, मैंने . की एक सूची तैयार की
तीन लक्षण जो नौकरी को अयोग्य घोषित करते हैं
के लिए एक अच्छी नींव प्रदान करना
निर्माण कार्य जिसे आप पसंद करते हैं:
के लिए तीन अयोग्यकर्ता
शिल्पकार को लागू करना
नज़रिया
1. नौकरी कुछ प्रस्तुत करती है
भेद करने के अवसर
प्रासंगिक विकसित करके स्वयं
कौशल जो दुर्लभ और मूल्यवान हैं।
2. नौकरी कुछ पर केंद्रित है
आपको लगता है कि बेकार है या शायद
दुनिया के लिए भी सक्रिय रूप से बुरा।
3. नौकरी आपको काम करने के लिए मजबूर करती है

उन लोगों के साथ जिन्हें आप वास्तव में नापसंद करते हैं।
7
के किसी भी संयोजन के साथ एक नौकरी
ये अयोग्य लक्षण विफल कर सकते हैं
निर्माण और निवेश करने के आपके प्रयास
कैरियर पूंजी। अगर यह पहले संतुष्ट करता है
विशेषता, कौशल विकास संभव नहीं है। अगर यह
दूसरे दो लक्षणों को संतुष्ट करता है, तो
भले ही आप निर्माण कर सकते हैं
करियर पूंजी के भंडार, आप करेंगे
चारों ओर चिपके रहने में कठिन समय है
इसे पूरा करने के लिए काफी समय
लक्ष्य। जॉन की नौकरी ने पहले को संतुष्ट किया
दो लक्षण, इसलिए उसे छोड़ने की जरूरत थी।
एक और उदाहरण देने के लिए: जैसा कि a
MIT में कंप्यूटर वैज्ञानिक, जो I
इस पुस्तक को लिखते समय, मुझे मिल गया
वॉल स्ट्रीट से कुछ ई-मेल्स
हेडहंटर वे के लिए भर्ती कर रहे थे
नौकरियां जो बहुत जगह प्रदान करती हैं
कौशल विकसित करें और वे डरते नहीं हैं
आपके लिए आपको अच्छी तरह से क्षतिपूर्ति करने के लिए
समय। "एक छोटा मुट्ठी भर है
वॉल स्ट्रीट की फर्में जो बेहतर भुगतान करती हैं
बाकी सभी की तुलना में, लगभग तीन या
उनमें से चार," एक हेडहंटर ने कहा
जिसने मुझे हाल ही में लिखा है। "इस
कंपनी उनमें से एक है।" (मैं था
बाद में दोस्तों ने बताया कि शुरुआत
इन फर्मों के लिए वेतन था
दो से तीन सौ हजार
डॉलर रेंज।) लेकिन मेरे लिए, ये फर्में
सूचीबद्ध दूसरी शर्त को पूरा करें
के ऊपर। इस अहसास ने मुझे अनुमति दी

के रूप में इन प्रस्तावों को विश्वासपूर्वक हटाने के लिए
वे पहुंचे।
बिग-पिक्चर पॉइंट वर्थ
हालाँकि, यहाँ ध्यान देने वाली बात यह है कि ये
अयोग्यता के लक्षण अभी भी हैं
नौकरी है या नहीं, इससे कोई लेना-देना नहीं है
कुछ सहज जुनून के लिए सही फिट।
वे बहुत अधिक सामान्य रहते हैं।
सही काम करना, इसलिए, अभी भी
ट्रम्प सही काम ढूंढ रहे हैं।
अब जब मैंने अपनी पिच बना ली है
शिल्पकार मानसिकता, और
इसे अपवादों के साथ संचालित किया
ऊपर सूचीबद्ध, इसे देखने का समय आ गया है
गतिविधि।

6
कैरियर पूंजीपति

जिसमें मैं शक्ति का प्रदर्शन करता हूं
दो के साथ कार्रवाई में कैरियर पूंजी की
लाभ उठाने वाले लोगों की प्रोफाइल
शिल्पकार मानसिकता निर्माण करने के लिए
करियर वे प्यार करते हैंएलेक्स बर्जर इकतीस का है: वह एक है
सफल टेलीविजन लेखक और वह
अपने काम से प्यार करता है। माइक जैक्सन है
उनतीस: वह एक क्लीनटेक है
उद्यम पूंजीपति और वह भी प्यार करता है
ऊनका काम। यह अध्याय समर्पित है
अपनी कहानियों को बताने के लिए, क्योंकि वे दोनों
कुछ गन्दा हाइलाइट करें
शिल्पकार का उपयोग करने की वास्तविकता
शानदार उत्पन्न करने की मानसिकता
आजीविका एलेक्स और माइक दोनों
अच्छा पाने पर ध्यान केंद्रित - नहीं
उनका जुनून ढूँढना — और फिर
कैरियर की पूंजी का इस्तेमाल किया यह
उन गुणों को प्राप्त करने के लिए उत्पन्न किया गया है जो
उनके करियर को आकर्षक बनाया बंद-बंद दुनिया
टेलीविजन अरबपति
आइए इस पल के लिए मान लें कि
आप एक टेलीविजन के रूप में काम पर रखना चाहते हैं

एक नेटवर्क श्रृंखला पर लेखक। तुम्हारी
पहला कदम किसी को पसंद करना है
जेमी।
जेमी, जो अपने बिसवां दशा में है,
हाल ही में एक नेटवर्क के लिए राइटरस्टाफिंग प्रक्रिया में शामिल था
प्रदर्शन। वह मुझे एक प्रदान करने के लिए सहमत हुए
जब तक मैं उसकी दुनिया में झलक
उन्हें और उनके शो को गुमनाम रखा।
यहाँ मैंने जो सीखा है: टीवी लेखन है
उतरना आसान नहीं है। अनुसार
जेमी के लिए, प्रक्रिया के रूप में सामने आता है
अनुसरण करता है। सबसे पहले, निर्माताओं ने बाहर रखा
प्रतिभा एजेंसियों को एक कॉल ओवर भेजने के लिए
उनके लेखकों से नमूना स्क्रिप्ट।
अपने विशेष शो के लिए, जेमी
सौ के आसपास प्राप्त
पैकेज, प्रत्येक में एक नमूना होता है
स्क्रिप्ट, जिसे जेमी ने पढ़ा, समीक्षा की,
और वर्गीकृत। केवल सर्वश्रेष्ठ के आसपास
इस ढेर से बीस या तो होंगे
निर्माताओं के लिए पारित कर दिया
अतिरिक्त विचार। में रखना
मन है कि निर्माताओं के पास है
पहले से ही अपने पसंदीदा अनुभवी को काम पर रखा है
लेखक, इसलिए कीमती कुछ हैं
इस खुले से भरने के लिए छोड़े गए धब्बे
बुलाना। की भावना प्रदान करने के लिए
इस प्रक्रिया की प्रतिस्पर्धात्मकता,
जेमी ने मुझे अपनी स्क्रिप्ट की एक प्रति भेजी
मूल्यांकन। सौ में से या
इसलिए स्क्रिप्ट सबमिट करने वाले लेखक, सभी
लेकिन चौदह ने एक स्क्रिप्ट भेजी जिसमें
पहले से ही निर्मित और प्रसारित किया जा चुका है
टेलीविजन। चौदह में से जिसने

अभी तक उद्योग में नहीं टूटा है,
उच्चतम स्कोर किसी से प्राप्त किया
जेमी 10 में से 6.5 थी। अधिकांश
हालाँकि, इस समूह ने बहुत अच्छा प्रदर्शन किया
और भी बुरा। "यह सपाट था, बिना किसी के"
दिलचस्प कहानी, आकर्षक
अधिनियम-बहिष्कार, या स्मार्ट संवाद," वह
ऐसी ही एक स्क्रिप्ट के बारे में लिखा (स्कोर:
10 में से 4)। "मैं केवल a . के बारे में पढ़ता हूं
इस लिपि का चौथाई लेकिन यह स्पष्ट रूप से है
सुंदर सबपर, "उन्होंने कहा
दूसरा।
दूसरे शब्दों में, पर हो रही है
टेलीविजन की दुनिया के अंदर
लेखन कठिन है। लेकिन साथ ही
समय, मैं समझ सकता हूँ कि ऐसा क्यों
कई हजारों इस लक्ष्य की आकांक्षा रखते हैं:
यह एक शानदार काम है। एक चीज़ के लिए,
पैसा है। एक नए लेखक के रूप में,
आपका वेतन मामूली शुरू होता है।
राइटर्स गिल्ड ऑफ अमेरिका
गारंटी देता है कि आप कम से कम
$2,500 प्रति सप्ताह, जो, एक दिया गया
मानक छब्बीस सप्ताह का मौसम, is
आधे साल के काम के लिए सभ्य।
की सफलता के आधार पर
श्रृंखला, फिर आप a . के बाद प्रगति करेंगे
एक या दो साल कहानी बनने के लिए
संपादक, जहां, एक लंबे समय के टीवी के रूप में
लेखक ने Salon.com में समझाया
विषय पर लेख, "आप अभी भी हैं"
बकवास करना "(हालांकि, दूसरे के रूप में)
लेखक ने स्वीकार किया, "बकवास" इस बिंदु पर
$10,000 से अधिक के योग्य है

एपिसोड)।
1 चीज़ें मिलने लगती हैं
दिलचस्प है जब आप इसे बनाते हैं
अगले स्तर: निर्माता। वहाँ एक बार,
"आप पैसे में हैं।" शीर्ष लेखक
सात-आंकड़ा तनख्वाह में खींच सकते हैं।
Salon.com लेख में संदर्भित
ऊपर, शब्द "कबिलियनेयर" था
कई लोगों द्वारा वर्णन करने के लिए उपयोग किया जाता है
लंबे समय तक चलने वाले शो पर निर्माताओं का वेतन।
बेशक, आप भी बना सकते हैं
अन्य नौकरियों में बहुत पैसा। एक तेज़
गोल्डमैन सैक्स में राइजर हिट कर सकता है
सात-आंकड़ा चिह्न (सहित
बोनस) उसके या उसके मध्य तीसवां दशक तक,
और एक प्रतिष्ठित कानून में भागीदार
फर्म को कहीं ऐसा ही मिल सकता है a
कुछ साल बाद। लेकिन फर्क
वॉल स्ट्रीट और हॉलीवुड के बीच
काम की शैली में चौंका देने वाला है।
कल्पना कीजिए: कोई ई-मेल नहीं, देर रात नहीं
अनुबंध वार्ता, करने की कोई जरूरत नहीं
मास्टर जटिल बांड बाजार or
कानूनी मिसालें। एक लेखक के रूप में आपका
सारा ध्यान एक बात पर है : बताना
अच्छी कहानियाँ। काम हो सकता है
तीव्र, जैसा कि आप अक्सर नीचे होते हैं
अगली स्क्रिप्ट देने की समय सीमा,
लेकिन यह केवल आधा साल तक रहता है, और यह है
बेहद रचनात्मक, और आप कर सकते हैं
शॉर्ट्स पहनें, और कैटरेड भोजन,
जैसा कि मुझ पर कई जोर दिया गया था
बार, शानदार है। ("लेखक हैं
उनके भोजन के लिए पागल," एक स्रोत

समझाया।) में नौकरी को फिर से संगठित करने के लिए
शब्द जो मैंने पिछले में पेश किए थे
अध्याय, टेलीविजन लेखन is
आकर्षक है क्योंकि इसमें तीन हैं
लक्षण जो लोगों को अपना प्यार देते हैं
काम: प्रभाव, रचनात्मकता, और
नियंत्रण।जब तक मैं उससे मिला, तब तक एलेक्सी
बर्गर तोड़ने में कामयाब रहा था
यह कुलीन दुनिया। उन्होंने हाल ही में
यूएसए नेटवर्क को एक पायलट बेचा। प्रति
एक पायलट बेचना एक विचार बेचना है: आप बैठो
तीन या चार के साथ एक कमरे में नीचे
नेटवर्क से अधिकारी और
अपनी पिचिंग में पांच मिनट बिताएं
नज़र। जैसे केबल नेटवर्क पर
यूएसए, ये अधिकारी सुनेंगे
लगभग पंद्रह से बीस ऐसे
एक सप्ताह पिच। फिर वे पीछे हट जाते हैं
एक कर्मचारी बैठक और तीन चुनें या
चार वास्तव में खरीदने के लिए। एलेक्स का विचार
उनके द्वारा खरीदे गए चार में से एक था
उस सप्ताह।

एलेक्स के पास कुछ और बाधाएं हैं
उनके शो के शुरू होने से पहले लीप
संयुक्त राज्य अमेरिका में हवा, लेकिन एक पायलट बेच रहा है,
अपने आप में प्रभावशाली के रूप में देखा जाता है
उद्योग-एक निशान है कि आप
जानें कि आप क्या कर रहे हैं। मानो तो
इस प्रभाव पर जोर दें, एक
संयुक्त राज्य अमेरिका में अधिकारियों की, जिन्हें पसंद आया
एलेक्स के काम ने उसे एक पर कर्मचारियों की मदद की
पहले से चल रहा शो, हिट स्पाई
नाटक गुप्त वायुसेना प्रसारित होता है, ताकि वह
प्रतीक्षा करते समय कुछ करना है

पायलट निर्णय लेने के लिए।
ऐसा नहीं है कि एलेक्स को बढ़ावा देने की जरूरत थी
उसकी प्रतिष्ठा: वह पहले से ही था
तीन के लिए लिखित और प्रसारित एपिसोड
इसके लिए अग्रणी विभिन्न शो
बिंदु। उनका नवीनतम टमटम स्टॉपमोशन कॉमेडी ग्लेन मार्टिन पर था,
डीडीएस, जिसे उन्होंने बनाया था
माइकल आइजनर और दो के लिए दौड़ा था
मौसम के। दूसरे शब्दों में, नहीं है
संदेह है कि एलेक्स एक स्थापित है
एक उद्योग में लेखक जो कुछ को अनुमति देता है
इसके द्वारों के माध्यम से।
सवाल यह है कि उसने कैसे किया
यह?
एलेक्स बर्जर कैसे टूट गया
हॉलीवुड
क्या टेलीविजन को कठिन बनाता है
क्रैक करने के लिए उद्योग तथ्य यह है कि यह है
एक विजेता-टेक-ऑल मार्केट। वहाँ है
यहां केवल एक प्रकार की करियर पूंजी,
आपके लेखन की गुणवत्ता, और
हज़ारों उम्मीदें हैं
इस पूंजी को पर्याप्त रूप से हासिल करने की कोशिश कर रहा है
के एक बहुत छोटे समूह को प्रभावित करने के लिए
खरीददारों हालांकि, इस संबंध में एलेक्स
एक फायदा था। डार्टमाउथ में
कॉलेज वे एक डिबेटर थे, और
उस पर बहुत अच्छा: 2002 में
उनकी दो-सदस्यीय टीम पर पहुंची
राष्ट्रीय वाद-विवाद टूर्नामेंट के साथ
देश की सर्वोच्च रैंक; एलेक्स
फिर बेस्ट . जीतने के लिए चला गया
प्रतियोगिता में स्पीकर पुरस्कार। में
वाद-विवाद, जैसा कि टेलीविजन लेखन में होता है,

किस बारे में कोई रहस्य नहीं है
अच्छे को बुरे से अलग करता है: The
स्कोरिंग प्रणाली विशिष्ट है और
ज्ञात। देश का बनने के लिए
सर्वश्रेष्ठ डिबेटर, इसलिए, एलेक्स को करना पड़ा
नित्य की कला में महारत हासिल करें
सुधार। की कहानी सुनकर
फिर वह कैसे सफल हुआ
हॉलीवुड ने मुझे आश्वस्त किया कि यह
वास्तव में यही वह कौशल था जिसने उसे प्रेरित किया
तेजी से वृद्धि।
जब एलेक्स ने फैसला किया
हॉलीवुड में जाएं, उनका तर्क, in
ठेठ डिबेटर फैशन, वायुरोधी था:
"मुझे लगा कि मैं हमेशा आवेदन कर सकता हूं
लॉ स्कूल, "उन्होंने सोच को याद किया,
"लेकिन वास्तव में यह मेरा होगा"
लिखने का प्रयास करने का एकमात्र मौका। "
एलेक्स मानता है कि जब वह पहली बार
पश्चिम चले गए वह भी निश्चित नहीं था
उसके लक्ष्य क्या थे: "मेरे पास एक था
कई चीजें जो मैं करना चाहता था,
लेकिन नहीं जानते थे कि उनका क्या मतलब है। मैं
सोचा कि मैं एक नेटवर्क बनना चाहता हूं
कार्यकारी, उदाहरण के लिए, लेकिन नहीं था
विचार करें कि इसमें क्या शामिल है। मैंने सोचा की मैं
एक टीवी लेखक हो सकता है, लेकिन नहीं किया
इसका मतलब भी जानिए।" इस
युवा का क्लासिक मामला नहीं था
आदमी अनुसरण करने का साहस जुटा रहा है
उसका अचूक जुनून।
जब एलेक्स पहली बार एलए पहुंचा,
उन्होंने वेबसाइट संपादक के रूप में नौकरी की
राष्ट्रीय लैम्पून। वहाँ एक बार,

उन्होंने पाया कि लैम्पून
टेलीविजन में भी दिलचस्पी थी
उत्पादन। से आरेखण
कहावत "जो आप जानते हैं उसे लिखें," एलेक्स
उन्हें मास्टर डिबेटर्स, a
दिखाएँ कि आवश्यक हास्य अभिनेता
के सामने हास्य विषयों पर बहस करें
न्यायाधीशों का एक पैनल। उसे दिया गया था
फिल्म a . के लिए मामूली रकम
पायलट, जो उसने किया, एक सीमा में
वेस्टवुड में किताबों की दुकान। परंतु
टेलीविजन शो बनाना कठिन है
खेल, और राष्ट्रीय लैम्पून
अस्थायी प्रयास कहीं नहीं गया।
एलेक्स की कहानी के बारे में मुझे जो पसंद है वह है
वह आगे क्या करता है: उसने अपनी नौकरी छोड़ दी
नेशनल लैम्पून में और ले लिया
ए के सहायक के रूप में एक पद
एनबीसी में विकास कार्यकारी। इसका
यहाँ मैं एलेक्स के डिबेटर को देखता हूँ
वृत्ति जीवन में वापस आ जाती है।
राष्ट्रीय लैम्पून बहुत दूर था
करने के लिए उद्योग की परिधि
उसे सिखाएं कि सफल होने के लिए क्या करना पड़ता है।
सहायक पद स्वीकार करके
उसने खुद को के केंद्र में फेंक दिया
कार्रवाई, जहां वह पता लगा सकता है
चीजें वास्तव में कैसे काम करती हैं।
एलेक्स को आने में देर नहीं लगी
पता लगाएं कि कुछ लेखकों को क्या अनुमति देता है
ध्यान आकर्षित करने में सफल होने के लिए
एक नेटवर्क के जबकि इतने सारे अन्य
असफल: वे अच्छी पटकथाएँ लिखते हैं—अ
कार्य जो बहुतों से अधिक कठिन है

कल्पना करना। इस अंतर्दृष्टि से प्रेरित होकर,
एलेक्स ने अपना ध्यान लेखन की ओर लगाया।
ढेर सारा लेखन। आठ के दौरान
महीने उन्होंने एक सहायक के रूप में बिताए
काम करने के लिए अपनी रातें समर्पित की
विभिन्न लेखन परियोजनाओं की तिकड़ी।
सबसे पहले, एलेक्स ने नेशनल छोड़ने से पहले
लैम्पून, उन्होंने उसका विकल्प चुना था
VH1 को मास्टर डिबेटर्स का विचार-
जबकि एक सहायक एलेक्स अभी भी था
VH1 के लिए स्क्रिप्ट को पॉलिश करना
पायलट का संस्करण। (अंततः,
अधिकांश पायलटों की तरह, कभी कुछ नहीं आया
VH1 विकल्प का।) उसी पर
समय, वह एक पायलट पर काम कर रहा था
a . के साथ एक असंबंधित शो
निर्माता से वह मिले थे
लैम्पून। और अपने दम पर, वह था
उनके जीवन के बारे में एक पटकथा लिखना
वाशिंगटन, डीसी में पले-बढ़े "I"
दो या तीन बजे लिखना समाप्त कर सकते हैं
A.M., फिर आठ बजे निकलना होगा
अगली सुबह अपने काम पर वापस जाने के लिए
समय पर एनबीसी में," एलेक्स याद करते हैं। यह
व्यस्त अवधि थी।
आठ महीने के बाद एक के रूप में
सहायक, एलेक्स ने एक नौकरी के बारे में सुना
एक स्क्रिप्ट सहायक के लिए उद्घाटन
कमांडर इन चीफ, एक वेस्ट विंग
गीना डेविस द्वारा अभिनीत कॉपीकैट। वह
निरीक्षण करने के अवसर पर कूद गया
पेशेवर टीवी लेखक करीब,
भले ही यह अभी भी निम्न स्तर का था
स्थान। पक्ष में, उन्होंने यह भी जोड़ा

अपने पोर्टफोलियो के लिए एचबीओ श्रृंखला कर्ब के लिए एक विशिष्ट स्क्रिप्ट-प्रगति
आपका उत्साह, आक्रामक रूप से
उसके जल्दी पर प्रतिक्रिया मांगना
ड्राफ्ट। "मैंने सोचा कि मुझे और चाहिए
काम पाने के लिए नमूने, "वह याद करते हैं।
एक स्क्रिप्ट के रूप में काम करते हुए
कमांडर इन चीफ के लिए सहायक,
एलेक्स ने एपिसोड के विचारों को पिच करना शुरू कर दिया
कमरे में: विशेषाधिकारों में से एक
एक स्क्रिप्ट सहायक होने का मतलब यह है कि आप
हमेशा एक (त्वरित) प्राप्त कर सकते हैं
आपकी पिच पर विचार। नहीं
शो रद्द होने से बहुत पहले,
उसने आखिरकार का ध्यान खींचा
के बारे में एक प्रकरण विचार के साथ कमरा
में एक विमान दुर्घटना से खोई हुई मिसाइलें
पाकिस्तान और उसके राजनीतिक नतीजे
एक समलैंगिक प्रतिबद्धता समारोह।
सिंथिया कोहेन के साथ काम करना, एक
शो में स्टाफ लेखकों की, वह
प्रकरण का मसौदा तैयार किया।
"मुफ्त TiVo स्पेस वाले लोगों के लिए,
मैं 'अंगूठे' देने की सलाह देता हूं
अप 'के एक अभूतपूर्व प्रकरण के लिए'
कमांडर इन चीफ, इस गुरुवार
दस बजे, "एलेक्स ने एक ई-मेल में लिखा था
दोस्तों इस समय के आसपास। "क्यों
ग्राउंडब्रेकिंग, तुम पूछो? इसलिये,
पहले दस मिनट के भीतर, के लिए
नेटवर्क के इतिहास में पहली बार
टेलीविजन, शब्द 'एलेक्स' और
'बर्जर' दिखाई देगा - उत्तराधिकार में,
आप पर ध्यान दें - बस के नीचे
शब्द 'द्वारा लिखा गया।' "

अपने पहले निर्मित टेलीविजन के साथ
स्क्रिप्ट अब हाथ में, बातें होने लगीं
एलेक्स के लिए जल्दी से आगे बढ़ें। बाद में
कमांडर इन चीफ को रद्द कर दिया गया,एलेक्स बर्जर को समझने के लिए
विभिन्न ब्रेक, आपको चाहिए
कैरियर की पूंजी को समझें कि
उन्हें सक्षम किया। उदाहरण के लिए, यह था
निश्चित रूप से माइकल के लिए एक बड़ी बात
आइजनर ने एलेक्स से उसकी मदद करने के लिए कहा
एक शो बनाएं, लेकिन सोचें कि क्या
इस ब्रेक की आवश्यकता है: उस समय,
एलेक्स एक के लिए एक स्टाफ लेखक रहा था
नेटवर्क शो और एक अच्छी कॉमेडी स्पेक स्क्रिप्ट थी - पॉलिश की गई
कई राउंड आक्रामक
फीडबैक- अपने पोर्टफोलियो में। वह है
पूंजी का एक महत्वपूर्ण संग्रह।
यदि आप घड़ी को अधिक रिवाइंड करते हैं
और पूछें कि एलेक्स को स्टाफ स्पॉट कैसे मिला
के-विले पर, आप एक बार फिर खोजते हैं
एक पूंजी लेनदेन: उसके पास पहले से ही था
का एक एपिसोड लिखा और प्रसारित किया
एक और नेटवर्क ड्रामा,
प्रमुख कमांडर। दूसरा
पूंजी का महत्वपूर्ण संग्रह।
घड़ी को आगे पीछे करें और पूछें
कैसे एलेक्स, एक नीच लिपि के रूप में
सहायक, एक स्क्रिप्ट प्रसारित हुई
कमांडर इन चीफ, और आप
उनके पास लेखन कौशल का सामना करें
पिछले वर्षों में विकसित
जुनूनी ढंग से अपने शिल्प का सम्मान किया-
एक अवधि जहां वह अक्सर था
तीन या चार लिपियों पर काम करना
समय, हमेशा के लिए प्रतिक्रिया मांगना

वह उन्हें कैसे बेहतर बना सकता है।
एलेक्स बर्जर जो पहली बार पहुंचे
एलए में, कॉलेज से फ्रेश होकर नहीं आया
यह लेखन-कौशल पूंजी है। द्वारा
जिस समय वह काम कर रहा था
कमांडर इन चीफ, तथापि, वह
अपने पहले मेजर के लिए तैयार था
लेन-देन।इस कहानी में, एलेक्स की कहानी
तेजी से बढ़ना जुनून का नहीं है
असफलताओं पर विजय: यह बहुत है
कम नाटकीय। एलेक्स, पूर्व
वाद-विवाद चैंपियन, शांत मूल्यांकन
करियर की कौन सी पूंजी मूल्यवान थी
यह बाजार। उसके बाद वह के साथ निकल पड़ा
एक बार बहस के लिए आरक्षित तीव्रता
इस पूंजी को जल्द से जल्द हासिल करने की तैयारी
संभव। इस कहानी में क्या कमी है
पिज़ाज़, यह दोहराव में बनाता है:
इसमें कुछ भी रहस्यमय नहीं है
एलेक्स बर्जर कैसे टूट गया
हॉलीवुड—वह बस समझ गया
मूल्य, और कठिनाई, का
अच्छा हो रहा है।सिलिकॉन में सबसे वांछनीय नौकरी
घाटी
माइक जैक्सन के निदेशक हैं
वेस्टली ग्रुप, एक क्लीनटेक उद्यम
सिलिकॉन वैली की पूंजी फर्म
प्रसिद्ध सैंड हिल रोड। यह कहने के लिए
माइक के पास एक वांछनीय काम है a
अल्पकथन। "मेरा एक दोस्त है
जिन्होंने हाल ही में के साथ डिनर किया था
एक शीर्ष स्तरीय व्यवसाय के प्रभारी डीन
स्कूल, "उसने मुझे बताया। "और इस पर
रात का खाना, डीन ने कहा कि हर कोई

अभी उनकी स्नातक कक्षा में
क्लीनटेक वीसी बनना चाहता है।" माइक
यह प्रत्यक्ष अनुभव किया है: वह
से दर्जनों ई-मेल प्राप्त करता है
बिजनेस स्कूल के छात्र उससे पूछ रहे हैं
उसके रास्ते के बारे में। वह करने की कोशिश करता था
उन्हें उत्तर दें, लेकिन अब, समय के कारण
बाधाओं, वह ज्यादातर उनकी उपेक्षा करता है।
"हर कोई मेरी नौकरी चाहता है," वह
व्याख्या की।
तथ्य यह है कि लोग उसकी लालसा करते हैं
स्थिति आश्चर्यजनक नहीं है। स्वच्छ
ऊर्जा गर्म है। यह मदद करने का एक तरीका है
दुनिया जबकि एक ही समय में, as
माइक ने स्वीकार किया, "आप बहुत कुछ बनाते हैं
पैसे।" अपनी स्थिति में, माइक है
दुनिया की यात्रा की, सीनेटरों से मिले,
और के मेयरों के साथ समय बिताया
सैक्रामेंटो और लॉस एंजिल्स दोनों।
हमारी एक बातचीत के दौरान,
उन्होंने उल्लेख किया कि डेविड प्लॉफ,
बराक ओबामा का अभियान
प्रबंधक, "चारों ओर लटक रहा था"
कार्यालय।"
माइक के बारे में मुझे क्या दिलचस्पी है
कि, एलेक्स बर्जर की तरह, उसने ऐसा नहीं किया
द्वारा अपने उत्कृष्ट कार्य पर पहुंचें
एक स्पष्ट जुनून के बाद। बजाय
वह ध्यान से और लगातार
एकत्रित कैरियर पूंजी, आत्मविश्वास
वह मूल्यवान कौशल अनुवाद करेगा
मूल्यवान अवसरों में। भिन्न
एलेक्स, हालांकि, माइक ने शुरू किया
पूंजी इकट्ठा करने से पहले वह जानता था

वह इसके साथ क्या करना चाहता था। मैं
वास्तव में, उसने कभी नहीं दिया था
क्लीनटेक के लिए पल का विचार
कुछ हफ़्ते तक उद्यम पूंजी
अपने पहले साक्षात्कार से पहले।माइक जैक्सन कैसे बने
उद्यम पूंजीपति
माइक ने जीव विज्ञान और पृथ्वी में पढ़ाई की
स्टैनफोर्ड में सिस्टम। कमाई के बाद
उनकी स्नातक की डिग्री, माइक चुने गए
कमाने के लिए पांचवे साल रहने के लिए a
मास्टर की। प्रोफेसर जो
पर्यवेक्षित अपने स्वामी की कोशिश कर रहा था
यह तय करने के लिए कि क्या लॉन्च करना है या नहीं
का अध्ययन करने वाली प्रमुख शोध परियोजना
भारत में प्राकृतिक गैस क्षेत्र, इसलिए वह
एक के रूप में कार्य करने के लिए माइक की थीसिस की व्यवस्था की
परियोजना की खोज
व्यवहार्यता। 2005 के पतन में, के बाद
माइक ने अपनी स्नातक की डिग्री पूरी की,
उसके पर्यवेक्षक ने फैसला किया कि वह पसंद करता है
उसने क्या देखा और लॉन्च किया
प्रमुख अनुसंधान परियोजना। नहीं
आश्चर्यजनक रूप से, उसने माइक से मदद करने के लिए कहा
वह इसका नेतृत्व करता है—इस बिंदु पर, माइक था
गति प्राप्त करने में बस एक साल बिताया
इसके विवरण पर।
माइक, जो द्वारा प्रतिस्पर्धी है
प्रकृति, के साथ परियोजना का सामना किया
तीव्रता, इस विश्वास से प्रेरित है कि
उसने अब जितना अच्छा किया, उतना ही अच्छा उसका
विकल्प बाद में होंगे। "इसके दौरान
बार, मैंने दस बार भारत की यात्रा की
और चीन में चार से पांच बार, in
काफी यात्रा के अलावा

यूरोप, "वह याद करते हैं। "मैं के साथ मुलाकात की प्रमुख उपयोगिताओं के प्रमुख, और I सीखा कैसे वैश्विक ऊर्जा बाजार वास्तव में काम करता है। " जब परियोजना के पतन में संपन्न हुई 2007, माइक और उनके प्रोफेसर ने एक करने के लिए प्रमुख अंतरराष्ट्रीय सम्मेलन जारी करें और परिणामों पर चर्चा करें। शिक्षाविद और सरकार दुनिया भर के अधिकारी भाग लिया।

प्रोजेक्ट पूरा होने के साथ, माइक तय करना था कि आगे क्या करना है। का उनके द्वारा चुने गए कई मूल्यवान कौशल परियोजना से ऊपर, एक इंच विशेष रूप से एक "गहरा" था समझ" कैसे अंतरराष्ट्रीय कार्बन बाजार काम करता है। इस विशेषज्ञता के हिस्से के रूप में, उन्होंने सीखा कि संयुक्त राज्य अमेरिका के पास था अस्पष्ट विनिमय, जिसे के रूप में जाना जाता है अक्षय ऊर्जा ऋण बाजार। "लगभग कोई भी इन्हें समझ नहीं पाया चीज़ें; यह वास्तव में खंडित था बड़ी जानकारी के साथ बाजार विषमता, "वह याद करते हैं। एक होना उन कुछ लोगों में से जो वास्तव में जानता था कि यह बाजार कैसे काम करता है, माइक ने एक व्यवसाय शुरू करने का फैसला किया। वह इसे विलेज ग्रीन कहते हैं। विचार सरल था: आप पैसे देते हैं माइक, वह जटिल करता है लेन-देन कि केवल वह और कुछ अन्य ऊर्जा विनियमन जीत गया

वास्तव में समझते हैं, और फिर वह
आपको प्रमाणन प्रदान करता है कि आपने
पर्याप्त कार्बन ऑफ़सेट खरीदा
आपके व्यवसाय के लिए समझा जाने के लिए
कार्बन न्युट्रल।माइक ने यह व्यवसाय दो के लिए चलाया
से एक दोस्त के साथ साल
स्टैनफोर्ड और की एक घूर्णन श्रृंखला
अन्य भागीदार। वो थे
एक किराये के घर में मुख्यालय नहीं
जहाँ से वह सानो में रहता था, उससे बहुत दूर
फ्रांसिस्को। कंपनी कभी नहीं
अपने खर्चों का भुगतान करने के लिए संघर्ष किया, लेकिन यह
भी कभी संपन्न नहीं हुआ
चिंता। तो जब अर्थव्यवस्था
2009 में खट्टा हो गया, माइक और उसका
पार्टनर ने इसके बजाय इसे बंद करने का फैसला किया
नीचे हंक करने और कोशिश करने के लिए
मंदी से बाहर निकलें।
"हमने वास्तविक नौकरी पाने का फैसला किया," is
माइक कैसे वर्णन करता है कि क्या हुआ
अगला। यहां बताया गया है कि प्रक्रिया कैसे होती है
अनफोल्डेड: एक स्टैंड-अप कॉमेडियन
माइक के दोस्त की एक गर्लफ्रेंड थी
जो एक उद्यम में साक्षात्कार कर रहा था
पूंजी फर्म। उसने नहीं लेने का फैसला किया
नौकरी, लेकिन सिफारिश की कि वे
माइक से बात करो। "उसने सोचा था कि मैं
उद्यम पूंजी के लिए उपयुक्त हो,
my . के साथ अपना अनुभव दिया
कंपनी, "उन्होंने कहा। माइक जानता था कि
वह इसके लिए एक अच्छा मैच नहीं था
प्रौद्योगिकी केंद्रित कोष। "मेरे पास है
पता नहीं कैसे अगला खोजने के लिए
फेसबुक," उसने मुझसे कहा, "लेकिन मैं कर सकता था

आपको बताएं कि क्या कोई सौर ऊर्जा फर्म थी
शायद पैसा बनाने जा रहा है। ”
हालांकि, उसे लगा कि चूंकि वह
एक वास्तविक नौकरी के माध्यम से कभी नहीं किया गया था
साक्षात्कार पहले, अनुभव
अच्छा अभ्यास प्रदान करेगा।
"साक्षात्कार बहुत कम महत्वपूर्ण था, क्योंकि हम दोनों को जल्दी ही एहसास हो गया था"
पर मुझे यह काम नहीं मिलने वाला था,
लेकिन हमने इसे व्यक्तिगत स्तर पर हिट किया"
वह याद करता है। किसी बिंदु पर
चर्चा, उद्‌यम पूंजीपति
एक विचार था। "तुम खुद को जानते हो
इसके लिए एक अच्छा मैच होगा
क्लीनटेक फंड जो शुरू हो रहा है,"
उन्होंने कहा। "क्यों न मैं आपका परिचय करा दूं
वहाँ पर मेरे दोस्त के लिए?"
2009 की गर्मियों में, माइक
एक प्रशिक्षु के रूप में एक परीक्षण अवधि शुरू की
वेस्टली ग्रुप। अक्टूबर में वे
उसे an . के रूप में एक पूर्णकालिक पद दिया
विश्लेषक, और इसके तुरंत बाद, वह था
सहयोगी के रूप में पदोन्नत किया गया। दो साल
बाद में वे निर्देशक बने। "कब
लोग मुझसे पूछते हैं कि मुझे मेरी नौकरी कैसे मिली,
वह अब मजाक करता है, "मैं उन्हें बनाने के लिए कहता हूं
एक कॉमेडियन के साथ दोस्त। ”माइक जैक्सन ने इसका लाभ उठाया
शिल्पकार मानसिकता कुछ भी करने के लिए
उसने वास्तव में अच्छा प्रदर्शन किया, इस प्रकार सुनिश्चित किया
कि वह प्रत्येक से दूर आया
अधिक करियर के साथ अनुभव
संभव के रूप में पूंजी। उसके पास कभी नहीं था
अपने करियर के लिए विस्तृत योजनाएँ।
इसके बजाय, प्रत्येक कार्य के बाद
अनुभव, वह अपना सिर चिपकाएगा

यह देखने के लिए कि उसकी रुचि किसमें थी
पूंजी का नया विस्तारित भंडार,
और फिर जो कुछ भी कूदो
अवसर सबसे ज्यादा लग रहा था
होनहार।
कोई तर्क दे सकता है कि भाग्य भी
माइक में महत्वपूर्ण भूमिका निभाई
कहानी। उदाहरण के लिए, वह भाग्यशाली था
a . से एक व्यक्तिगत संबंध खोजें
उद्यम पूंजीपति और फिर इसे हिट करने के लिए
बंद जब वे व्यक्तिगत रूप से मिले। परंतु
इस प्रकार के छोटे ब्रेक हैं
सामान्य। में सबसे ज्यादा क्या मायने रखता है
माइक की कहानी है कि एक बार वह
दरवाजे से ठोकर खाई, उसकी
कैरियर पूंजी काम करने के लिए चला गया
उसे एक शानदार नौकरी की पेशकश।
यदि आप माइक के आसपास समय बिताते हैं,
आप जल्दी से महसूस करते हैं कि वह कितना गंभीर है
वह जो अच्छा करता है उसे करने के बारे में है।
यह सच है कि वह अब अपने काम से प्यार करता है,
लेकिन वह अभी भी चालू करने के लिए जल्दी है
बातचीत वापस कैसे वह
उसके पास पहुंचता है। जैसा कि आप और जानेंगे
अगले अध्याय के बारे में, माइक
सचमुच उसके हर घंटे को ट्रैक करता है
दिन, चौथाई घंटे तक
एक स्प्रेडशीट पर वेतन वृद्धि। वह
यह सुनिश्चित करना चाहता है कि उसका ध्यान है
उन गतिविधियों पर ध्यान केंद्रित किया जो मायने रखती हैं।
"बस अंदर आना इतना आसान है और
अपना पूरा दिन ई-मेल पर बिताएं।"
उन्होंने चेतावनी दी। नमूने पर
स्प्रेडशीट उसने मुझे भेजी, वह आवंटित करता है

खुद प्रतिदिन केवल नब्बे मिनट
ई-मेल के लिए। हमारे आखिरी दिन से पहले
बोला कि उसने केवल पैंतालीस खर्च किए थे।
यह एक ऐसा व्यक्ति है जो गंभीर है
वह कर रहा है जो वह वास्तव में अच्छा करता है।
अंत में, माइक का फोकस
स्पष्ट रूप से कॉलिंग पर क्षमताएं
भुगतान किया गया। उसके पास एक शानदार काम है, लेकिन
यह वह था जिसे एक शानदार की आवश्यकता थी
पेश की जाने वाली करियर पूंजी का भंडार
बदले में।

7

शिल्पकार बनना

जिसमें मैं जानबूझकर परिचय देता हूं
अभ्यास, के लिए प्रमुख रणनीति
कैरियर पूंजी प्राप्त करना, और दिखाना
इसे अपने आप में कैसे एकीकृत करें
कामकाजी जीवन।
जॉर्डन टाइस एक बेहतर गिटार क्यों है?
मुझसे ज्यादा खिलाड़ी?
जॉर्डन टाइस और मैं दोनों ने शुरुआत की
बारह साल की उम्र में गिटार बजाना।
अपना पहला गिटार प्राप्त करने के बाद, मैं
एक बैंड और कई महीनों का गठन किया
बाद में मेरा पहला प्रदर्शन किया
"कॉन्सर्ट" -एक कम गति
निर्वाण के "सभी" की व्याख्या
क्षमा याचना, "विनम्रता से खेला
टोलगेट व्याकरण पर तालियाँ
स्कूल छठी कक्षा का टैलेंट शो।
इसके बाद मैं गंभीर हो गया: मैंने लिया
जूनियर हाई भर में सबक
स्कूल और हाई स्कूल। मैं खेला
हर दिन-कभी-कभी रॉकिंग
ब्लूज़ सोलोस से हेंड्रिक्स रिकॉर्डिंग
एक समय में घंटों के लिए। मेरा बैंड, जो

का संदिग्ध नाम था
रॉकिंग चेयर, एक के आसपास खेला जाता है
एक साल में दर्जन भर शो: त्यौहार,
पार्टियां, प्रतियोगिताएं—कहीं भी,
वास्तव में, कि लोग हमें अनुमति देंगे
हमारे उपकरण स्थापित करने के लिए। हम एक बार
एक कब्रिस्तान में एक टमटम खेला a . का सामना करना पड़ रहा है
पार्किंग। हमारे ढोलकिया की माँ
इसकी वीडियोग्राफी कर ली। जब वह पैन करती है
के सामने हमारे सेटअप से कैमरा
कब्रों को बहुत, आपको एहसास है कि
"भीड़" में अब और नहीं है
तह पर एक दर्जन से ज्यादा लोग
कुर्सियाँ। उसे अब भी मज़ाक लगता है
इस टेप को बजाएं।
जब तक मैंने उच्च स्नातक की उपाधि प्राप्त की
स्कूल मैं a . से खेल सकता था
सैकड़ों गीतों की सूची,
ग्रीन डे से लेकर पिंक . तक
फ्लोयड। दूसरे शब्दों में, मेरे पास था
आप विशेषज्ञता के स्तर तक पहुँच गए हैं
किसी से उम्मीद करेंगे जो
एक वाद्य यंत्र को गंभीरता से बजाया था
पिछले छह वर्षों से। लेकिन यह है
जो मुझे आकर्षक लगता है: तुलना
इस पर जॉर्डन टाइस की क्षमता के लिए
उम्र, मैं औसत दर्जे का था।जॉर्डन ने गिटार उठाया
उसके जीवन में वही बिंदु जैसा मैंने किया था। परंतु
जब तक उन्होंने उच्च स्नातक की उपाधि प्राप्त की
स्कूल, वह दौरा कर रहा था
के एक समूह के साथ मध्य अटलांटिक
पेशेवर ब्लूग्रास संगीतकार
और अपनी पहली रिकॉर्ड डील साइन की थी।
जब मैं हाई स्कूल में था,

ध्वनिक समूह निकेल क्रीक था
के बारे में सोचा, प्रशंसनीय रूप से, my . द्वारा
दवे के रूप में ग्रेड का संगीत स्नॉब्स
शांत लोगों के लिए मैथ्यू। कब
जॉर्डन हाई स्कूल में था, वह
अपने बास के साथ नियमित रूप से गिग्स बजाया
खिलाड़ी, मार्क शेट्ज़। प्रश्न
इस तुलना पर लटका हुआ है
क्यों, भले ही हमारे पास दोनों थे
उसी के लिए गंभीरता से खेला
समय की राशि, क्या मैंने अंत किया a
औसत हाई स्कूल स्ट्रमर
जबकि जॉर्डन एक स्टार बन गया?
मेरी यात्रा में अधिक समय नहीं लगा
जॉर्डन के साथ समझने के लिए
इस प्रश्न का उत्तर।
उम्र के हिसाब से हमारी क्षमताओं में अंतर
अठारह का इससे कम लेना-देना था
जितने घंटे हमने अभ्यास किया-
हालांकि उसने शायद अधिक रैक किया था
मेरे द्वारा किए गए कुल अभ्यास घंटे, हम
इतने दूर नहीं थे—और भी बहुत कुछ
हमने उन लोगों के साथ क्या किया
घंटे। मेरे सबसे ज्वलंत में से एक
रॉकिंग चेयर की यादें, for
उदाहरण, मेरी बेचैनी थी
कुछ भी खेलना जो मुझे वास्तविक नहीं पता था
कुंआ। एक मानसिक तनाव है कि
अपने तरीके से महसूस करने के साथ
हालांकि एक धुन जिसमें शामिल नहीं है
मांसपेशियों की स्मृति, और मुझे उससे नफरत थी
भावना। मैंने अनिच्छा से गाने सीखे,
फिर एक बार उनसे जमकर लिपट गई
वे मेरे लिए आसान हो गए थे। मैं

परेशान हो जाते थे जब हमारी लय
गिटार वादक सुझाव देंगे कि हम कोशिश करें
बैंड के दौरान कुछ नया करें
अभ्यास। वह एक को देखकर खुश था
कॉर्ड चार्ट और फिर कूदना। I
नहीं था। उस छोटी सी उम्र में भी मैं
एहसास हुआ कि मेरी बेचैनी
मानसिक परेशानी में एक दायित्व था
प्रदर्शन की दुनिया।इसकी तुलना जॉर्डन के जल्द से जल्द करें
गिटार के साथ अनुभव। उसका पहला
शिक्षक उसका दोस्त था
माता-पिता का चर्च। जॉर्डन के रूप में
याद है, उनके पाठ केंद्रित
से सुराग निकालने पर
ऑलमैन ब्रदर्स रिकॉर्ड्स। "इसलिए वह
लीड लिखेंगे और फिर
तुम उन्हें याद करने जाओगे?" मैं
पूछा। "नहीं, हम बस समझेंगे
उन्हें कान से निकाल दिया, "जॉर्डन ने उत्तर दिया।
के हाई स्कूल संस्करण के लिए
खुद, सीखने का विचार
कान से जटिल सीसा भाग होगा
मेरी दहलीज से बहुत आगे निकल चुके हैं
मानसिक तनाव और धैर्य। परंतु
जॉर्डन इस श्रम का आनंद लेने आया था। मैं
हमारा साक्षात्कार, उनके एक दशक आगे
हाई स्कूल के वर्ष, जॉर्डन एक
बिंदु ने अपने पुराने मार्टिन को पकड़ लिया और
से एकल बंद कर दिया
"जेसिका," जो वह किसी तरह अभी भी
स्मरण किया हुआ। "महान राग," वह
कहा।
न केवल जॉर्डन के शुरुआती
अभ्यास के लिए उसे लगातार की आवश्यकता होती है

जो था उससे आगे खुद को फैलाओ
आरामदायक, लेकिन यह भी था
तत्काल प्रतिक्रिया के साथ।
शिक्षक हमेशा वहाँ था,
जॉर्डन ने समझाया, "कूदने के लिए और
मुझे दिखाओ अगर मैं जंक अप a
समन्वय।"
जॉर्डन का करंट देखना
अभ्यास शासन, ये लक्षण-तनाव
और प्रतिक्रिया-केंद्रीय बने रहें। प्रति
विस्तृत पिकिंग पर गति प्राप्त करें
शैली उसे अपनी नई धुन के लिए चाहिए, वह
उसकी गति को समायोजित करता रहता है
उस बिंदु पर अभ्यास करना जहां से ठीक पहले
वह सहज है। जब वह एक हिट करता है
गलत नोट, वह तुरंत रुक जाता है
और फिर से शुरू होता है, तत्काल प्रदान करता है
खुद के लिए प्रतिक्रिया। जबकि
अभ्यास, उसके चेहरे पर खिंचाव और
उसकी सांसों की हांफती प्रकृति
असहज भी हो सकता है
देखो—मैं कल्पना नहीं कर सकता कि यह कैसा लगता है
वास्तव में करना पसंद करते हैं। लेकिन जॉर्डन है
घंटों इस तरह अभ्यास करने में खुशी होती है
एक ही समय पर।यह तब बताता है कि जॉर्डन क्यों
मुझे धूल में छोड़ दिया। मैं खेला। लेकिन वह
अभ्यास किया। नैशविले स्टूडियो
संगीतकार मार्क कैस्टवेन्स
को इस समर्पण का समर्थन किया
अपनी क्षमताओं को लगातार बढ़ा रहे हैं।
जब मैंने उससे बात की, उदाहरण के लिए,
वह धीरे-धीरे प्रक्रिया में था
a . पर गति करने के लिए उठना
"बी-फ्लैट में जटिल नई धुन

बहुत सारे बैर कॉर्ड्स के साथ
और बुरा काउंटरपॉइंट। ” और भी
कैस्टवेन्स के स्तर वाला कोई व्यक्ति
(शाब्दिक) पुरस्कार विजेता
अनुभव (अकादमी
देश संगीत ने हाल ही में उसका नाम रखा है
के विशेष वादक
वर्ष) "जाने" की आवश्यकता से बच नहीं सकते
वुडशेड के लिए बाहर करने के लिए
अभ्यास।"
"मैं मांसपेशियों की याददाश्त विकसित करता हूं"
कठिन रास्ता, दोहराव से, ”उन्होंने कहा,
जॉर्डन के लंबे, कौशल विस्तार अभ्यास सत्रों की गूंज। "द
मैं जितना कठिन काम करता हूं, उतना ही आराम से करता हूं I
खेल सकते हैं, और यह जितना अच्छा लगता है।"
ये अवलोकन, निश्चित रूप से,
सिर्फ गिटार से ज्यादा के बारे में हैं
खेलना। इसका केंद्रीय विचार
अध्याय यह है कि अंतर
रणनीति जो औसत को अलग करती है
सितारों से मेरे जैसे गिटार वादक
जैसे Tice और Casstevens नहीं है
संगीत तक सीमित। यह फोकस
अपनी क्षमता को बढ़ाना और प्राप्त करना
तत्काल प्रतिक्रिया प्रदान करता है
एक अधिक सार्वभौमिक सिद्धांत का मूल
—एक कि मैं तेजी से आया
विश्वास करने के लिए कुंजी प्रदान करता है
सफलतापूर्वक कैरियर पूंजी प्राप्त करना
लगभग किसी भी क्षेत्र में।ग्रैंड मास्टर कैसे बनें
अगर आप समझना चाहते हैं
लोग कैसे अच्छे होते हैं इसका विज्ञान
कुछ, शतरंज एक उत्कृष्ट है
शुरू करने की जगह। एक बात के लिए, यह

की स्पष्ट परिभाषा प्रदान करता है
क्षमता: आपकी रैंकिंग। यद्यपि
विभिन्न शतरंज रैंकिंग सिस्टम
अलग-अलग के साथ प्रस्तावित किया गया है
लोकप्रियता, वर्तमान मानक है
विश्व द्वारा उपयोग किया जाने वाला एलो सिस्टम
शतरंज संघ। यह प्रणाली देता है
खिलाड़ियों का स्कोर शून्य से शुरू होता है कि
जैसे-जैसे वे बेहतर होते जाते हैं, बढ़ते जाते हैं। इसका
गणना जटिल है, लेकिन एक पर
उच्च स्तर का सन्निकटन यह
किसी के प्रदर्शन को दर्शाता है
आधिकारिक टूर्नामेंट। यदि तुम करो
अपेक्षा से बेहतर, यह ऊपर जाता है, और
यदि आप बदतर करते हैं, तो यह नीचे चला जाता है। ए
ठोस नौसिखिया खिलाड़ी जो खेलता है
सामयिक सप्ताहांत प्रतियोगिता
तीन अंकों में एक अंक होगा।
बॉबी फिशर 2785 पर पहुंच गया
1990, गैरी कास्परोव बन गए
2800 तक पहुंचने वाले पहले खिलाड़ी। The
अब तक प्राप्त उच्चतम स्कोर था
2851, कास्परोव द्वारा भी।
दूसरा कारण शतरंज साबित करता है
प्रदर्शन का अध्ययन करने के लिए उपयोगी है
तथ्य यह है कि यह वास्तव में कठिन है। मारना पीटना
1997 में गैरी कास्परोव, के लिए
उदाहरण, आईबीएम का डीप ब्लू
सुपरकंप्यूटर को 200 . का विश्लेषण करना था
प्रति सेकंड मिलियन चालें, और to
एक प्रतिस्पर्धी उद्घाटन खेलें, यह आकर्षित हुआ
700,000 . से अधिक के डेटाबेस से
ग्रैंड मास्टर गेम्स। शतरंज के को देखते हुए
कठिनाई, हम उम्मीद कर सकते हैं कि

अच्छी इच्छा प्राप्त करने के लिए आवश्यक रणनीतियाँ
अधिक स्पष्ट हो और इसलिए
पहचानना आसान।ये लक्षण बताते हैं कि क्यों
वैज्ञानिक शतरंज का अध्ययन कर रहे हैं
1920 के दशक की शुरुआत से खिलाड़ी,
जब जर्मन की तिकड़ी
मनोवैज्ञानिक यह निर्धारित करने के लिए तैयार हैं कि क्या
ग्रैंड मास्टर्स के पास अजीबोगरीब था
यादें।
1
(दिलचस्प बात यह है कि यह बदल जाता है
बाहर वे नहीं करते हैं: हालांकि भव्य
स्वामी काल्पनिक रूप से कुशल हैं
उनके में शतरंज की स्थिति का भंडारण
दिमाग, उनकी सामान्य याद करने की क्षमता है
काफी औसत।) एक अध्ययन है कि
हमारे लिए विशेष रूप से प्रासंगिक साबित होता है
रुचियां अधिक हाल की हैं। 2005 में, ए
नील चरनेस के नेतृत्व में शोध दल,
फ्लोरिडा राज्य के एक मनोवैज्ञानिक
विश्वविद्यालय ने के परिणाम प्रकाशित किए
की दशकों लंबी जांच
शतरंज के खिलाड़ियों की अभ्यास आदतें।
2
नब्बे के दशक के दौरान, Charness's
टीम विज्ञापन डाल रही थी
अख़बार और पोस्टिंग फ़्लायर्स at
शतरंज टूर्नामेंट, ढूंढ रहे हैं
रैंक वाले खिलाड़ी अपने में भाग लेने के लिए
परियोजना। उन्होंने सर्वेक्षण समाप्त किया
चार सौ से अधिक खिलाड़ी, से
दुनिया भर में, करने के प्रयास में
समझें कि कुछ बेहतर क्यों थे
दूसरों की तुलना में। प्रत्येक खिलाड़ी को दिया गया था

एक फॉर्म जिसे भरने के लिए अनुरोध किया गया है a
खिलाड़ी का विस्तृत इतिहास
शतरंज निर्देश। उत्तरदाताओं
संक्षेप में, फिर से बनाने के लिए कहा गया था
उनके विकास की एक समय रेखा के रूप में
शतरंज के खिलाड़ी: उन्होंने किस उम्र में किया
प्रारंभ? उन्होंने किस प्रकार का प्रशिक्षण लिया
प्रत्येक वर्ष प्राप्त करते हैं? कितने
टूर्नामेंट वे खेले? थे
उन्होंने कोचिंग दी? कितना? इसलिए
पर।पिछले अध्ययनों ने यह दिखाया था
लगभग दस साल लगते हैं, at
न्यूनतम, भव्य बनने के लिए
मालिक। (जैसा कि मनोवैज्ञानिक के।
एंडर्स एरिक्सन इंगित करना पसंद करते हैं,
यहां तक कि बॉबी फिशर जैसे कौतुक भी
दस साल में फिट होने में कामयाब
हासिल करने से पहले खेलना
अंतरराष्ट्रीय पहचान: वह सिर्फ
इस संचय को पहले शुरू किया
अधिक से अधिक।) यह "दस-वर्ष" है
नियम, "कभी-कभी" 10,000- कहा जाता है
घंटे का नियम, "जो रहा है
वैज्ञानिक हलकों के चारों ओर उछलते हुए
1970 के दशक के बाद से, लेकिन था
द्वारा हाल ही में लोकप्रिय किया गया
मैल्कम ग्लैडवेल की सर्वाधिक बिक्री
2008 की किताब, आउटलेर्स।
3 यहां बताया गया है
उन्होंने इसे संक्षेप में प्रस्तुत किया:
10,000 घंटे का नियम
यह विचार कि उत्कृष्टता
एक जटिल कार्य करना
एक महत्वपूर्ण न्यूनतम की आवश्यकता है

अभ्यास सतहों का स्तर
की पढ़ाई में बार-बार
विशेषज्ञता। वास्तव में, शोधकर्ता
वे क्या तय कर चुके हैं
विश्वास जादू संख्या है
सच्ची विशेषज्ञता के लिए: दस
हजार घंटे [जोर]
मेरा]।आउटलेर्स में, चमकते हुए ने इजिंग
यह नियम प्रमाणिक रूप में महान
विश्लेषण के बारे में नहीं है
विदित हो, अगर इस बारे में
हिंदी समय पर सही
फोन
तालीम का। बिल गेट्स? हो गया
उच्च में से एक में भाग लेने के लिए
देश में स्कूल स्थापित करने के लिए
कंप्यूटर और मेमोरी को संदेश भेजें
पर्यवे: पाना—उसे बनाना
पहले में पहले
घंटों का निर्माण
इस तकनीक पर तालीम करें। मोजार्ट?
उनके
तालीम। जब तक मोजार्ट था
अधिक भरण में a. के रूप में घुमने जा रहा है
कौतुक, वह और अधिक दर्ज करें था
ताल की संख्या के दोगुने से अधिक
घंटा कि वृद्ध वृद्ध
समकालिकों का खुला था।
मुझे किस बारे में है
हालांकि, चालन का सुनाना यह है कि यह
10,000- घंटी के बारे में आगे प्रक्रिया है
न कब तक
काम किया, यह भी कि किस प्रकार का काम
आँकड़ा अधिक कटि से, वे

आकाशवाणी
इसी समय समय-
10,000 बजे—खेलना
चेस। दो से कुछ
भव्य स्वामी
स्तर स्तर पर।
ताली बजाते हुए
समय की मात्रा, इसलिए अंतर
यह किस तरह से सक्षम है
इन इन का प्रयोग। ये थे
विविधता ने जो विविधता दी थी।1990 के दशक में, यह एक प्रासंगिक था
प्रश्न। में बहस हुई थी
आसपास के समय में शतरंज की दुनिया
सुधार के लिए सर्वोत्तम रणनीतियाँ।
एक शिविर सोचा टूर्नामेंट खेल
महत्वपूर्ण था, क्योंकि यह अभ्यास प्रदान करता है
सख्त समय सीमा और काम के साथ
व्याकुलता के माध्यम से। अन्य
शिविर, तथापि, गंभीरता पर बल दिया
अध्ययन—किताबों पर डालना और
पहचानने में मदद करने के लिए शिक्षकों का उपयोग करना और
फिर कमजोरियों को दूर करें। कब
सर्वेक्षण में भाग लेने वाले
चार्नेस के अध्ययन विचार
टूर्नामेंट का खेल शायद था
सही जवाब। प्रतिभागियों, इसके रूप में
पता चला, गलत थे। घंटे बिताए
खेल के गंभीर अध्ययन में था
न केवल सबसे महत्वपूर्ण कारक
शतरंज कौशल की भविष्यवाणी करते हुए, यह हावी रहा
अन्य कारक। शोधकर्त्ता
पता चला कि जो खिलाड़ी
पांच बिताए ग्रैंड मास्टर्स बन गए
कई गुना अधिक घंटे . को समर्पित

उन लोगों की तुलना में गंभीर अध्ययन
मध्यवर्ती स्तर पर स्थिर।
ग्रैंड मास्टर्स, औसतन,
लगभग 5,000 घंटे समर्पित
उनके 10,000 से गंभीर अध्ययन के लिए।
इसके विपरीत मध्यवर्ती खिलाड़ी,
इसके लिए केवल 1,000 के आसपास समर्पित
गतिविधि।
करीब से जांच करने पर,
गंभीर अध्ययन का महत्व
अधिक स्पष्ट हो जाता है। गंभीर में
अध्ययन, चरनेस ने निष्कर्ष निकाला,
"सामग्री जानबूझकर हो सकती है"
चुना या अनुकूलित किया गया है कि
हल की जाने वाली समस्याएं एक स्तर पर हैं
यह उचित रूप से चुनौतीपूर्ण है।"
यह टूर्नामेंट के विपरीत है
खेलते हैं, जहां आपके आकर्षित होने की संभावना है
एक विरोधी जो या तो है
स्पष्ट रूप से बेहतर या
स्पष्ट रूप से अपने आप से भी बदतरः
दोनों स्थितियों में जहां "कौशल"
सुधार होने की संभावना है
कम से कम।" इसके अलावा, में
गंभीर अध्ययन, प्रतिक्रिया है
तत्कालः यह ऊपर देखने से हो
शतरंज की समस्या का उत्तर a
पुस्तक या, जैसा कि आमतौर पर होता है
गंभीर खिलाड़ियों के लिए मामला, प्राप्त करना
एक विशेषज्ञ से तत्काल प्रतिक्रिया
प्रशिक्षक।नॉर्वेजियन शतरंज
फिनोम मैग्नस कार्लसन, के लिए
उदाहरण के लिए, गैरी कास्परोव को भुगतान किया गया
$700,000 प्रति वर्ष अपने में पॉलिश जोड़ने के लिए

अन्यथा सहज खेल शैली।
ध्यान दें कि शतरंज कितनी अच्छी तरह फिट बैठता है
गिटार की हमारी पिछली चर्चा
अभ्यास। "गंभीर अध्ययन"
शीर्ष शतरंज खिलाड़ियों द्वारा नियोजित
जॉर्डन टाइस के समान लगता है
संगीत के प्रति दृष्टिकोण: वे दोनों हैं
कठिन गतिविधियों पर ध्यान केंद्रित,
अपने को फैलाने के लिए सावधानी से चुना गया
क्षमताएँ जहाँ उन्हें सबसे अधिक आवश्यकता होती है
खींच रहा है और वह प्रदान करता है
तत्काल प्रतिक्रिया। उसी में
समय, नोटिस कैसे शतरंज-टूर्नामेंट
play मेरे दृष्टिकोण की तरह लगता है
गिटार के लिए: यह सुखद है और
रोमांचक, लेकिन यह जरूरी नहीं है
आपको बेहतर बना रहा है। मैंने बहुत खर्च किया
घंटों गाने बजाना जो मुझे पता था,
दर्जनों और दर्जनों सहित
मंच पर बिताए घंटे की तरह
चरनेस में मध्यवर्ती खिलाड़ी
अध्ययन, मैं इसे संतोषजनक दे रहा था
काम अप्रभावी रूप से ढेर हो जाता है
जॉर्डन, इन्हीं युगों के दौरान, था
श्रमसाध्य गिलहरी दूर
गंभीर अध्ययन जो उसे बना देगा
असाधारण।
1990 के दशक की शुरुआत में, Anders
नीलो के एक सहयोगी एरिक्सन
फ्लोरिडा राज्य में चैरिटी
विश्वविद्यालय, शब्द गढ़ा
इसका वर्णन करने के लिए "जानबूझकर अभ्यास"
गंभीर अध्ययन की शैली, इसे परिभाषित करना
औपचारिक रूप से "डिज़ाइन की गई गतिविधि" के रूप में,

आम तौर पर एक शिक्षक द्वारा, एकमात्र के लिए
प्रभावी ढंग से सुधार का उद्देश्य
किसी व्यक्ति के विशिष्ट पहलू
प्रदर्शन।"
4 सैकड़ों के रूप में
अनुवर्ती अध्ययन के बाद से है
दिखाया गया है, जानबूझकर अभ्यास प्रदान करता है
विविधता में उत्कृष्टता की कुंजी
क्षेत्रों की सरणी, जिनमें से हैं
शतरंज, चिकित्सा, लेखा परीक्षा, कंप्यूटर
प्रोग्रामिंग, पुल, भौतिकी,
खेलकूद, टाइपिंग, करतब दिखाने, नृत्य, और
संगीत।
5
अगर आप समझना चाहते हैं
पेशेवर एथलीटों का स्रोत '
प्रतिभा, उदाहरण के लिए, उनकी ओर देखें
अभ्यास कार्यक्रम—लगभग बिना
अपवाद वे रहे हैं
व्यवस्थित रूप से उनके
एथलेटिक क्षमता, मार्गदर्शन के साथ
विशेषज्ञ प्रशिक्षकों की, क्योंकि वे थे
बच्चे। यदि आपने इसके बजाय को बदल दिया है
मैल्कम ग्लैडवेल पर टेबल, और
उनसे उनकी लेखन क्षमता के बारे में पूछा,
वह भी आपकी ओर इशारा करेगा
विचारपूर्वक अभ्यास। आउटलेर्स में वह
ध्यान दें कि उन्होंने सम्मान करते हुए दस साल बिताए
वाशिंगटन पोस्ट में उनका शिल्प
न्यूज़रूम में जाने से पहले
न्यू यॉर्कर और अपना लेखन शुरू किया
ब्रेकआउट बुक, द टिपिंग पॉइंट।
"जब विशेषज्ञ अपना प्रदर्शन करते हैं"
जनता में बेहतर प्रदर्शन

उनका व्यवहार इतना सहज दिखता है
और स्वाभाविक है कि हम ललचाते हैं
इसे विशेष प्रतिभाओं के लिए विशेषता दें, "
एरिक्सन नोट।"हालांकि, जब
वैज्ञानिकों ने मापना शुरू किया
विशेषज्ञों का कथित रूप से श्रेष्ठ
शक्तियां ... कोई सामान्य श्रेष्ठता नहीं
मिला था।"
6
दूसरे शब्दों में,
मुट्ठी भर चरम के बाहर
उदाहरण—जैसे की ऊंचाई
पेशेवर बास्केटबॉल खिलाड़ी और
फुटबॉल लाइनमेन का घेरा-
वैज्ञानिक बहुत कुछ खोजने में विफल रहे हैं
प्राकृतिक क्षमताओं का प्रमाण
विशेषज्ञों की सफलताओं की व्याख्या करना। यह है एक
जानबूझ कर जीवन भर का संचय
अभ्यास करें कि बार-बार समाप्त होता है
उत्कृष्टता की व्याख्या करते हुए।
यहाँ वही है जो मुझे प्रभावित करता है
जानबूझकर अभ्यास के बारे में महत्वपूर्ण:
यह स्पष्ट नहीं है। खेतों के बाहर
जैसे शतरंज, संगीत, और
पेशेवर एथलेटिक्स, जो है
स्पष्ट प्रतिस्पर्धी संरचनाएं और
प्रशिक्षण व्यवस्था, कुछ ही इसमें भाग लेते हैं
कुछ भी जो दूर से भी
कौशल की इस शैली का अनुमान लगाता है
विकास। जैसा कि एरिक्सन बताते हैं,
"ज्यादातर व्यक्ति जो शुरू करते हैं
सक्रिय पेशेवर... अपना बदलें
व्यवहार और उनकी वृद्धि
तक सीमित समय के लिए प्रदर्शन

वे एक स्वीकार्य स्तर तक पहुँचते हैं।
हालांकि, इस बिंदु से आगे
सुधार दिखाई देते हैं
अप्रत्याशित और की संख्या
काम के वर्ष... एक गरीब भविष्यवक्ता है
प्राप्त प्रदर्शन का। ” डाल
दूसरा तरीका, अगर आप अभी दिखाएँ
और कड़ी मेहनत करें, आप जल्द ही एक हिट करेंगे
प्रदर्शन पठार परे
जिसे आप कोई बेहतर पाने में विफल रहते हैं।
मेरे साथ यही हुआ है
मेरा गिटार बजा रहा है, शतरंज के लिए
टूर्नामेंट से जुड़े खिलाड़ी
खेलते हैं, और अधिकांश ज्ञान के लिए
कार्यकर्ता जो बस में डालते हैं
घंटे: हम सभी ने पठारों को मारा।
जब मैंने पहली बार का सामना किया
एरिक्सन और चार्नेस का काम, यह
अंतर्दृष्टि ने मुझे चौंका दिया। इसने मुझे बताया कि मैं
अधिकांश प्रकार के कार्य—अर्थात कार्य
जिसका स्पष्ट प्रशिक्षण नहीं है
दर्शन—ज्यादातर लोग अटके हुए हैं।
यह एक रोमांचक उत्पन्न करता है
निहितार्थ आइए मान लें कि आप एक हैं
ज्ञान कार्यकर्ता, जो एक क्षेत्र है
एक स्पष्ट प्रशिक्षण दर्शन के बिना।
यदि आप समझ सकते हैं कि कैसे
जानबूझकर अभ्यास को एकीकृत करें
आपका अपना जीवन, आपके पास है
अपने अतीत को उड़ाने की संभावना
आपके मूल्य में साथियों, जैसा कि आप की संभावना होगी
अपने समर्पण में अकेले रहें
व्यवस्थित रूप से बेहतर हो रहा है। वह है,
जानबूझकर अभ्यास प्रदान कर सकता है

जल्दी बनने की कुंजी
अच्छा है कि वे आपकी उपेक्षा नहीं कर सकते।सफलतापूर्वक अपनाने के लिए
शिल्पकार मानसिकता, इसलिए, हम
में हमारी नौकरियों से संपर्क करना है
उसी तरह जॉर्डन
अपने गिटार बजाते हुए या
गैरी कास्परोव उनकी शतरंज
प्रशिक्षण - समर्पण के साथ
विचारपूर्वक अभ्यास। कैसे करें
इस उपलब्धि को हासिल करना का लक्ष्य है
इस अध्याय के शेष। मैं
शुरू करना चाहते हैं, अगले भाग में, द्वारा
यह तर्क देते हुए कि मैं पहली बार नहीं हूं
यह अंतर्दृष्टि। जब हम में लौटते हैं
एलेक्स बर्जर और माइक की कहानियां
जैक्सन, हम पाते हैं कि जानबूझकर
अभ्यास उनके मूल में था
काम की तलाश में वे प्यार करते हैं।एलेक्स बर्जर आलोचना चाहता है और
माइक जैक्सन ईमेल की जांच नहीं करता है
एलेक्स बर्जर के दो साल पर विचार करें
a . के सह निर्माता से उदय
राष्ट्रीय टेलीविजन श्रृंखला। उन्होंने बताया
मुझे आपका लेखन मिल रहा है
"नेटवर्क गुणवत्ता" a . से ली जा सकती है
कम से कम कुछ साल to
पच्चीस के रूप में कई। द रीज़न
वह फास्ट ट्रैक पर था, वह
समझाया गया, क्या सुधार के प्रति उनका वाद-विवाद-चैंपस्टाइल जुनून था। "मैं
पाने की कभी न खत्म होने वाली प्यास है
बेहतर, "उन्होंने कहा। "यह एक खेल की तरह है,
आपको अभ्यास करना है और आपके पास है
अध्ययन करने के लिए।" एलेक्स ने स्वीकार किया कि यहां तक कि
हालांकि वह अब एक स्थापित है
लेखक, वह अभी भी पटकथा लेखन पढ़ता है

किताबें, उन जगहों की तलाश में जहाँ उसकी
शिल्प में सुधार हो सकता है। "यह है एक
निरंतर सीखने की प्रक्रिया, "उन्होंने कहा।
दूसरी बात जिस पर मैंने गौर किया
एलेक्स यह है कि यह सीखना नहीं है
अलगाव में: "आपको होना चाहिए
से लगातार प्रतिक्रिया मांगना
सहकर्मियों और पेशेवरों, "वह
मुझे बताया। अपने उदय के दौरान, एलेक्सी
लगातार चुनी गई परियोजनाएं जहां
उसे अपना काम दिखाने के लिए मजबूर किया जाएगा
अन्य। अभी भी एक के रूप में काम करते हुए
एनबीसी में सहायक, उदाहरण के लिए, वह
दो पायलट लिख रहा था: एक VH1 . के लिए
और दूसरा एक निर्माता के साथ वह मिला
राष्ट्रीय लैम्पून में। दोनों में
मामले, लोग इंतजार कर रहे थे
उनकी स्क्रिप्ट-कोई परहेज नहीं था
उन्हें पढ़ा और विच्छेदित किया जा रहा है।
हिज़ कर्ब योर उत्साह स्पेक, टू
एक और उदाहरण का नाम दें, जो
उसे नौकरी दिलाने में मदद की
माइकल आइजनर ने बहुत कुछ किया
एलेक्स के सहयोगियों से जांच, at
उसका अनुरोध। "जब मैं पीछे मुड़कर देखता हूँ"
अब, मुझे अपमानित किया गया है कि मैं कभी भी
इसे किसी को भी दिखाया, "एलेक्स ने याद किया।
पर वो जा रहा था तो ज़रूरी था
बेहतर पाने के लिए। "मुझे आशा है कि मैं देख सकता हूँ
दस साल बाद वापस और कहो
मैं अभी जो लिख रहा हूं उसके बारे में भी।"
एलेक्स में, हम बिल्कुल लक्षण देखते हैं
एंडर्स एरिक्सन ने इस प्रकार परिभाषित किया
जानबूझकर अभ्यास के लिए महत्वपूर्ण। वह

आगे बढ़कर अपनी क्षमताओं को बढ़ाया
परियोजनाएँ जो उसके परे थीं
वर्तमान सुविधा क्षेत्र; और न सिर्फ
एक समय में एक, लेकिन अक्सर तीन तक
या चार लेखन आयोग
एक साथ, सभी समय धारण करते हुए
एक दिन की नौकरी के नीचे! वह तो
जुनूनी रूप से प्रतिक्रिया मांगी, पर
सब कुछ-भले ही, पीछे मुड़कर देखें
अब, वह गुणवत्ता पर अपमानित है
वह जो स्क्रिप्ट भेज रहा था। इस
पाठ्यपुस्तक जानबूझकर अभ्यास है: And
इसने काम किया। इसने एलेक्स को अनुमति दी
एक विनरटेक-ऑल मार्केट में करियर कैपिटल हासिल करें जो कुख्यात है
सौंपने से कतराते हैं।
हम इसी तरह की प्रतिबद्धता देखते हैं
माइक में जानबूझकर अभ्यास
जैक्सन की कहानी। उसके हर चरण में
एक उद्यम बनने का मार्ग
पूंजीवादी उसने खुद को एक में फेंक दिया
अपने वर्तमान से परे परियोजना
क्षमताओं और फिर करने के लिए hustled
इसे सफल बनाएं। उन्होंने एक पर लिया
महत्वाकांक्षी मास्टर की थीसिस कि वह
फिर एक सम का नेतृत्व करने में अनुवाद किया गया
अधिक महत्वाकांक्षी अंतर्राष्ट्रीय
अनुसंधान परियोजना। वह से चला गया
की कठोर दुनिया में परियोजना
स्टार्ट-अप, जहां, बाहर के बिना
निवेश, उसकी भुगतान करने की क्षमता
किराया उसके हिसाब पर निर्भर था
चीजें जल्दी से बाहर।
इसके अलावा, इसके सभी चरणों में
पथ, माइक न केवल खींच रहा था

खुद, वह भी प्राप्त कर रहा था
प्रत्यक्ष प्रतिक्रिया। वह काम था
अंतरराष्ट्रीय के लिए अग्रणी
अनुसंधान परियोजना तैयार की जा रही थी
सहकर्मी समीक्षा के लिए- का प्रतीक
निर्मम प्रतिक्रिया। दौड़ते समय
उनका स्टार्ट-अप, इस फीडबैक ने लिया
कितना पैसा आया का रूप
दरवाजे से। अगर वह भाग गया
कंपनी खराब, कोई नहीं होगा
इस तथ्य से बचना: उनकी आलोचना
के रूप में आ जाएगा
दिवालियेपन।

अपनी वर्तमान स्थिति में a . के रूप में
उद्यम पूंजीपति, माइक रखता है
अपने को बढ़ाने के लिए उनका समर्पण
क्षमता, प्रतिक्रिया द्वारा निर्देशित। उसके
पसंद का नया उपकरण एक स्प्रेडशीट है,
जिसका उपयोग वह ट्रैक करने के लिए करता है कि वह कैसे
हर दिन के हर घंटे खर्च करता है। "पर
प्रत्येक सप्ताह की शुरुआत मुझे लगता है
मैं कितना समय बिताना चाहता हूं
विभिन्न गतिविधियों पर, "वह
व्याख्या की। "मैं फिर इसे ट्रैक करता हूं ताकि मैं कर सकूं
देखो मैं अपने कितने करीब आ गया
लक्ष्य।" नमूना स्प्रेडशीट पर
उसने मुझे भेजा, वह अपनी गतिविधियों को विभाजित करता है
दो श्रेणियों में: बदलना मुश्किल
(यानी, साप्ताहिक प्रतिबद्धताएं जो वह नहीं कर सकता
बचें) और अत्यधिक परिवर्तनशील (यानी,
स्व-निर्देशित गतिविधियाँ जो वह
नियंत्रण)। यहाँ समय की मात्रा है
वह प्रत्येक को समर्पित करता है:
माइक जैक्सन का कार्य-समय

आवंटन
मुश्किल से बदलने वाली प्रतिबद्धताएं
गतिविधि
घंटे
आवंटित
के लिए
सप्ताह
ई-मेल 7.5
लंच/ब्रेक/अन्य 4
योजना/संगठन 1.5
साझेदार
बैठक/प्रशासनिक
4
साप्ताहिक धन उगाहना
बैठक
1
अत्यधिक परिवर्तनशील
प्रतिबद्धताओं
घंटे
आवंटित
के लिए गतिविधि
सप्ताह
फंड जुटाने में सुधार
सामग्री
3
फंड जुटाने की प्रक्रिया 12
ड्यू डिलिजेंस रिसर्च 3
डील फ्लो सोर्सिंग 3
मीटिंग्स/कॉल्स के साथ
संभावनाशील निवेशक
1
पोर्टफोलियो के साथ काम करें
कंपनियों
2
नेटवर्किंग/पेशेवर

विकास
3
अपनी स्प्रेडशीट के साथ माइक का लक्ष्य
अधिक "जानबूझकर" बनना है
उसका कार्यदिवस कैसे सामने आता है।
"दिखाना सबसे आसान काम है"
सुबह तक काम करने के लिए और बस
पूरे दिन ई-मेल का जवाब दें।"
उन्होंने समझाया। "लेकिन ऐसा नहीं है
अपना खर्च करने का सबसे रणनीतिक तरीका
समय।" माइक अब स्वतंत्र रूप से स्वीकार करता है कि
वह "ज्यादा ई-मेल नहीं करता है।" और भी
हम a . के लिए काम कर रहे थे के बाद
इसके लिए इंटरव्यू के दौरान
पुस्तक, मेरे शेड्यूलिंग ई-मेल को
माइक केवल छिटपुट रूप से उत्पन्न हुआ a
जवाब दे दो। मुझे अंततः पता चला कि यह
उसे कॉल करने के लिए बेहतर काम किया, जबकि वह
अपने पालो ऑल्टो के लिए आ रहा था
कार्यालय। प्रतिबिंब पर, निश्चित रूप से, यह
माइक के से सही समझ में आता है
परिप्रेक्ष्य। हर घंटे खर्च करना
मेरे जैसे लेखकों से गैर-महत्वपूर्ण ईमेल के माध्यम से दिन छँटाई या
व्यापार के लिए मछली पकड़ने के छात्रों से
युक्तियाँ, अन्य तुच्छ बातों के अलावा,
धन जुटाने की उसकी क्षमता में बाधा डालना
और अच्छी कंपनियां खोजें-
अंततः वह काम जिस पर उसे आंका गया है।
क्या वह कुछ लोगों को परेशान करता है?
उपलब्धता की कमी के कारण?
संभवत। लेकिन मेरा उदाहरण लें
अंततः उसे फोन करने के लिए मजबूर किया जा रहा है
उनके आवागमन के दौरान: महत्वपूर्ण
सामान अभी भी उसके लिए अपना रास्ता ढूंढता है, लेकिन

उसके शेड्यूल पर।

जब आप माइक को देखते हैं
स्प्रैडशीट, आप यह भी देखते हैं कि वह
समर्पित घंटों को प्रतिबंधित करता है
आवश्यक कार्य जो अंततः नहीं होते हैं
वह जो करता है उसमें उसे बेहतर बनाएं
(अठारह घंटे)। अधिकांश
उसका सप्ताह इसके बजाय किस पर केंद्रित है
मायने रखता है: धन जुटाना, पुनरीक्षण
निवेश, और अपने फंड की मदद करना
कंपनियों (सत्ताईस घंटे)।
इस सावधानीपूर्वक ट्रैकिंग के बिना, यह
अनुपात बहुत अलग होगा।
यह एक बेहतरीन उदाहरण है
काम पर जानबूझकर अभ्यास। "मुझे चाहिए
जो महत्वपूर्ण है उस पर समय बिताने के लिए,
तत्काल क्या है, इसके बजाय, "माइक
व्याख्या की। प्रत्येक सप्ताह के अंत में
वह यह देखने के लिए अपने नंबर प्रिंट करता है कि कैसे
अच्छी तरह से उसने यह लक्ष्य हासिल कर लिया, और फिर
इस फ़ीडबैक का उपयोग स्वयं का मार्गदर्शन करने के लिए करता है
आने वाले सप्ताह में। यह तथ्य कि
उन्हें तीन बार पदोन्नत किया गया है
तीन साल से कम अंडरस्कोर
इस जानबूझकर की प्रभावशीलता
दृष्टिकोण।
एक शिल्पकार की पांच आदतें
एलेक्स बर्जर और की कहानियां
माइक जैक्सन एक अच्छा प्रदान करते हैं
जानबूझकर अभ्यास का उदाहरण a
ज्ञान-कार्य सेटिंग। यह अभी भी कर सकता है
हालांकि, यह पता लगाना मुश्किल हो
इस रणनीति को अपने में कैसे लागू करें
खुद का कामकाजी जीवन। इससे प्रेरित

वास्तविकता, मैंने शोध से आकर्षित किया
जानबूझकर अभ्यास पर साहित्य, के रूप में
साथ ही . की कहानियों से
एलेक्स और माइक जैसे शिल्पकार, तो
चरणों की एक श्रृंखला बनाएँ
इस रणनीति को सफलतापूर्वक लागू कर रहे हैं।
इस खंड में, मैं इन चरणों का विवरण दूंगा।
कोई जादू फार्मूला नहीं है, लेकिन
जानबूझकर अभ्यास एक अत्यधिक . है
तकनीकी प्रक्रिया, इसलिए मैं उम्मीद कर रहा हूँ
कि यह विशिष्टता आपको प्राप्त करने में मदद करेगी
शुरू किया गया।

चरण 1: तय करें कि कौन सी पूंजी
बाजार आप में हैं
स्पष्टता के लिए, मैं करूँगा
कुछ नई शब्दावली पेश करें।
जब आप करियर प्राप्त कर रहे हों
एक क्षेत्र में पूंजी, आप कल्पना कर सकते हैं
कि आप इस पूंजी को प्राप्त कर रहे हैं
एक विशिष्ट प्रकार की करियर पूंजी
मंडी। दो प्रकार के होते हैं
ये बाजार: विनर-टेक-ऑल और
नीलामी। विनर-टेक-ऑल में
बाजार, केवल एक प्रकार का है
कैरियर पूंजी उपलब्ध है, और बहुत सारे
इसके लिए अलग-अलग लोग होड़ कर रहे हैं।
टेलीविजन लेखन एक विजेता-उपभोक्ता बाजार है क्योंकि यह सब मायने रखता है
अच्छी स्क्रिप्ट लिखने की आपकी क्षमता।
यानी, एकमात्र पूंजी प्रकार आपका है
पटकथा लिखने की क्षमता।
एक नीलामी बाजार, इसके विपरीत,
कम संरचित है: कई हैं
विभिन्न प्रकार की करियर पूंजी, और
प्रत्येक व्यक्ति एक उत्पन्न कर सकता है

अद्वितीय संग्रह। क्लीनटेक
अंतरिक्ष एक नीलामी बाजार है। माइक
उदाहरण के लिए, जैक्सन की राजधानी,
नवीकरणीय में विशेषज्ञता शामिल है
ऊर्जा बाजार और
उद्यमिता, लेकिन वहाँ एक हैं
अन्य प्रकार के प्रासंगिक की विविधता
कौशल जो एक का नेतृत्व भी कर सकते थे
इस क्षेत्र में नौकरी।
इसी को ध्यान में रखते हुए पहला काम
एक जानबूझकर अभ्यास के निर्माण में
रणनीति यह पता लगाने की है कि किस प्रकार का
करियर पूंजी बाजार आप हैं
में प्रतिस्पर्धा। इसका उत्तर देना
प्रश्न स्पष्ट लग सकता है, लेकिन
इसे प्राप्त करना आश्चर्यजनक रूप से आसान है
गलत। वास्तव में, इस तरह मैं
एलेक्स की शुरुआत की व्याख्या करें
कहानी। जब वह लॉस में पहुंचे
एंजिल्स, उन्होंने इलाज किया
एक नीलामी के रूप में मनोरंजन उद्योग
मंडी। एक वेब के रूप में नौकरी लेने के द्वारा
नेशनल लैम्पून में संपादक, वह
का एक स्थिर निर्माण शुरू किया
कॉलेज-आयु वर्ग के हास्य लेखक। वह भी
एक कम बजट के लिए एक पायलट फिल्माया
संगठन के लिए दिखाओ। इन
नीलामी में कार्रवाई समझ में आती है
बाजार जहां निर्माण करना महत्वपूर्ण है
पूंजी का एक विविध संग्रह।
लेकिन मनोरंजन उद्योग है
नीलामी बाजार नहीं; यह इसके बजाय है
विजेता सब लेले। अगर आप चाहते हैं
टेलीविजन लेखन में करियर, एलेक्स के रूप में

खोजा गया, केवल एक ही बात मायने रखती है:
आपकी स्क्रिप्ट की गुणवत्ता। इसमें
उसे अपनी गलती का एहसास करने के लिए एक साल,
लेकिन एक बार उसने किया, उसने छोड़ दिया
लैम्पून के सहायक बनने के लिए
एक टीवी कार्यकारी ताकि वह बेहतर कर सके
एकल प्रकार की पूंजी को समझें
अपने क्षेत्र के लिए किसी भी मूल्य का। यह केवल था
इस बिंदु पर कि वह हासिल करना शुरू कर दिया
अपने करियर में कर्षण।
विनर-टेक-ऑल के लिए गलती करना
एक नीलामी बाजार आम है। समझा
यह अक्सर my . के लिए प्रासंगिक क्षेत्र में होता है
अपना जीवन: ब्लॉगिंग। यहाँ एक विशिष्ट है
कई I . में से ई-मेल
मांगने वाले लोगों से प्राप्त करें
अपना ब्लॉग विकसित करने की सलाह
श्रोता:
"मैंने अपना पहला महीना पूरा कर लिया है
पोस्टिंग का और लगभग
तीन हजार व्यूज
हालांकि, उछाल दर है
अविश्वसनीय रूप से उच्च, विशेष रूप से
डिग और रेडिट के माध्यम से
प्रस्तुतियाँ, जहाँ यह मिल सकती है
90 प्रतिशत के करीब। मैं हूँ
सोच रहा था कि अगला कदम क्या है
आपको लगता है कि मुझे ले जाना चाहिए
उछाल नीचे लाना
भाव?"

चरण 2: अपनी पूंजी के प्रकार की पहचान करें
एक बार जब आप अपनी पहचान कर लेते हैं
बाजार, आपको तब पहचानना होगा
पीछा करने के लिए विशिष्ट प्रकार की पूंजी। यदि

आप एक विजेता-टेक-ऑल मार्केट में हैं,
यह तुच्छ है: परिभाषा के अनुसार, वहाँ है
केवल एक प्रकार की पूंजी जो
मायने रखता है। नीलामी बाजार के लिए,
हालाँकि, आपके पास लचीलापन है। ए
इस स्थिति में उपयोगी अनुमानी है
खुले द्वार की तलाश करें—अवसरों को
पहले से खुली हुई पूंजी का निर्माण करें
आपको। उदाहरण के लिए, माइक
डिग्री के बाद जैक्सन का अगला कदम
स्टैनफोर्ड के साथ काम करना था
अपने पर्यावरण पर प्रोफेसर-
नीति अनुसंधान। यह फैसला
माइक को एक प्रमुख प्रकार का अधिग्रहण करने में मदद की
कैरियर की राजधानी-एक अति सूक्ष्म अंतर
अंतरराष्ट्रीय की समझ
ऊर्जा बाजार। एक ही समय पर,
हालाँकि, ध्यान रखें कि यह था
एक अवसर भी जो खुला था
माइक के लिए क्योंकि वह पहले से ही एक था
में डिग्री अर्जित करने वाला स्टैनफोर्ड का छात्र
फील्ड। इसने इसे अपेक्षाकृत बना दिया
उसके लिए इस नए में कूदना आसान है
भूमिका। के बाहर किसी के लिए
स्टैनफोर्ड, इसके विपरीत, में रखा जा रहा है
इतनी महत्वपूर्ण परियोजना का प्रभार
बहुत कम संभावना होती
प्रस्ताव।
खुले फाटकों का लाभ है
कि वे आपको और तेज़ी से आगे बढ़ाएँ, in
कैरियर पूंजी अधिग्रहण की शर्तें,
खरोंच से शुरू करने की तुलना में। यह मदद करता है
कौशल अधिग्रहण के बारे में सोचने के लिए जैसे
एक मालगाड़ी: इसे शुरू करना

के एक विशाल आवेदन की आवश्यकता है
प्रयास, लेकिन एक बार अपना ट्रैक बदलना
यह चलना आसान है। दूसरे शब्दों में,
खरोंच से शुरू करना मुश्किल है a
नया क्षेत्र। यदि, उदाहरण के लिए, माइक
जाने के लिए स्टैनफोर्ड छोड़ने का फैसला किया था
एक निजी स्थिरता के लिए काम करें
गैर-लाभकारी, वह होता
के साथ भूतल पर शुरू नहीं
विशेष पैर ऊपर। इसके बजाय
अपनी स्टैनफोर्ड शिक्षा का लाभ उठाने के लिए
स्टैनफोर्ड के साथ एक स्थान प्राप्त करें
प्रोफेसर, वह प्राप्त कर रहा था
मूल्यवान पूंजी बहुत जल्दी।

चरण 3: "अच्छा" परिभाषित करें

यह इस बिंदु पर है, एक बार जब आप
वास्तव में किस कौशल की पहचान की
निर्माण, कि आप मार्गदर्शन के लिए कर सकते हैं,
अनुसंधान से आकर्षित करना शुरू करें
विचारपूर्वक अभ्यास। पहली बात
यह साहित्य हमें बताता है कि आप
स्पष्ट लक्ष्य चाहिए। अगर आपको नहीं पता
जहां आप पहुंचने की कोशिश कर रहे हैं, तो
प्रभावी कार्रवाई करना कठिन है।
फॉर्च्यून के संपादक ज्योफ कॉल्विन
पत्रिका जिसने एक किताब लिखी
विचारपूर्वक अभ्यास,
7 इसे इस तरह रखें
में दिखाई देने वाले एक लेख में
फोट्यून: "[जानबूझकर अभ्यास]
अच्छे लक्ष्यों की आवश्यकता है। "
8
जब आप किसी संगीतकार से पूछते हैं जैसे
जॉर्डन टाइस, उदाहरण के लिए, वहाँ है

क्या हो रहा है के बारे में थोड़ी अस्पष्टता
उसके लिए "अच्छा" का अर्थ है कि
पल। हमेशा कुछ नया होता है,
अधिक जटिल तकनीक
मालिक। एलेक्स बर्जर के लिए,
"अच्छा" की परिभाषा भी स्पष्ट थी:
उनकी स्क्रिप्ट को गंभीरता से लिया जा रहा है। प्रति
एक ठोस उदाहरण दें, इनमें से एक
परियोजनाओं पर वह काम कर रहा था जबकि
अभी भी एक सहायक था
करने के लिए एक विशिष्ट स्क्रिप्ट का विकास
प्रतिभा एजेंसियों को प्रस्तुत करें। उसके लिए,
अपने करियर के इस शुरुआती दौर में
पूंजी अधिग्रहण, "अच्छा" का अर्थ है
लैंड करने के लिए पर्याप्त स्क्रिप्ट होना
उसे एक एजेंट। वहाँ नहीं था
इसका मतलब क्या है के बारे में अस्पष्टता
इस लक्ष्य में सफल हों।

चरण 4: खिंचाव और नष्ट

ज्योफ कॉल्विन को लौटें
ऊपर उद्धृत लेख वह देता है
जानबूझकर के बारे में चेतावनी के बाद
अभ्यास:
ऐसी चीजें करना जो हम जानते हैं कि कैसे करना है
अच्छा करो आनंददायक है, और
यह इसके ठीक विपरीत है
क्या जानबूझकर अभ्यास
मांग.... सोचा-समझा
अभ्यास सब से ऊपर है एक ef ort
ध्यान और एकाग्रता का।
वही बनाता है
"जानबूझकर," से अलग के रूप में
नासमझ तराजू का खेल
या टेनिस गेंदों को मारना कि

अधिकांश लोग संलग्न हैं।
यदि आप दिखाते हैं और क्या करते हैं
आपको बताया गया है, आप एंडर्स के रूप में करेंगे
एरिक्सन ने इसमें पहले समझाया था
अध्याय, "स्वीकार्य स्तर" तक पहुँचें
पठार से पहले क्षमता की।
जानबूझकर अभ्यास के बारे में अच्छी खबर
क्या यह आपको इससे आगे धकेल देगा
पठार और एक ऐसे क्षेत्र में जहाँ आप
कम प्रतिस्पर्धा है। खराब
खबर यह है कि कारण इतने कम
लोग इस उपलब्धि को पूरा करते हैं
बिल्कुल Colvin . की विशेषता के कारण
हमें इस बारे में चेतावनी दी: जानबूझकर
अभ्यास अक्सर के विपरीत होता है
सुखद।
मुझे "खिंचाव" शब्द पसंद है
क्या जानबूझकर अभ्यास का वर्णन
ऐसा लगता है, क्योंकि यह मेरे अपने से मेल खाता है
गतिविधि के साथ अनुभव। कब
मैं एक नया गणित सीख रहा हूँ
तकनीक - का एक क्लासिक मामला
जानबूझकर अभ्यास-
my . में असहज अनुभूति
सिर को सबसे अच्छा ए के रूप में अनुमानित किया जाता है
शारीरिक तनाव, जैसे कि मेरे न्यूरॉन्स हैं
नए में शारीरिक रूप से पुन: गठन
विन्यास। किसी भी रूप में
गणितज्ञ स्वीकार करेंगे, यह
खींचने से बहुत अलग लगता है
एक तकनीक लागू करना जो आप पहले से कर चुके हैं
महारत हासिल है, जो काफी हो सकता है
सुखद। लेकिन यह खिंचाव, जैसा
कोई गणितज्ञ भी स्वीकार करेगा,

बेहतर होने की पूर्व शर्त है।
यह वही है जो आपको करना चाहिए
अपनी खुद की खोज में अनुभव
"अच्छा।" यदि आप नहीं हैं
असहज, तो तुम हो
शायद एक "स्वीकार्य" पर अटक गया
स्तर।"
जो सहज है उसे पीछे धकेलना,
हालाँकि, का केवल एक हिस्सा है
जानबूझकर अभ्यास कहानी; अन्य
हिस्सा ईमानदार प्रतिक्रिया को गले लगा रहा है
—भले ही यह आपको नष्ट कर दे
सोचा अच्छा था। कोल्विन के रूप में
अपने फॉर्च्यून लेख में बताते हैं,
"आप सोच सकते हैं कि आपका पूर्वाभ्यास
एक नौकरी के लिए साक्षात्कार त्रुटिहीन था, लेकिन
आपकी राय मायने नहीं रखती।"
बस क्या मान लेना इतना लुभावना है
आपने जो किया वह काफी अच्छा है और
इसे अपनी टू-डू सूची से जांचें, लेकिन यह है
ईमानदारी से, कभी-कभी कठोर
प्रतिक्रिया है कि आप सीखते हैं कि कहां करना है
अपना ध्यान फिर से प्रशिक्षित करने के लिए
प्रगति करना जारी रखें।
उदाहरण के लिए, एलेक्स बर्जर चला गया
एक रखने के लिए लंबाई विस्तृत करने के लिए
प्रतिक्रिया की निरंतर धारा
आ रहा। याद कीजिए कि उनके पहले के दौरान
करियर को गंभीरता से लेने का वर्ष
टेलीविजन लेखन में पूंजी, वह था
दो पायलटों पर काम करना: एक VH1 . के लिए
और दूसरा एक निर्माता के साथ वह मिला
राष्ट्रीय लैम्पून में। दोनों में
मामलों, वह साथ काम कर रहा था

पेशेवर जो संकोच नहीं करेंगे
उसे यह बताने के लिए कि क्या काम कर रहा था
और जो उनके लेखन में नहीं था।
हालांकि वह अब खुद का वर्णन करता है
कुछ हद तक "अपमानित" के रूप में
लेखन की गुणवत्ता वह डाल रहा था
इस स्तर पर प्रतिक्रिया के लिए बाहर, वह
यह भी मानता है कि निरंतर
और उन्हें मिली कठोर प्रतिक्रिया
उसकी क्षमता के विकास में तेजी लाई।

चरण 5: धैर्य रखें

चार्ली के साथ अपने 2007 के साक्षात्कार में
गुलाब, यहाँ है कैसे स्टीव मार्टिन
सीखने के लिए अपनी रणनीति के बारे में बताया
बैंजो: "[मैंने सोचा], अगर मैं रहूं
इसके साथ, फिर एक दिन मेरे पास होगा
चालीस साल से खेल रहे हैं, और
कोई भी जो किसी चीज से चिपक जाता है
चालीस साल के लिए बहुत अच्छा होगा
यह।"
मेरे लिए, यह एक अभूतपूर्व है
धैर्य का प्रदर्शन। सीखना
क्लॉहैमर बैंजो कठिन है, और
इस वजह से, मार्टिन तैयार था
भविष्य में चालीस साल देखने के लिए
अदायगी के लिए—की मान्यता
मेहनत के निराशाजनक महीने
और औसत दर्जे का आगे खेल रहा है। उसके में
संस्मरण, मार्टिन इस पर व्याख्या करता है
विचार जब वह चर्चा करता है
उसके लिए "परिश्रम" का महत्व
मनोरंजन में सफलता
व्यापार। मजे की बात यह है कि
मार्टिन शब्द को फिर से परिभाषित करता है ताकि

यह ध्यान देने के बारे में कम है
आपकी मुख्य खोज, और इसके बारे में और अधिक
दूसरों की उपेक्षा करने की आपकी इच्छा
रास्ते में आने वाली खोज
आपको विचलित करने के लिए। के लिए अंतिम चरण
अपने लिए जानबूझकर अभ्यास लागू करना
कामकाजी जीवन इस शैली को अपनाना है
लगन।
तर्क निम्नानुसार काम करता है:
पूंजी प्राप्त करने में समय लग सकता है। के लिये
एलेक्स, इसमें लगभग दो साल लग गए
पहले गंभीर जानबूझकर अभ्यास
उनकी पहली टेलीविजन स्क्रिप्ट थी
उत्पादित। माइक जैक्सन आधा था
कॉलेज से पहले दशक
अपनी राजधानी में उतरने के लिए नकद a
मनचाही नौकरी।
यही कारण है कि मार्टिन का परिश्रम है
इतना महत्वपूर्ण: इस रोगी के बिना
चमकदार नए को अस्वीकार करने की इच्छा
पीछा, आप अपने प्रयासों को पटरी से उतार देंगे
इससे पहले कि आप पूंजी प्राप्त करें आप
जरुरत। मुझे लगता है कि मार्टिन की छवि
परसों अपने बैंजो में लौटना
दिन, चालीस साल के लिए, मार्मिक है। यह
करियर कैसा है, इस बारे में अच्छी तरह से महसूस करता है
पूंजी वास्तव में अर्जित की जाती है: आप
अपने आप को खींचो, दिन-ब-दिन,
महीने दर महीने, अंत से पहले
ऊपर देख रहे हैं और महसूस कर रहे हैं, "अरे, मैंने"
बहुत अच्छे बन जाते हैं, और लोग हैं
नोटिस करना शुरू कर रहा है।

नियम # 1 पारंपरिक पर लिया गया
लोग कैसे समाप्त होते हैं इसके बारे में ज्ञान

वे जो करते हैं उससे प्यार करते हैं। यह तर्क दिया कि
जुनून परिकल्पना, जो कहती है
कि आपके काम से प्यार करने की कुंजी है
किसी नौकरी को पहले से मौजूद से मिलाने के लिए
जुनून, बुरी सलाह है। थोड़ा है
सबूत है कि ज्यादातर लोगों के पास पहले से मौजूद जुनून है
खोजा, और विश्वास किया कि
एक जादुई सही काम गुप्त है
वहाँ अक्सर पुरानी हो सकती है
नाखुशी और भ्रम जब
कामकाजी दुनिया की हकीकत
इस सपने को पूरा करने में विफल।
नियम #2 से निपटने वाला पहला था
प्राकृतिक अनुवर्ती प्रश्नः यदि
"अपने जुनून का पालन करें" बुरा है
सलाह, आपको क्या करना चाहिए
बजाय? यह तर्क दिया कि लक्षण
जो महान कार्य को परिभाषित करते हैं वे दुर्लभ हैं और
कीमती। अगर आप चाहते हैं इन गुणों में
आपका अपना जीवन, आपको दुर्लभ चाहिए और
बदले में देने के लिए मूल्यवान कौशल। मैं
इन दुर्लभ और मूल्यवान कौशलों को कहा जाता है
कैरियर पूंजी, और नोट किया कि
निर्माण कार्य की नींव
आप प्यार करते हैं एक बड़ा स्टोर प्राप्त कर रहे हैं
इस राजधानी का।
इसे ध्यान में रखते हुए, हमने अपना
पूंजी की इस प्रक्रिया पर ध्यान दें
अधिग्रहण। मैंने तर्क दिया कि यह है
शिल्पकार को अपनाना महत्वपूर्ण
मानसिकता, जहाँ आप ध्यान केंद्रित करते हैं
अथक रूप से आप किस मूल्य पर हैं
दुनिया की पेशकश। यह खड़ा है
बहुत अधिक के विपरीत

सामान्य जुनून मानसिकता, जो
क्या आपने केवल किस मूल्य पर ध्यान केंद्रित किया है
दुनिया आपको दे रही है।
शिल्पकार मानसिकता के साथ भी,
हालांकि, "इतने अच्छे वे" बनना
आपकी उपेक्षा नहीं कर सकता" तुच्छ नहीं है। प्रति
मैंने इन प्रयासों में मदद की
जानबूझकर की अच्छी तरह से अध्ययन की गई अवधारणा
अभ्यास, काम करने का एक तरीका
जहां आप जानबूझ कर अपने को फैलाते हैं
आप जहां हैं उससे परे क्षमताएं
आराम से और फिर प्राप्त करें
आप पर निर्मम प्रतिक्रिया
प्रदर्शन। संगीतकार, एथलीट,
और शतरंज के खिलाड़ी इसके बारे में सब कुछ जानते हैं
विचारपूर्वक अभ्यास। ज्ञान
हालांकि, कार्यकर्ता नहीं करते हैं। ये है
ज्ञान कार्यकर्ताओं के लिए अच्छी खबर:
यदि आप इस रणनीति को पेश कर सकते हैं
अपने कामकाजी जीवन में आप तिजोरी कर सकते हैं
अपने अधिग्रहण में अपने साथियों को पीछे छोड़ दें
कैरियर पूंजी की।

8

द ड्रीम-जॉब अमृत

जिसमें मेरा तर्क है कि नियंत्रण
आप क्या करते हैं, और आप इसे कैसे करते हैं, है
आप के सबसे शक्तिशाली लक्षणों में से एक
काम बनाते समय हासिल कर सकते हैं
आप प्यार करते हैं।
द मिस्टीरियस रेड फायर अपील
जब रयान वोइलैंड ने स्नातक किया
2000 में एक आइवी लीग के साथ कॉलेज
डिप्लोमा हाथ में है, उन्होंने फॉलो नहीं किया
उसके सहपाठियों को बड़े शहर में
बैंक या प्रबंधन
परामर्श। इसके बजाय उसने किया
कुछ अप्रत्याशित: उसने खरीदा
खेत रयान का रकबा है
ग्रैनबी, मैसाचुसेट्स, एक छोटा
केंद्र में छह हजार का शहर
राज्य के, दक्षिण से दूर नहीं
एमहर्स्ट। भूमि की गुणवत्ता
Granby मिश्रित है—यह बहुत दूर पूर्व की ओर है
कनेक्टिकट नदी से
नदी तक पहुंच की गारंटी
घाटी की सबसे अच्छी मिट्टी- लेकिन रयान स्टिल
विभिन्न प्रकार के फलों को सहलाने में कामयाब रहे

और उसके प्लॉट से सब्जियां। वह
नवेली चिंता को लाल कहा जाता है
आग फार्म।
जब मैं मई 2011 में आया था
रेड फायर, रयान में एक दिन बिताएं, जो
अब अपनी पत्नी के साथ काम कर रहा है,
सारा, के पास सत्तर एकड़ जैविक थी
खेती के तहत उत्पादन। थोक
रेड फायर के राजस्व से आता है
उनके समुदाय समर्थित
कृषि (सीएसए) कार्यक्रम, में
कौन से ग्राहक एक शेयर के लिए भुगतान करते हैं
पर खेत के उत्पादन का
बढ़ते मौसम की शुरुआत
और फिर उनकी उपज उठाओ
हर सप्ताह वितरण स्टैंडों पर
पूरे राज्य में। 2011 में,
कार्यक्रम में लगभग 1,300 सीएसए था
ग्राहक और मुड़ना शुरू कर दिया था
लोग दूर-वहाँ और भी था
मांग की तुलना में वे पूरा कर सकते हैं।
दूसरे शब्दों में, रेड फायर फार्म है
एक सफलता, लेकिन यह वह नहीं है जो आकर्षित करता है
मुझे ग्रैनबी के लिए। मैंने एक खर्च करने की व्यवस्था की
एक के लिए रयान और सारा के साथ दिन
अधिक व्यक्तिगत कारण: मैं चाहता था
पता करें कि उनकी जीवनशैली ऐसी क्यों थी
आकर्षक।
स्पष्ट करने के लिए, मैं अकेला नहीं हूँ
रेड फायर द्वारा प्रवेश किया। यह है एक
प्रशंसकों के साथ खेत। जब रयान और
सारा ने विशेष आयोजनों की व्यवस्था की
साल भर के लिए एक रात का खाना
गर्मियों का जश्न मनाएं स्ट्रॉबेरी

फसल, उदाहरण के लिए, या उनका पतन
कद्दू त्योहार - वे जल्दी से बेचते हैं
बाहर। अपनी अंतिम यात्रा के दौरान I
एक अधेड़ उम्र की महिला को सुना
उसकी सहेली से कहो, "मैं सिर्फ रयान से प्यार करती हूँ और
सारा "- और मुझे पूरा यकीन है कि वे करेंगे
वास्तव में कभी नहीं मिले। के विचार
रयान और सारा, और उनका क्या?
जीवन शैली का प्रतिनिधित्व करता है, के लिए पर्याप्त था
उसे Granby के लिए आकर्षित करें।
यह अपील, निश्चित रूप से जाती है
सिर्फ रेड फायर से परे। का सपना
खेत शुरू करने के लिए चूहे की दौड़ छोड़कर,
या अन्यथा के साथ सद्भाव में रहते हैं
भूमि, की बारहमासी कल्पना है
क्यूबिकल-बाउंड। हाल के वर्षों में,
न्यूयॉर्क टाइम्स, उदाहरण के लिए,
कहने का महान खेल बना दिया है
पूर्व बैंकरों की कहानी जो आगे बढ़ते हैं
खेतों को शुरू करने के लिए वरमोंट (कहानियां जो
आमतौर पर बैंकर के साथ समाप्त होता है
फिसलता हुआ घर, कीचड़ से सना हुआ टोपी
हाथ)। काम करने के बारे में कुछ
बाहर, सूरज आपकी पीठ पर, नहीं
दृष्टि में कंप्यूटर स्क्रीन, is
निर्विवाद रूप से आकर्षक। लेकिन क्यों?
इस प्रश्न ने मेरी यात्रा को प्रेरित किया
रेड फायर को। मेरे हिलने की संभावना नहीं थी
देश के लिए, लेकिन अगर मैं कर सकता
अंतर्निहित लक्षणों को अलग करें
मुझे इस जीवन शैली की ओर आकर्षित किया, I
तर्क दिया, मैं शायद तब कर सकता था
इनमें से कुछ लक्षणों को एकीकृत करें
शहर में मेरा अपना जीवन। अन्य में

शब्द, इस अपील का पता लगाना
मेरी खोज में एक महत्वपूर्ण लक्ष्य बन गया
समझें कि लोग कैसे समाप्त होते हैं
वे जो करते हैं उससे प्यार करते हैं। तो मैंने लिखा
रयान और सारा और पूछा कि क्या मैं
उनका अनुसरण करते हुए एक दिन बिता सकते हैं
चारों ओर। एक बार जब वे सहमत हो गए, तो मैंने पैक किया
मेरी नोटबुक ऊपर, मेरी धूल झाड़ दी
काम के जूते, और पश्चिम से बाहर निकल गए
बोस्टन के: मैं एक मिशन पर था
रेड फायर कोड को क्रैक करें।रेड फायर कोड को क्रैक करना
मेरी यात्रा में बहुत समय नहीं है, मैं शामिल हुआ
दोपहर के भोजन के लिए रयान और सारा
फार्महाउस उनकी रसोई छोटी थी
लेकिन अच्छी तरह से इस्तेमाल किया, के साथ पैक
रसोई की किताबें और हाथ से लेबल वाली जड़ी-बूटी
जार उन्होंने बीन सैंडविच परोसा,
स्थानीय नौ-अनाज की रोटी पर खुला चेहरा
और मोटे कटे हुए चेडर के साथ सबसे ऊपर।
जैसे ही हमने खाया, मैंने रयान से पूछा कि वह कैसा है
एक पूर्णकालिक बन गया
किसान। मुझे लगा कि अगर मैं चाहता हूं
समझें कि उसके जीवन को क्या बनाया
आज आकर्षक, मुझे सबसे पहले चाहिए
समझें कि वह यहां कैसे पहुंचा।
जैसा कि आपने नियम # 1 में देखा था
और इस पुस्तक का #2, इस बिंदु तक
मेरी खोज मैंने विकसित की थी a
कैसे पर अपरंपरागत सिद्धांत
लोग जो करते हैं उससे प्यार करते हैं।
मैंने नियम # 1 में तर्क दिया कि "अनुसरण करें"
आपका जुनून ”बुरी सलाह है, जैसा कि
अधिकांश लोगों के पास नहीं है
पहले से मौजूद जुनून होने की प्रतीक्षा कर रहे हैं

एक नौकरी की खोज और मिलान किया। में
नियम #2, फिर मैंने इसका विरोध किया
सम्मोहक करियर वाले लोग
इसके बजाय अच्छा प्राप्त करके शुरू करें
कुछ दुर्लभ और मूल्यवान-
निर्माण जिसे मैंने "करियर" कहा
पूंजी" - और फिर इसमें भुनाना
उन लक्षणों के लिए पूंजी जो महान बनाते हैं
बढ़िया काम करो। इस समझ में,
में सही काम ढूँढना
सही काम करने का महत्व। जैसा
दोपहर के भोजन पर रयान ने मुझे अपनी कहानी सुनाई, I
यह जानकर प्रसन्नता हुई कि उनका जीवन
का एक शानदार केस स्टडी प्रदान करता है
कार्रवाई में ये विचार।
शुरू करने के लिए, मैं जोर दूंगा कि रयान
में अपने जुनून का पालन नहीं किया
खेती। इसके बजाय, कई लोगों की तरह
जो अंत में वे जो करते हैं उससे प्यार करते हैं, वह
अपने पेशे में ठोकर खाई, और
फिर पाया कि के लिए उनका जुनून
उनके साथ काम बढ़ा
विशेषज्ञता। रयान ग्रैनबी में बड़ा हुआ,
लेकिन किसान परिवार से नहीं है।
"बड़े होकर, मेरे पास बहुत कम जोखिम था
पेशेवर विकास के लिए," वह
व्याख्या की। मध्य विद्यालय में, रयान
एक सार्वभौमिक हित के लिए तैयार किया गया था:
अतिरिक्त खर्च नकद बनाना। इस
उद्यमशीलता की लकीर ने उन्हें एक
योजनाओं की श्रृंखला, एक पर लेने से
डिब्बे इकट्ठा करने के लिए कागजी मार्ग
स्थानीय पुनर्चक्रण केंद्र। उसके
व्यापार सफलता, तथापि,

आया जब उसने इकट्ठा करना शुरू किया
जंगली ब्लूबेरी और उन्हें बेचना
गत्ते का डिब्बा द्वारा। "मैंने एक छाता लगाया
सड़क के बगल में," उसने मुझसे कहा, "और
अपना पहला फार्म स्टैंड शुरू किया।" इस,
उसने खोजा, यह करने का एक अच्छा तरीका था
एक पैसा बनाओ।
रायन जंगली चुने हुए जामुन से अतिरिक्त बेचने के लिए उन्नत हुआ
अपने माता-पिता के पिछवाड़े से उपज
बगीचा। बढ़ाने के लिए देख रहे हैं
राजस्व, फिर उन्होंने अपने माता-पिता से बात की
उसे उनका अधिकार लेने देने में
बगीचा। "मेरे पिताजी की तुलना में अधिक था"
उस व्यवस्था से खुश, ”वह
याद करते हैं यह यहाँ था कि रयान
करियर को लेकर गंभीर होने का लिया फैसला
पूंजी अधिग्रहण। "मैंने पढ़ा
बढ़ने के बारे में सब कुछ I
मेरे हाथ मिल सकते हैं ... अरबों
अलग-अलग चीजें, ”उन्होंने मुझे बताया। जल्दी
उसने अपने माता-पिता के बगीचे का विस्तार किया
अधिकांश पिछवाड़े को कवर करें,
द्वारा कम्पोस्ट लाना
उपज बढ़ाने के लिए ट्रक लोड।
जब तक रयान उच्च स्तर पर था
स्कूल वह दस एकड़ किराए पर ले रहा था
एक स्थानीय किसान से और गर्मियों के दौरान अंशकालिक सहायता किराए पर लेना
फसल काटना। उसने से कर्ज लिया था
मैसाचुसेट्स फार्म सर्विसेज
की खरीद के वित्तपोषण के लिए एजेंसी
एक पुराना ट्रैक्टर और उसका विस्तार किया
अपने खेत से परे व्यापार करने के लिए
एक किसान बाजार में भी बेचते हैं और to
थोक की एक छोटी संख्या

ग्राहक। उच्च स्नातक करने के बाद
स्कूल, रयान रवाना हो गया
कॉर्नेल कृषि महाविद्यालय
डिग्री के साथ अपने कौशल को और निखारें
फल और सब्जी बागवानी में-
में सप्ताहांत पर घर लौट रहा है
अपने किराए के खेत रखने का आदेश
स्वस्थ।यहाँ मेरे बारे में क्या मारा गया है
रयान की कहानी: उसने अभी फैसला नहीं किया
एक दिन वह भावुक हो गया
उत्पादन के बारे में और फिर
साहसपूर्वक आगे बढ़ें
ग्रामीण इलाकों में खेती शुरू करने के लिए।
इसके बजाय, जब तक उन्होंने
में पूर्णकालिक खेती में उतरें
2001, जब उन्होंने अपनी पहली जमीन खरीदी,
वह बड़ी मेहनत से हासिल कर रहा था
ए . के करीब के लिए प्रासंगिक कैरियर पूंजी
दशक। यह कम सेक्सी हो सकता है
अपने छोड़ने के दिवास्वप्न की तुलना में
दिन का काम एक दिन और फिर जागना
अगले मुर्गे के कौवे तक,
लेकिन यह उससे मेल खाता है जो मैं लगातार करता हूं
शोध करते समय पाया
पिछले दो नियम: आपको प्राप्त करना होगा
इससे पहले कि आप अच्छे की उम्मीद कर सकें, अच्छा
काम।
जैसे ही दोपहर का भोजन समाप्त हुआ, मेरे पास था
रेड फायर इतिहास सीखा, लेकिन मैं
अभी भी स्पष्ट नहीं था कि वास्तव में क्या है
अपनी उपस्थिति को इतना आकर्षक बना दिया। जैसा
हम खेत का दौरा करने के लिए रसोई से निकले,
हालांकि, एक अंतर्दृष्टि शुरू हुई
विकास करना। मैंने देखा कि रयान के रूप में

उसकी फसलों के बारे में बताया, उसका बहुत कुछ
प्रारंभिक युद्धाभ्यास दूर हो गया। रयान is
संकोची। जब वो सामने बात करता है
भीड़, वह जल्दी करने के लिए जाता है
पूरा करने के लिए वाक्य, जैसे कि
बाधित करने के लिए खेद है। परंतु
एक बार वह अपनी खेती पर जा रहा था
रणनीतियों, अंतर की व्याख्या
Merrimack रेतीले दोमट और . के बीच
पैक्सटन गाद दोमट, उदाहरण के लिए, या
के लिए उनकी नई निराई रणनीति
गाजर के बिस्तर, उसकी शर्म ने रास्ता दिया
एक शिल्पकार के उत्साह के लिए
कौन जानता है कि वह क्या कर रहा है और
लगाने का विशेषाधिकार दिया गया है
काम करने के लिए यह ज्ञान।
मैंने इसी तरह का उत्साह देखा
सारा जब उसने उससे चर्चा की
खेत के सीएसए के प्रबंधन के प्रयास
कार्यक्रम और सार्वजनिक छवि। कब
सारा ग्रांबी में रयान से जुड़ीं
2007, वह पहले से ही एक वकील थी
जैविक खेती और दोनों के लिए
समुदाय समर्थित कृषि।
उसने पर्यावरण का अध्ययन किया था
वासर में नीति, जहां वह
कॉलेज के पर ठोकर खाई
पॉफकीप्सी फार्म प्रोजेक्ट सीएसए।
प्रेरित होकर, उसने अपना छोटा सीएसए कार्यक्रम शुरू किया
स्नातक, पास के Stafford . में
स्प्रिंग्स, कनेक्टिकट। आ रहा है
रेड फायर ने सारा को दिया
इन्हें बढ़ावा देने का अवसर
बड़े पैमाने पर विश्वास-ए

चुनौती वह स्पष्ट रूप से पसंद करती है।
यह, मुझे एहसास हुआ, यही है
लाल आग के बारे में इतना आकर्षक
जीवन शैली: नियंत्रण। रयान और सारा
अपना (व्यापक) करियर निवेश किया
पूंजी पर नियंत्रण पाने के लिए
वे क्या करते हैं और कैसे करते हैं।
उनका कामकाजी जीवन आसान नहीं है—अगर
मैंने अपनी यात्रा से कुछ भी सीखा
लाल आग, यह है कि खेती एक
जटिल और तनावपूर्ण खोज-
लेकिन उनका जीवन उनका अपना है
प्रत्यक्ष, और वे इस पर अच्छे हैं। में
दूसरे शब्दों में, रेड फायर अपील है
में बाहर काम करने के बारे में नहीं
सूरज—किसानों के लिए, मैंने सीखा,
मौसम लड़ाई के लिए कुछ है, नहीं
मजा लेना। और यह पाने के बारे में नहीं है
कंप्यूटर स्क्रीन से दूर-
रेयान पूरी सर्दी एक्सेल का उपयोग करके बिताता है
अपने फसल बिस्तरों की योजना बनाने के लिए स्प्रेडशीट,
जबकि सारा एक स्वस्थ हिस्सा खर्च करती है
प्रत्येक दिन खेत का प्रबंधन
कार्यालय के कंप्यूटर पर संचालन।
इसके बजाय, यह स्वायत्तता है जो आकर्षित करती है
ग्रैनबी समूह: रयान और
सारा उन पर एक सार्थक जीवन जीती हैं
खुद की शर्तें।
जैसा कि मैं आगे तर्क दूंगा, नियंत्रण नहीं है
सिर्फ रयान और सारा का स्रोत
अपील, लेकिन यह एक हो जाता है
सबसे सार्वभौमिक रूप से महत्वपूर्ण लक्षण
जिसे आप अपने साथ प्राप्त कर सकते हैं
करियर पूंजी—कुछ तो

शक्तिशाली और इतना आवश्यक
उस काम की तलाश जो मुझे पसंद है
इसे ड्रीम-जॉब कहने के लिए लिया गया
अमृत नियंत्रण की शक्ति
रयान और सारा के ढेर हैं
उनके कामकाजी जीवन में नियंत्रण, और
यही लाल आग बनाता है
जीवन शैली इतनी आकर्षक। की अपील
नियंत्रण, तथापि, तक सीमित नहीं है
किसान। दशकों का वैज्ञानिक
अनुसंधान ने इस विशेषता की पहचान की है
सबसे महत्वपूर्ण में से एक जो आप कर सकते हैं
खुशियों की तलाश में पीछा करना,
अधिक सफल, और अधिक
सार्थक जीवन। डैन पिंक की 2009
बेस्टसेलिंग बुक ड्राइव, के लिए
उदाहरण, चक्करदार सरणी की समीक्षा करता है
नियंत्रण के विभिन्न तरीकों से
लोगों के सुधार के लिए पाया गया
ज़िंदगियाँ।
1 जैसा कि गुलाबी सारांशित करता है
साहित्य, अधिक नियंत्रण की ओर जाता है
बेहतर ग्रेड, बेहतर खेल
प्रदर्शन, बेहतर उत्पादकता,
और अधिक खुशी।
ऐसे ही एक अध्ययन में, में उल्लेख किया गया है
पिंक की किताब, कॉर्नेल के शोधकर्ता
तीन सौ से अधिक छोटे . का अनुसरण किया
व्यवसाय, जिनमें से आधा केंद्रित
अपने कर्मचारियों को नियंत्रण देने पर
और जिनमें से आधा नहीं था।
नियंत्रण-केंद्रित व्यवसायों में वृद्धि हुई
उनके की दर से चार गुना
समकक्ष। एक अन्य अध्ययन में,

जो मैंने अपने ज़माने में पाया
अनुसंधान, स्वायत्तता देना
मध्य विद्यालय के शिक्षक
संघर्षरत स्कूल जिला ही नहीं
उस दर में वृद्धि की जिस पर
शिक्षकों को पदोन्नत किया गया था, लेकिन यह भी,
शोधकर्ताओं के आश्चर्य के लिए,
नीचे की ओर उलट गया
उनके प्रदर्शन की प्रवृत्ति
छात्र।
2
यदि आप शक्ति का निरीक्षण करना चाहते हैं
में नियंत्रण के करीब
कार्यस्थल, कंपनियों की ओर देखो
एक क्रांतिकारी नए दर्शन को अपनाना
परिणाम-केवल कार्य कहा जाता है
पर्यावरण (या, ROWE, for .)
कम)। एक ROWE कंपनी में, सभी
जो मायने रखता है वह है आपका परिणाम। कब
आप काम पर आते हैं और कब
जब तुम छुट्टी लेते हो,
और आप कितनी बार ई-मेल चेक करते हैं
सभी अप्रासंगिक। वे इसे छोड़ देते हैं
कर्मचारी जो कुछ भी पता लगाने के लिए
महत्वपूर्ण पाने के लिए सबसे अच्छा काम करता है
चीजें की। "कोई परिणाम नहीं, कोई नौकरी नहीं:
यह इतना आसान है," ROWE के रूप में
समर्थक कहना पसंद करते हैं।
यदि आप इसके लिए व्यावसायिक मामला पढ़ते हैं
ROWE, ऑनलाइन उपलब्ध है, आप पाते हैं
उदाहरण के बाद उदाहरण
कर्मचारियों को नियंत्रण से मुक्त किया गया।
3 अत
बेस्ट बाय का कॉर्पोरेट मुख्यालय,

उदाहरण के लिए, वे टीमें जो
कार्यान्वित ROWE ने दर देखी
जिसे लोगों ने तक गिरा दिया
90 प्रतिशत। "मैं रो से प्यार करता हूँ
वातावरण...। वह मुझे एहसास करवाता है
जैसे मैं अपने भाग्य के नियंत्रण में हूं, "
एक बेस्ट बाय कर्मचारी ने कहा।
गैप के मुख्यालय में,
एक ROWE पायलट अध्ययन में कर्मचारी
उनकी खुशी मिली और
प्रदर्शन में सुधार हुआ। "मैं कभी नहीं किया है
मेरे कर्मचारियों को खुश देखा, ”कहा
एक प्रबंधक। एक गैर-लाभकारी पर
रेडलैंड्स, कैलिफ़ोर्निया में संगठन
- गले लगाने वाला पहला गैर-लाभकारी
रो-80 प्रतिशत
कर्मचारियों ने अधिक महसूस करने की सूचना दी
लगे हुए हैं जबकि 90 प्रतिशत से अधिक
सोचा कि इसने उनके जीवन को बेहतर बना दिया है:
जो लगभग सार्वभौमिक के करीब है
किसी कार्य में समझौता संभव है
स्थापना। और ये कुछ ही हैं
कई के बीच उदाहरण।
आप जितना अधिक समय व्यतीत करेंगे
शोध साहित्य पढ़ना,
और अधिक स्पष्ट हो जाता है: देना
लोग किस पर अधिक नियंत्रण रखते हैं
वे करते हैं और वे इसे कैसे करते हैं
उनकी खुशियों को बढ़ाता है,
सगाई, और की भावना
पूर्ति। तो कोई आश्चर्य नहीं,
कि जब आप अपने
सपनों की नौकरियों का मानसिक रोलोडेक्स,
नियंत्रण अक्सर उनके मूल में होता है

अपील करना। पूरे नियम #3 के लिए
उदाहरण के लिए, आप a . में लोगों से मिलेंगे
विभिन्न क्षेत्रों की विविधता जो
एक कामकाज बनाने के लिए नियंत्रित नियंत्रण
जीवन वे प्यार करते हैं। उनमें से एक है
फ्रीलांस कंप्यूटर प्रोग्रामर
जो धूप का आनंद लेने के लिए काम छोड़ देता है
दिन, एक चिकित्सा निवासी जिसने ए . लिया
अपने अभिजात वर्ग से दो साल की छुट्टी
रेजीडेंसी कार्यक्रम शुरू करने के लिए a
कंपनी, और एक प्रसिद्ध
उद्यमी जिसने दे दिया अपना
लाखों और अपनी संपत्ति बेच दी
एक भाररहित, ग्लोबट्रोटिंग अस्तित्व को अपनाएं। ये उदाहरण
सभी का जीवन बहुत अच्छा है, और जैसा आप करेंगे
सीखें, वे सभी बनाने के लिए नियंत्रण का उपयोग करते हैं
उन्हें।
संक्षेप में, यदि आपका लक्ष्य to . है
आप जो करते हैं उससे प्यार करें, आपका पहला कदम है
करियर पूंजी हासिल करने के लिए। आपका अगला
इस पूंजी को निवेश करने के लिए कदम है
लक्षण जो महान कार्य को परिभाषित करते हैं।
नियंत्रण सबसे अधिक में से एक है
महत्वपूर्ण लक्ष्य जिन्हें आप चुन सकते हैं
इस निवेश के लिए। हासिल करना
नियंत्रण, हालांकि, हो सकता है
उलझा हुआ। यही कारण है कि मैंने
शेष नियम #3 . को समर्पित किया
इस लक्ष्य को। आगे के अध्यायों में,
आप मेरी खोज पर मेरा अनुसरण करेंगे
इस चंचल विशेषता के बारे में और जानें।

9

पहला नियंत्रण जाल

जिसमें मैं पहला परिचय देता हूं
नियंत्रण जाल, जो चेतावनी देता है कि यह है
अधिक नियंत्रण का पीछा करने के लिए खतरनाक
आपके सामने आपके कामकाजी जीवन में
एर इन . के लिए कैरियर पूंजी है
लेन देन।
जेन की साहसिक दृष्टि
जेन के महत्व को समझता है
नियंत्रण। वह एक प्रतिभाशाली छात्रा थी
जिसने शीर्ष-एक-प्रतिशत अंक अर्जित किए
उसके मानकीकृत परीक्षणों पर और
एक प्रतिस्पर्धी विश्वविद्यालय में भाग लिया,
लेकिन वह भी नाखुश थी
से एक पारंपरिक मार्ग का अनुसरण
कॉलेज और एक स्थिर, अच्छी तनख्वाह वाली नौकरी में। उसके जीवन के लिए उसकी दृष्टि
अधिक विदेशी था। एक शौकिया के रूप में
एथलीट जो कभी बाइक की सवारी करता था
दान के लिए देश और
आयरनमैन ट्रायथलॉन में भाग लिया,
उसने एक और साहसी कल्पना की
भविष्य। जीवन योजना की एक प्रति
मुझे भेजा का लक्ष्य शामिल है
दुनिया की परिक्रमा

महासागरों और मोटर के बिना यात्रा
हर महाद्वीप में शक्तिः
"ऑस्ट्रेलिया (यूनीसाइकिल से?)...
अंटार्कटिका (कुत्ते की स्लेज द्वारा?)।" सूची
अधिक विलक्षण लक्ष्य भी शामिल हैं,
जैसे जंगल में जीवित रहना
"बिना किसी उपकरण या उपकरण के" के लिए
एक महीना, और सीखना कि कैसे
अग्नि शमन बनो।
इस साहसिक जीवन को वित्तपोषित करने के लिए,
उसकी योजना कॉल, अस्पष्ट रूप से, उसके लिए
"कम रखरखाव का एक सेट बनाएं"
वेबसाइटें जो बार-बार कमाती हैं
पर गतिविधियों का समर्थन करने के लिए पर्याप्त
यह सूची।" उसका लक्ष्य इसे प्राप्त करना था
प्रति माह $3,000 तक का राजस्व,
जिसे उसने पर्याप्त माना
अपने बुनियादी खर्चों को संभालने के लिए।
आखिरकार, उसने लाभ उठाने की योजना बनाई
इन अनुभवों को "विकसित करना"
मेरी दृष्टि को विकसित करने के लिए गैर-लाभकारी
स्वास्थ्य, मानव क्षमता, और एक जीवन
अच्छी तरह से रहते थे।"
पहली नज़र में, जेन हो सकता है
आपको रयान और सारा की याद दिलाते हैं
रेड फायर फार्म से वह
मान्यता प्राप्त है कि नियंत्रण प्राप्त करना
उसका जीवन बस और अधिक प्राप्त कर रहा है
आय या प्रतिष्ठा। रयान की तरह
खेत के लिए अपने डिप्लोमा में व्यापार,
इस अहसास ने उसे हिम्मत दी
एक सुरक्षित करियर पथ से हटने के लिए और
इसके बजाय अधिक सम्मोहक का पीछा करें
अस्तित्व। लेकिन रयान और के विपरीत

सारा, जेन की योजनाएँ लड़खड़ा गईं। जल्दी
हमारे मिलने के बाद, उसने खुलासा किया कि उसे
नियंत्रण के आलिंगन ने उसे ले लिया था
एक चरम निर्णय: बाहर छोड़ना
कॉलेज का। उसे ज्यादा समय नहीं लगा
एहसास है कि सिर्फ इसलिए कि तुम हो
एक निश्चित जीवन शैली के लिए प्रतिबद्ध
इसका मतलब यह नहीं है कि आप लोगों को ढूंढ लेंगे
जो समर्थन करने के लिए प्रतिबद्ध हैं
तुम।
"मौजूदा समस्या वित्तीय है"
स्वतंत्रता, "उसने मुझे बताया। "बाद में
कॉलेज छोड़कर, मैंने विभिन्न शुरू किया
व्यवसायों, और लॉन्च किए गए फ्रीलांस
और ब्लॉग प्रोजेक्ट, लेकिन खो गए
पहले जारी रखने की प्रेरणा
पर्याप्त परिणाम आए।" में से एक
ये प्रयोग, एक ब्लॉग कि वह
की नींव बनने की उम्मीद
आवर्तक राजस्व का उसका साम्राज्य
पीढ़ी, विशेष रुप से केवल तीन
नौ महीने में पोस्ट
जेन ने खोजी थी एक कड़वी सच्चाई
वास्तविक दुनिया का: यह वास्तव में कठिन है
लोगों को आपको देने के लिए मनाएं
पैसे। "मैं सहमत हूं कि यह होगा
my . का विकास जारी रखने के लिए आदर्श
दृष्टि, "उसने स्वीकार किया। "हालांकि, मैं
खाने के लिए भी पैसे की जरूरत है।"
बिना कॉलेज की डिग्री के भी
उसका नाम, इस पैसे को ढूँढना था
मुश्किल साबित हो रहा है। करने के लिए एक प्रतिबद्धता
अंटार्कटिका भर में कुत्ते पालने, it
पता चला, a . पर अच्छी तरह से नहीं पढ़ता है

फिर शुरू करना।नियंत्रण के लिए पूंजी की आवश्यकता है
नियंत्रण मोहक है। मैं के रूप में
रेड फायर फार्म में खोजा गया, यह
विशेषता सपनों की नौकरियों के प्रकार को परिभाषित करती है
जो क्यूबिकल निवासियों को ऊपर रखता है
रात। यह अपील थी कि
जेन को उसे छोड़ने के लिए मना लिया
एक छात्र के रूप में आरामदायक जीवन और
साहसिक कार्य करना। ऐसा करने में,
हालांकि, वह एक जाल में गिर गई कि
उनकी तलाश में कई लोगों को धमकाता है
नियंत्रण:
पहला नियंत्रण जाल
नियंत्रण जो हासिल किया गया है
कैरियर पूंजी के बिना नहीं है
टिकाऊ।
नियम #2 में, मैंने विचार प्रस्तुत किया
वह करियर पूंजी नींव है
आप जिस काम से प्यार करते हैं उसे बनाने के लिए। आप
पहले इस पूंजी को उत्पन्न करना चाहिए
कुछ दुर्लभ में अच्छा बनना
और मूल्यवान, मैंने तर्क दिया, फिर निवेश करें
यह उन लक्षणों में है जो महान बनाने में मदद करते हैं
बढ़िया काम करो। पिछले अध्याय में, I
तर्क दिया कि नियंत्रण इनमें से एक है
सबसे मूल्यवान लक्षण जो आप निवेश कर सकते हैं
में। जेन ने दूसरे भाग को मान्यता दी
इस तर्क का: नियंत्रण है
ताकतवर। लेकिन वह दुर्भाग्य से
पहले भाग को छोड़ दिया-आपको चाहिए
पेशकश करने के लिए कुछ मूल्यवान
इस शक्तिशाली विशेषता के लिए वापसी। में
दूसरे शब्दों में, उसने प्राप्त करने की कोशिश की
किसी भी पूंजी की पेशकश के बिना नियंत्रण

बदले में, और एक मात्र . के साथ समाप्त हुआ
वास्तविक स्वायत्तता की छाया। रायन ऑफ़
इसके विपरीत, रेड फायर फार्म से बचा गया
एक दशक का निर्माण करके यह जाल
प्रासंगिक कैरियर पूंजी का मूल्य
पूरे समय में गोता लगाने से पहले
खेती।
यह जाल परिचित लग सकता है,
जैसा कि हमने इसका एक उदाहरण पहले देखा था
नियम #2 में, जहां मैंने . की कहानी सुनाई थी
लिसा फ्यूअर। जैसा कि आपको याद होगा, Feuer
मार्केटिंग में अपना करियर छोड़ दिया और
योग व्यवसाय शुरू करने के लिए विज्ञापन,
भले ही उसका एकमात्र प्रशिक्षण
योग एक महीने का प्रमाणन था
पाठ्यक्रम। जेन की तरह, वह चली गई
पूंजी के बिना अधिक नियंत्रण
इसे वापस लें। जेन की तरह यह भी रास्ता
जल्द ही एक कठिन दिशा में मुड़ गया:
एक साल के भीतर, फ्यूअर भोजन पर था
टिकट
जितना अधिक मैंने . के उदाहरणों का अध्ययन किया
नियंत्रण, जितना अधिक मैंने सामना किया
जिन लोगों ने इन्हें बनाया था
गलतियां। उदाहरण के लिए, जेन की कहानी,
से कई में से सिर्फ एक है
बढ़ती जीवन शैली-डिजाइन
समुदाय। इस आंदोलन का तर्क है
कि आपको जीवन जीने की जरूरत नहीं है
अन्य लोगों के नियम। यह प्रोत्साहित करती है
अपने स्वयं के डिजाइन करने के लिए इसके अनुयायी
जीवन के माध्यम से पथ - अधिमानतः एक
यह रोमांचक और जीने के लिए सुखद है।
इसके उदाहरण खोजना आसान है

कार्रवाई में दर्शन, क्योंकि कई
अपने शिष्यों के ब्लॉग के बारे में उनके
शोषण करता है।
उच्च स्तर पर, निश्चित रूप से, वहाँ है
इसमें कुछ भी गलत नहीं है
दर्शन। लेखक टिमोथी
फेरिस, जिन्होंने शब्द गढ़ा
"जीवन शैली डिजाइन," एक शानदार है
अच्छी चीजों का उदाहरण यह
जीवन के प्रति दृष्टिकोण उत्पन्न कर सकता है
(फेरिस के पास पर्याप्त से अधिक है
कैरियर की पूंजी का बैकअप लेने के लिए
साहसिक अस्तित्व)। पर अगर तुम
के ब्लॉग ब्राउज़ करने में समय व्यतीत करें
कम प्रसिद्ध जीवन शैली डिजाइनर,
आप वही लाल नोटिस करना शुरू कर देंगे
बार-बार झंडे गाड़ना : A
इनमें से चिंताजनक रूप से बड़ा अंश
जेन की तरह कॉन्ट्रेरियन, स्किप हो गए
वह हिस्सा जहां वे एक स्थिर का निर्माण करते हैं
उनका समर्थन करने का मतलब है
अपरंपरागत जीवन शैली। वे
मान लें कि साहस पैदा करना
नियंत्रण का पीछा करना क्या मायने रखता है,
जबकि बाकी सब सिर्फ एक विवरण है
जिसे आसानी से सुलझा लिया जाता है।
ऐसा ही एक ब्लॉगर मुझे मिला, to
बीच से एक और उदाहरण दीजिए
कई लोगों ने की उम्र में अपनी नौकरी छोड़ दी
पच्चीस, समझाते हुए, "मुझे खिलाया गया था"
एक 'सामान्य' जीने के साथ
पारंपरिक जीवन, 9-5 के लिए काम करना
आदमी [और] के पास समय नहीं है और
मेरे सच का पीछा करने के लिए थोड़ा पैसा

जुनून ... इसलिए मैंने शुरू किया है
आपको और बाकी लोगों को दिखाने के लिए धर्मयुद्ध
दुनिया कैसे एक औसत जो...
खरोंच से व्यवसाय का निर्माण कर सकते हैं
जीने के लिए समर्पित जीवन का समर्थन करें 'The'
सपना।'" "व्यवसाय" वह
संदर्भित, जैसा कि बहुतों के साथ होता है
लाइफस्टाइल डिजाइनर, उनका ब्लॉग था
जीवन शैली डिजाइनर होने के बारे में। में
दूसरे शब्दों में, उनका एकमात्र उत्पाद था
नहीं होने के बारे में उनका उत्साह
"सामान्य ज़िंदगी। यह एक नहीं लेता है
अर्थशास्त्री इंगित करने के लिए वहाँ नहीं है
बहुत वास्तविक मूल्य वहाँ छिपा हुआ है। या,
हमारी शब्दावली में डाल दिया,
अकेले उत्साह दुर्लभ नहीं है और
मूल्यवान है और इसलिए इसके लायक नहीं है
करियर पूंजी के मामले में बहुत कुछ।
यह लाइफस्टाइल डिजाइनर कर रहा था निवेश
एक मूल्यवान विशेषता में लेकिन नहीं था
इसके लिए भुगतान करने का साधन।
आश्चर्य की बात नहीं, चीजें जल्द ही
इस साथी के ब्लॉग पर धूमिल हो गया।पोस्टिंग के तीन महीने बाद
कैसे करना है के बारे में सप्ताह में कई बार
एक अपरंपरागत जीवन निधि
ब्लॉगिंग के माध्यम से—भले ही वह
खुद कोई पैसा नहीं बना रहा था
अपनी साइट से—कुछ
उनके लेखन में निराशा छा गई। में
एक पोस्ट, वे कहते हैं, स्पष्ट रूप से
झुंझलाहट, "मैंने जो देखा वह है"
[पाठक] आते हैं और चले जाते हैं। मैंने डाल दिया है
द हार्ड याड्र्स, क्वालिटी पोस्ट लिखना
और भयानक लोगों को ढूंढ़ना... लेकिन

काश, [आप] में से बहुत से लोग आते और
जाओ। यह कोशिश करने जितना ही कष्टप्रद है
एक बाल्टी पानी से भरें जिसमें है
इसमें छेद का एक गुच्छा। " वह तो
अपनी दस-सूत्रीय योजना के बारे में विस्तार से बताता है
अधिक स्थिर दर्शकों के निर्माण के लिए।
योजना में "#2" जैसे चरण शामिल हैं।
ऊर्जा लाओ" और "#4.
के साथ अपने पाठकों को स्नान करें
प्रशंसा," लेकिन सूची अभी भी
का सबसे महत्वपूर्ण कदम शामिल नहीं है
सभी: पाठकों को वह सामग्री देना जो वे कर रहे हैं
के लिए भुगतान करने को तैयार। कुछ हफ़्ते
बाद में, ब्लॉग पर पोस्ट बंद हो गईं।
जब तक मैंने इसे पाया, तब तक वहाँ नहीं था
चार से अधिक में एक ही नई पोस्ट रही
महीने।
यह कहानी एक और स्पष्ट प्रदान करती है
पहले नियंत्रण जाल का उदाहरण: यदि
आप बिना नियंत्रण को गले लगाते हैं
पूंजी, आप की तरह समाप्त होने की संभावना है
जेन, लिसा, या हमारे गरीब निराश
लाइफ़स्टाइल डिज़ाइनर—सब का आनंद ले रहे हैं
स्वायत्तता आप संभाल सकते हैं लेकिन
अपने अगले भोजन का खर्च उठाने में असमर्थ।
हालाँकि, यह पहला जाल निकला
क्यों की कहानी का केवल आधा होना
नियंत्रण एक मुश्किल लक्षण हो सकता है
अधिग्रहण करना। जैसा कि मैं अगले में विस्तार से बताऊंगा
अध्याय, आपके पास होने के बाद भी
वास्तविक प्राप्त करने के लिए आवश्यक पूंजी
नियंत्रण, चीजें कठिन बनी रहती हैं, जैसे
यह ठीक इसी बिंदु पर है कि लोग
अपने मूल्य को पहचानना शुरू करें और

आपको रखने के लिए पीछे धकेलना शुरू करें
कम स्वायत्तता में उलझा हुआ
रास्ता।

10

दूसरा नियंत्रण जाल

जिसमें मैं दूसरा परिचय देता हूं
नियंत्रण जाल, जो चेतावनी देता है कि
एक बार जब आपके पास पर्याप्त करियर हो
में अधिक नियंत्रण हासिल करने के लिए पूंजी
आपका कामकाजी जीवन, आप बन गए हैं
आपके नियोक्ता के लिए पर्याप्त मूल्यवान
कि वे आपके प्रयासों से लड़ेंगे
अधिक स्वायत्तता प्राप्त करें।
लुलु क्यों ठुकराता रहता है
प्रोन्नति
लुलु यंग एक सॉफ्टवेयर डेवलपर है
और वह जो करती है उससे प्यार करती है। वह
Roslindale, एक नज़दीकी में रहता है
बोस्टन के उपनगर, एक खूबसूरती से
पुनर्निर्मित डुप्लेक्स। जब मैं उससे मिला
वहाँ 2011 में एक बरसात के वसंत के दिन
काम और नियंत्रण के बारे में बात करने के लिए, वह
पहले थोड़ा प्रोत्साहन की जरूरत थी
अधिक विस्तृत में से एक में गोता लगाना
मेरी अब तक की आत्मकथाएँ
मेरी तलाश में मिला। मैं बता सकता है
आप, उदाहरण के लिए, कि उसने स्कोर किया
5 उसके एपी रसायन विज्ञान परीक्षण में उच्च

स्कूल और वह उसकी पहली नौकरी लैंडिंग
के साथ एक मौका मुठभेड़ शामिल
बर्टुची के संस्थान में एक पुराना नियोक्ता
वेलेस्ली हिल्स। यहाँ मैंने क्या लिखा है
मेरे नोट्स में लंबे समय तक नहीं
साक्षात्कार: "यह कोई है जो
उसके मन में बहुत विचार आया है
करियर।"
जाहिर है यह विचारशीलता
भुगतान किया गया, जैसा कि लुलु निकला
अधिक आत्मविश्वास में से एक और
मेरे पास संतुष्ट विषय
मेरे साक्षात्कारों में सामना करना पड़ा। पर
इस संतोष का मूल है
नियंत्रण। अपने पूरे करियर में,
लुलु बार-बार और अधिक हासिल करने के लिए लड़े
उसके कामकाजी जीवन में स्वतंत्रता,
कभी-कभी सदमे या निराशा के लिए
उसके नियोक्ताओं या दोस्तों की।
"लोग मुझसे कहते हैं कि मैं नहीं करता"
चीजें जिस तरह से दूसरे लोग करते हैं, "
लुलु ने कहा। "लेकिन मैं उनसे कहता हूं, 'मैं नहीं हूं'
अन्य लोग।' "
वह इन लड़ाइयों में सफल रही, जैसे
आप सीखेंगे, क्योंकि वह सावधान थी
पहला नियंत्रण जाल, जो था
पिछले अध्याय में वर्णित है।
यानी वह सुनिश्चित करने के लिए सावधान थी
उसके पास हमेशा पर्याप्त करियर था
उसके सामने उसका समर्थन करने के लिए पूंजी
अधिक नियंत्रण के लिए बोली लगाई। ये है
एक प्रमुख कारण जो मैं उसे बताना चाहता हूँ
कहानी: वह एक महान उदाहरण प्रदान करती है
नियंत्रण का सही किया।

ग्रेजुएशन के बाद लुलु की पहली नौकरी
वेलेस्ली कॉलेज ए . के साथ
गणित की डिग्री पर थी
सॉफ्टवेयर डेवलपमेंट करियर की सीढ़ी के निचले पायदान पर: वह थी
गुणवत्ता आश्वासन में काम करना
(क्यूए), सॉफ्टवेयर के लिए एक फैंसी शब्द
परीक्षक
"तो आपका काम होगा, के लिए
उदाहरण के लिए, टेक्स्ट को बोल्ड में डालने के लिए और
फिर सुनिश्चित करें कि यह काम करता है?" मैंने पूछ लिया।
उसे, जैसा कि उसने यह पहला काम समझाया।
"वाह, वाह, चलो अतिशयोक्ति न करें
वे जिम्मेदारी की राशि
मुझे दिया!" उसने जवाब में मजाक किया।
यह कोई बड़ा काम नहीं था। वास्तव में,
यह एक अच्छा काम भी नहीं था। इसका
यहाँ लुलु आसानी से हो सकता था
पहले नियंत्रण जाल में गिर गया:
खुद को बोरिंग में फंसा हुआ पाकर
नौकरी ठीक वह बिंदु है जहाँ
अपने आप को प्रशस्त करने के लिए तोड़ना
गैर-अनुरूपतावादी पथ बन जाता है
आकर्षक इसके बजाय, उसने फैसला किया
आवश्यक कैरियर पूंजी प्राप्त करें
कहीं बेहतर पाने के लिए।
चीजें इस प्रकार खेली गईं:
लुलु ने यूनिक्स को हैक करना शुरू किया
ऑपरेटिंग सिस्टम जो चलता था
कंपनी का सॉफ्टवेयर। वह अंततः
खुद को स्क्रिप्ट बनाना सिखाया कि
स्वचालित परीक्षण, इस प्रकार बचत
कंपनी का समय और पैसा। उसकी
नवाचारों ने ध्यान आकर्षित किया, और
कुछ छोटे वर्षों के बाद वह थी

वरिष्ठ क्यूए इंजीनियर को पदोन्नत किया गया।
इस बिंदु तक, लुलु ने एक का निर्माण किया था
कैरियर पूंजी का वैध भंडार, तो
उसने यह देखने का फैसला किया कि वह क्या खरीद सकती है
उसकी। कुछ स्वायत्तता हासिल करने के लिए
के उत्तराधिकार से
माइक्रोमैनेजिंग बॉस जिनके पास था
उसे पीड़ा दे रही है, उसने मांग की
एक सप्ताह में तीस घंटे का कार्यक्रम इसलिए
वह अंशकालिक डिग्री हासिल कर सकती थी
टफ्ट्स से दर्शनशास्त्र में। "मैं
कम समय मांगा है, लेकिन तीस
वह न्यूनतम था जिसके लिए आप
अभी भी पूर्ण लाभ प्राप्त कर सकता है," वह
व्याख्या की। अगर लुलु ने यह कोशिश की होती
के अपने पहले वर्ष के दौरान
रोजगार, उसके मालिक करेंगे
हँसे हैं और शायद पेशकश की है
इसके बजाय उसे "शून्य-घंटे-एक-सप्ताह"
अनुसूची, "लेकिन उस समय तक उसके पास था
एक वरिष्ठ इंजीनियर बन गया और था
उनके परीक्षण स्वचालन का नेतृत्व करना
प्रयास, वे वास्तव में नहीं कह सकते थे।
डिग्री हासिल करने के बाद,
लुलु ने कंपनी छोड़ दी और लाया
उसके क्यूए स्वचालन कौशल a
पास का स्टार्ट-अप जो अभी हुआ था
एक प्रमुख फर्म द्वारा अधिग्रहित। "मैंने खा लिया
तीन . के साथ यह विशाल कार्यालय
कंप्यूटर स्क्रीन, "वह याद करती है।
"हर हफ्ते कार्यालय प्रबंधक
हमारी कैंडी लेने के लिए आएंगे
गण। तुम उसे क्या बताओगे
कैंडी आप चाहते थे, और यह होगा

अपने डेस्क पर दिखाओ...। मेरे पास था
बहुत मज़ा।"कई वर्षों के बाद, माता-पिता
स्टार्ट-अप की कंपनी ने तय किया
बोस्टन-क्षेत्र के कार्यालय को बंद करो,
तो लुलु, जिसने अभी-अभी खरीदा था
घर, तय किया कि यह समय है
कुछ अलग। जब वह
नौकरी के बाजार में फिर से प्रवेश किया, वह
सहित कई प्रस्ताव उत्पन्न किए
एक के लिए क्यूए समूह का प्रबंधन करने के लिए एक
बड़ी कंपनी। यह होगा
लुलु के लिए एक बड़ा प्रचार रहा:
अधिक पैसा, अधिक शक्ति, और
अधिक प्रतिष्ठा; एक पर अगला कदम
हॉट-शॉट बनने की सीढ़ी
कार्यकारी वी.पी.
लुलु ने इसे ठुकरा दिया। इसके बजाय, वह
एक पुराने द्वारा स्थापित सात व्यक्ति स्टार्ट-अप के साथ काम करने का प्रस्ताव लिया
कॉलेज के दोस्त का बॉयफ्रेंड, जो था
हासिल करने के मौके पर कूद गया
ऐसे सिद्ध कौशल वाला कोई व्यक्ति। "मैं
वास्तव में समझ में नहीं आया कि वे क्या
किया, और मुझे यकीन नहीं है कि उनके पास यह सब था
अभी तक पता चला है, "उसने मुझसे कहा।
लेकिन यह वही है जिसने इसे बनाया है
लुलु से अपील करना: निपटना
कुछ नया, जहां है
जगह में एक विस्तृत योजना नहीं थी
पहले से ही, दिलचस्प लग रहा था-ए
पीछा जहां उसके पास बहुत कुछ होगा
कहने के लिए कि उसने क्या किया और कैसे
उसने यह किया।
जब तक यह कंपनी थी
2001 में अधिग्रहित, लुलु प्रमुख था

सॉफ्टवेयर डेवलपर। अगर यह दिया रहे
कैरियर की राजधानी, जब उसने शुरू किया
नए मालिक पर झगड़ना
विनियम—एक ड्रेस कोड, के लिए
उदाहरण, प्लस जोर देकर कहते हैं कि सभी
कर्मचारी घंटों के बीच काम करते हैं
नौ और पाँच में से—वह करने में सक्षम थी
मांग (और प्राप्त) तीन महीने '
छुट्टी। "कोई रास्ता नहीं होगा
आप इस दौरान मुझसे संपर्क करने के लिए
अवधि, "उसने अपने नए मालिकों से कहा।
छुट्टी, यह निकला, यह भी एक था
अपने कर्मचारियों को काम करने के लिए प्रशिक्षित करने का बहाना
उसके बिना। उसके जाने के तुरंत बाद
समाप्त हो गया, लुलु चला गया और, एक बोली में
और भी अधिक नियंत्रण, एक बन गया
फ्रीलांस सॉफ्टवेयर डेवलपर। पर
इस बिंदु पर उसके कौशल इतने थे
मूल्यवान है कि ग्राहकों को ढूंढना नहीं था
संकट। अधिक महत्वपूर्ण बात,
एक ठेकेदार के रूप में काम करना भी दिया
वह कैसे में उसका अत्यधिक लचीलापन
अपना काम किया। वह यात्रा के लिए
एक समय में तीन या चार सप्ताह जब
उसे लगा जैसे वह दूर हो रही है। "अगर
शुक्रवार को मौसम अच्छा था," वह
मुझसे कहा, "मैं बस दिन लूंगा"
उड़ान भरने के लिए रवाना "(उसने उसे प्राप्त किया
इस समय के आसपास पायलट का लाइसेंस)।
उसने कब काम शुरू किया और कब
उसने समाप्त कर दिया उसके दिन उसके ऊपर थे।
"उन दिनों में मैं एक
भतीजी या भतीजे और मज़े करो। मैं
बच्चों के संग्रहालय में गया और

चिड़ियाघर शायद किसी से भी ज्यादा
और शहर में," वह याद करती है। "वे
मुझे ये करने से नहीं रोक सका
चीजें, क्योंकि मैं सिर्फ एक ठेकेदार था। ”
मैंने लुलु का जल्दी साक्षात्कार किया
कार्यदिवस दोपहर, और समय
बिल्कुल मायने नहीं रखता था। "पकड़
चालू है, मुझे सुनिश्चित करने दें कि स्काइप है
बंद कर दिया ताकि कोई परेशान न कर सके
मुझे, "उसने मुझे जल्द ही बताया I
पहुंच गए। दोपहर की छुट्टी लेना
साक्षात्कार करने की सनक नहीं है
वह किस प्रकार का निर्णय ले सकती थी
अगर उसके पास था तो दूर हो गई
एक पारंपरिक कैरियर पथ का अनुसरण किया
स्टॉक-मालिक, पोर्शड्राइविंग, अल्सर-पीड़ित वीपी बनें। परंतु
फिर से, स्टॉक-स्वामित्व, पॉर्शड्राइविंग, अल्सर-पीड़ित वीपी
शायद उनके जीवन का थोड़ा आनंद लें
लुलु से कमनियंत्रण प्रतिरोध उत्पन्न करता है
लुलु की कहानी, जैसा कि मैंने पहले उल्लेख किया है,
सही किए गए नियंत्रण का एक उदाहरण है।
रेड फायर के रयान और सारा की तरह
फार्म, उसका करियर सम्मोहक है
क्योंकि उसने इसमें शामिल किया है
वह जो करती है उस पर नियंत्रण रखें और
वह यह कैसे करती है। इसके अलावा रयान और की तरह
सारा, वह इस प्रयास में सफल होती है
जहां अन्य विफल रहे हैं—के लिए
उदाहरण, जेन पिछले अध्याय से
—हमेशा यह सुनिश्चित करके कि उसके पास है
प्राप्त करने के लिए आवश्यक कैरियर पूंजी
यह स्वायत्तता।
हालाँकि, इस कहानी में छिपा हुआ है
एक छिपा हुआ खतरा। हालांकि लुलु की

करियर संतोषजनक रूप से स्व-निर्देशित था,
इस स्वतंत्रता को प्राप्त करने का मार्ग
संघर्ष उत्पन्न किया। लगभग हर
वह समय जब उसने अपने करियर की पूंजी का निवेश किया
सबसे अधिक नियंत्रण प्राप्त करने के लिए, वह भी
प्रतिरोध का सामना करना पड़ा। जब वह
a . प्राप्त करने के लिए उसके मूल्य का लाभ उठाया
उसकी पहली नौकरी में तीस घंटे का कार्यक्रम,
उदाहरण के लिए, उसका नियोक्ता नहीं कर सकता
ना कहो (वह उन्हें भी बचा रही थी
बहुत पैसा), लेकिन उन्हें पसंद नहीं आया
यह। यह लुलु के हिस्से पर तंत्रिका ले गया
उस मांग के माध्यम से धक्का।
इसी तरह, जब उसने ठुकरा दिया a
सात-व्यक्ति पर एक अपरिभाषित स्थिति लेने के लिए प्रमुख पदोन्नति
स्टार्ट-अप, उसके जीवन में लोगों ने नहीं किया
समझना।
"तुमने अभी एक घर खरीदा था," मैं
उसे याद दिलाया। "एक बड़ा ठुकराने के लिए"
एक के साथ काम पर जाने के लिए महत्वपूर्ण काम
अज्ञात छोटी कंपनी, वह है
बड़ी बात।"
"लोगों ने सोचा कि मैं पागल था," वह
मान गया। इसके बाद इस स्टार्ट-अप को छोड़ना
हासिल किया गया था इसी तरह मुश्किल था।
लुलु विवरण में जाने में झिझक रहा था,
लेकिन सबटेक्स्ट यह था कि उसका मूल्य
इस कंपनी में इतना अधिक था कि इसकी
नए मालिकों ने हर हथकंडा आजमाया
उसे बोर्ड पर रख सकता है। और
अंत में, फ्रीलांस के लिए उसका संक्रमण
काम अपनी कठिनाइयों के साथ आया था।
उसका पहला ग्राहक वास्तव में काम पर रखना चाहता था
परियोजना पर काम करने के लिए उसका पूर्णकालिक,

लेकिन उसने मना कर दिया। "उन्होंने वास्तव में नहीं किया एक ठेकेदार चाहिए," वह याद करती है, "लेकिन उनके पास कोई और नहीं था जो इस प्रकार का काम कर सकते हैं, इसलिए वे आखिर में करने के अलावा कोई विकल्प नहीं था सहमत होना।"

जितना अधिक मैं ऐसे लोगों से मिला जो में सफलतापूर्वक तैनात नियंत्रण उनका करियर, जितना मैंने सुना उनके प्रतिरोध की ऐसी ही दास्तां नियोक्ता, मित्र और परिवार।

एक और उदाहरण वह है जिसे मैं करूंगा लुईस को बुलाओ, जो ए . का निवासी है प्रसिद्ध संयुक्त प्लास्टिक सर्जरी कार्यक्रम, जो यकीनन है सबसे अधिक प्रतिस्पर्धी चिकित्सा निवास। उसके में तीन साल रेजीडेंसी, वह पीछा करना शुरू कर रहा था अस्पताल की नौकरशाही के तहत। जब मैं कॉफी के लिए उससे मिला, उसने मुझे दिया की कुंठाओं का ज्वलंत उदाहरण एक आधुनिक चिकित्सक के रूप में जीवन।

"मैंने एक बार इस रोगी को प्राप्त किया था ईआर जिसकी छाती खुली हुई थी क्योंकि वह में छुरा घोंपा गया था दिल, "उसने मुझसे कहा। "मैं पर हूँ gurney, उसके साथ अपने दिल की मालिश कर रहा है मेरे हाथ के रूप में वह में लाया गया है क्रिया संचालन कमरा। हम तक पहुँचते हैं कमरा, और जाहिर है इस आदमी की जरूरत है एक रक्त आधान क्योंकि उसके पास है उसके दिल में एक छेद।

"'खून कहाँ है?' मैं पूछता हूँ।

"'हम इसे आपको नहीं दे सकते,'

टेक ने जवाब दिया। 'तुमने छोड़ दिया'
पंजीकरण जब आप अंदर आए'-
याद रखें, मेरे पास सचमुच यह आदमी था
दिल मेरे हाथ में है जब हम आए
दरवाजे के माध्यम से — और मैं था
सोच रहा था, 'आपको पागल होना होगा'
मेरे साथ मजाक।' "
उस मरीज की ओआर में मौत हो गई। वह
शायद अब भी मर जाता
अगर उसे खून दिया गया होता
आधान, लेकिन बात यह है कि यह
वास्तव में स्वायत्तता को नष्ट करने का अनुभव था जो था
लुईस में खा रहे हैं। वह तरस गया
अपने जीवन में अधिक नियंत्रण, इसलिए उसने किया
कुछ अप्रत्याशित: उसने दो लिया
अपने निवास से साल दूर
एक कंपनी शुरू करने का कार्यक्रम जो
ऑनलाइन चिकित्सा शिक्षा बनाता है
औजार।जब आप लुईस से पूछते हैं कि वह क्यों?
एक कंपनी शुरू करना चाहता था, वह
सम्मोहक चित्र बनाता है। "एक
बहुत से लोग इससे जूझते हैं
मेरे क्षेत्र में यह है कि उनके पास बहुत कुछ है
विचार, लेकिन पता नहीं कैसे प्राप्त करें
वे वास्तविकता में बदल गए। " उसके में
दृष्टि, वह एक डॉक्टर बन जाएगा,
लेकिन इसके सह-संस्थापक भी बनें
कंपनी जो जारी रहेगी
अपने दिन-आज के पर्यवेक्षण की आवश्यकता के बिना दौड़ें। जैसे ही वह ऊपर आया
चिकित्सा के आसपास के विचारों के साथ
शिक्षा, उसका हित, वह
फिर उन्हें सौंप सकते हैं
कंपनी में बदली जाने वाली टीम
वास्तविकता में।

"मान लीजिए कि मेरे पास यह विचार है a
खेल जो प्रीमेड की मदद कर सकता है
छात्र कुछ नया सीखते हैं
अवधारणा, "उन्होंने मुझे बताया जब मैंने पूछा
एक उदाहरण के लिए। "मैं अपनी ओर मुड़ सकता था"
कंपनी में टीम और कहें, 'जाओ'
ऐसा करें।' "लुईस के लिए,
संतुष्टि की एक बड़ी भावना है
"कुछ ऐसा बनाना जो वास्तव में"
काम करता है, "और यह कंपनी
उसे वह अवसर प्रदान करें।
लुलु के साथ, हालांकि, एक बार
लुईस के पास पर्याप्त चिकित्सा विशेषज्ञता थी
को सफलतापूर्वक धन जुटाने के लिए
इस कंपनी को शुरू करो, वह बन गया था
अपने नियोक्ता के लिए पर्याप्त मूल्यवान
कि वे उसे जाने नहीं देना चाहते थे।
वह अपने संयुक्त प्लास्टिक के दस साल के इतिहास में पहले व्यक्ति थे
समय की छुट्टी का अनुरोध करने के लिए सर्जरी कार्यक्रम
अपने निवास के बीच में।
"वे मुझसे पूछ रहे थे, 'क्यों करेंगे'
आप यह करते हैं!?'" वह याद करते हैं। ये था
बनाने के लिए एक आसान संक्रमण नहीं है।
हालाँकि, जब मैं लुईस से मिला, तो उनका
दो साल का ब्रेक लगभग खत्म हो गया था।
इस दौरान उनकी कंपनी ने
एक विचार से एक लोकप्रिय के साथ एक अच्छी तरह से वित्त पोषित संगठन में प्रगति की
प्रमुख उत्पाद (एक उपकरण जो मदद करता है
मेड छात्र अपनी तैयारी करते हैं
बोर्ड परीक्षा) और एक पूर्णकालिक कर्मचारी
वह चीजों को वैसे ही लुढ़कता रहेगा जैसे वह
अपना निवास समाप्त करने के लिए लौटता है।
लुईस अपने बारे में स्पष्ट रूप से खुश था
कुछ के लिए धक्का देने का निर्णय

अलग- लेकिन यह आसान नहीं था।
यह नियंत्रण की विडंबना है।
जब कोई परवाह नहीं करता कि आप क्या करते हैं
अपने कामकाजी जीवन के साथ, आप
शायद पर्याप्त करियर नहीं है
कुछ भी दिलचस्प करने के लिए पूंजी।
लेकिन एक बार जब आपके पास यह पूंजी हो,
जैसा कि लुलु और लुईस ने खोजा,
आप काफी मूल्यवान हो गए हैं
कि आपका नियोक्ता आपका विरोध करेगा
प्रयास। मैं यही सोचने आया हूं
दूसरे नियंत्रण जाल के रूप में:
दूसरा नियंत्रण जाल
जिस बिंदु पर आपके पास है
पर्याप्त करियर हासिल किया
अर्थपूर्ण होने के लिए पूंजी
अपने कामकाजी जीवन पर नियंत्रण रखें
बिल्कुल सही बात है जब
आप मूल्यवान हो गए हैं
आपके वर्तमान के लिए पर्याप्त
नियोक्ता कि वे करने की कोशिश करेंगे
आपको बनाने से रोकें
परिवर्तन।
प्रतिबिंब पर, यह दूसरा जाल
समझ में आता है। अधिक प्राप्त करना
आपके कामकाजी जीवन में नियंत्रण है
कुछ ऐसा जिससे आपको फायदा हो लेकिन
संभावित रूप से आपके लिए कोई प्रत्यक्ष लाभ नहीं है
नियोक्ता। तीस घंटे-प्रति-सप्ताह के शेड्यूल में डाउनशिफ्टिंग, के लिए
उदाहरण, लुलु स्वतंत्रता प्रदान की
काम के माहौल से कि
तेजी से दम घुटने लगा था। परंतु
उसकी नज़र से
नियोक्ता, यह बस खो गया था

उत्पादकता। दूसरे शब्दों में, में
अधिकांश नौकरियों की आपको उम्मीद करनी चाहिए
नियोक्ता आपके कदम का विरोध करने के लिए
अधिक नियंत्रण की ओर; वे
मनाने की कोशिश करने के लिए हर प्रोत्साहन
आप अपनी करियर पूंजी का पुनर्निवेश करने के लिए
अपने करियर में वापस उनके
कंपनी, अधिक पैसा प्राप्त करना
और प्रतिष्ठा के बजाय अधिक
नियंत्रण, और यह एक कठिन हो सकता है
विरोध करने का तर्क।
साहस पुनरीक्षित
वापस नियम #2 में, मैं बर्खास्त था
"साहस संस्कृति" की। यह था
की बढ़ती संख्या के लिए मेरा कार्यकाल
लेखक और ऑनलाइन टिप्पणीकार
जो इस विचार को बढ़ावा देते हैं कि केवल
आपके और a . के बीच खड़ी बात
ड्रीम जॉब साहस का निर्माण कर रही है
अपेक्षित पथ से हट जाओ। मैंने बहस किया
कि यह साहस की संस्कृति थी कि
लिसा फ्यूअर ने अपना कॉर्पोरेट छोड़ने का नेतृत्व किया
अशुभ योग का पीछा करने का कार्य
जोखिम उठाना। यह संस्कृति भी खेलती है
कम पर अंडे देने में बड़ी भूमिका
लाइफस्टाइल डिज़ाइन समुदाय के सफल सदस्य।
दूसरे नियंत्रण के आलोक में
जाल, मुझे अपने को संयत करने की जरूरत है
पिछले तिरस्कार। हिम्मत नहीं है
काम बनाने के लिए अप्रासंगिक
प्यार। लुलु और लुईस, जैसा कि अब हम हैं
समझते हैं, काफी कुछ की आवश्यकता है
प्रतिरोध को नजरअंदाज करने का साहस
इस जाल से उत्पन्न। कुंजी, यह

लगता है, यह जानना है कि समय कब है
अपने में साहसी बनने का अधिकार
करियर के फैसले। यह समय प्राप्त करें
सही, और एक शानदार कामकाजी जीवन
आपका इंतजार कर रहा है, लेकिन इसे गलत कर लें
में पहला नियंत्रण जाल ट्रिपिंग a
स्वायत्तता के लिए समयपूर्व बोली, और
आपदा दुबक जाती है। का दोष
साहस संस्कृति, इसलिए इसकी नहीं है
अंतर्निहित संदेश है कि साहस है
अच्छा है, लेकिन इसका गंभीर कम आंकलन
में शामिल जटिलता के
इस साहस को उपयोगी में तैनात करना
मार्ग।
उदाहरण के लिए, कल्पना कीजिए कि आप
इंजेक्शन लगाने के लिए एक विचार के साथ आओ
अपने करियर में अधिक नियंत्रण। मैं के रूप में
पहले तर्क दिया, यह एक विचार के लायक है
ध्यान देना क्योंकि नियंत्रण
अपने को बदलने में इतना शक्तिशाली है
कामकाजी जीवन जिसे मैं ड्रीमजॉब अमृत कहता हूं। फिर भी कल्पना कीजिए,
कि जैसा कि आप इस विचार के साथ खिलवाड़ करते हैं,
आपके जीवन में लोग भेंट देना शुरू करते हैं
प्रतिरोध। सही बात क्या है
करना? दो नियंत्रण जाल इसे बनाते हैं
उत्तर देने के लिए एक कठिन प्रश्न।
यह संभव है कि आपके पास नहीं है
बैक अप के लिए पर्याप्त करियर पूंजी
अधिक नियंत्रण के लिए यह बोली। वह है,
आप पहले में गिरने वाले हैं
नियंत्रण जाल।इस मामले में, आप
प्रतिरोध को नजरअंदाज करना चाहिए और
विचार का पालन करें। यह, ज़ाहिर है, है
नियंत्रण के साथ समस्या: दोनों

परिदृश्य समान महसूस करते हैं, लेकिन
प्रत्येक में सही प्रतिक्रिया अलग है।
अपनी खोज में इस बिंदु तक, मैंने
पर्याप्त कहानियों का सामना करना पड़ा
सही और गलत दोनों पर नियंत्रण रखें
यह जानने के लिए कि यह पहेली है
गंभीर—शायद एकल में से एक
हमारे सामने सबसे कठिन बाधाएं
काम के लिए हमारी खोज हम प्यार करते हैं।
साहस के जयकारे नारे
संस्कृति स्पष्ट रूप से बहुत कच्ची है
इस मुश्किल के माध्यम से हमारा मार्गदर्शन करें
क्षेत्र। हमें और अधिक सूक्ष्मता की आवश्यकता है
अनुमानी, कुछ ऐसा जो कर सकता है
स्पष्ट रूप से स्पष्ट करें कि किस ब्रांड का
नियंत्रण जाल जिसका आप सामना कर रहे हैं। जैसा कि आप करेंगे
आगे जानें, मैंने खोज पूरी की
एक की आदतों में यह समाधान
आइकोनोक्लास्टिक उद्‌यमी, कोई
जिसने अपना जीवन जीने के द्‌वारा ऊंचा किया है
एक कला रूप के लिए अपने स्वयं के नियम।

11

नियंत्रण जाल से बचना

जिसमें मैं . के नियम की व्याख्या करता हूँ
वित्तीय व्यवहार्यता, जो आपको बताती है
केवल अधिक के लिए बोली लगानी चाहिए
नियंत्रण अगर आपके पास सबूत है कि
यह कुछ ऐसा है जो लोग हैं
आप के लिए भुगतान करने को तैयार।
डेरेक सिवर्स एक कंट्रोल फ्रीक है
उनकी 2010 की टेड वार्ता में ज्यादा समय नहीं है
रचनात्मकता और नेतृत्व, डेरेकी
गोताखोर भीड़ का वीडियो क्लिप चलाते हैं
एक आउटडोर संगीत कार्यक्रम में। एक नवयुवक
बिना शर्ट के नाचने लगता है
वह स्वयं। दर्शकों के सदस्य
पास बैठे उत्सुकता से देखो।
"एक नेता को खड़े होने की हिम्मत चाहिए"
अकेले और हास्यास्पद लग रहे हैं," डेरेकी
कहते हैं। जल्द ही, हालांकि, एक सेकंड
युवक पहले से जुड़ता है और शुरू करता है
नृत्य
“अब आता है पहला अनुयायी
एक महत्वपूर्ण भूमिका के साथ ... पहला
अनुयायी अकेला अखरोट बदल देता है
एक नेता में। ” वीडियो के रूप में

जारी है, कुछ और नर्तक शामिल होते हैं
समूह। फिर कई और।
दो मिनट के निशान के आसपास,
नर्तकियों की भीड़ बन गई है।
"और देवियों और सज्जनों,
इस तरह एक आंदोलन किया जाता है।"
1
TED ऑडियंस डेरेक को एक
उत्साह पूर्ण स्वागत। वह झुकता है, तो
मंच पर खुद थोड़ा नृत्य करता है।
डेरेक सिवर्स पर कोई आरोप नहीं लगा सकता
एक अनुरूपवादी होने के नाते। उसके दौरान
करियर, उन्होंने बार-बार खेला है
पहले नर्तक की भूमिका। उसने चालू किया
एक जोखिम भरा कदम के साथ, के लिए डिज़ाइन किया गया
वह जो कुछ भी करता है उस पर अपना नियंत्रण अधिकतम करें
करता है और कैसे करता है। ऐसा करके
इसलिए, उसके जैसा दिखने का जोखिम है
"अकेला अखरोट" अकेले नाच रहा है।
डेरेक के करियर के दौरान,
हालाँकि, वहाँ हमेशा समाप्त हुआ
दूसरा नर्तक होने के नाते
अपने निर्णय को मान्य किया, और फिर
अंत में एक भीड़ आ गई,
इस कदम को सफल के रूप में परिभाषित करना।
उनका पहला जोखिम भरा कदम में हुआ
1992 जब उन्होंने एक अच्छी नौकरी छोड़ दी
वार्नर ब्रदर्स संगीत को पूर्णकालिक रूप से आगे बढ़ाने के लिए। उन्होंने गिटार बजाया और दौरा किया
जापानी संगीतकार और के साथ
निर्माता रयूची सकामोटो, और बाय
सभी खाते इसमें बहुत अच्छे थे।
उनका अगला बड़ा कदम 1997 में था,
जब उन्होंने सीडी बेबी शुरू की, a

कंपनी जिसने स्वतंत्र की मदद की
कलाकार अपनी सीडी ऑनलाइन बेचते हैं। एक में
आईट्यून्स से पहले की उम्र, यह कंपनी
स्वतंत्र के लिए एक महत्वपूर्ण आवश्यकता को पूरा किया
संगीतकार, और कंपनी बढ़ी।
2008 में, उन्होंने इसे डिस्क मेकर्स को बेच दिया
22 मिलियन डॉलर के लिए।अपने करियर के इस मोड़ पर,
पारंपरिक ज्ञान ने तय किया कि
डेरेक को एक बड़े घर में जाना चाहिए
सैन फ्रांसिस्को के बाहर और
एक परी निवेशक बनें। परंतु
डेरेक की कभी दिलचस्पी नहीं थी
पारंपरिक ज्ञान। इसके बजाय, वह
बिक्री से सभी आय रखो
एक धर्मार्थ ट्रस्ट में समर्थन करने के लिए
संगीत शिक्षा, दूर रहना
ब्याज की न्यूनतम संभव राशि
कानून द्वारा अनुमत। फिर उसने अपना बेच दिया
संपत्ति और यात्रा शुरू कर दी
एक दिलचस्प की तलाश में दुनिया
रहने की जगह। जब मैंने से बात की
वह, वह सिंगापुर में था। "मुझे पसंद है
कि देश में इतना कम गुरुत्वाकर्षण है,
यह आपको यहाँ पकड़ने की कोशिश नहीं करता है, यह है
इसके बजाय एक आधार जिससे आप कर सकते हैं
अन्वेषण करें, ”उन्होंने कहा। जब मैंने पूछा
वह विदेश में क्यों रह रहा है, वह
उत्तर दिया, "मैं अपने जीवन के साथ एक नियम का पालन करता हूं
कि अगर कुछ डरावना है, तो करो। मैंने
अमेरिका में हर जगह रहते थे, और
मेरे लिए, एक बड़ी डरावनी चीज जी रही थी
देश से बाहर।"
पढ़ने के लिए समय निकालने के बाद,
मंदारिन सीखें, और यात्रा करें

दुनिया, डेरेक हाल ही में बदल गया है
एक नई कंपनी पर उनकी नजर:
मकवर्क। यह सेवा अनुमति देती है
संगीतकारों को उबाऊ कार्यों को आउटसोर्स करने के लिए
ताकि वे अधिक समय बिता सकें
रचनात्मक चीजें जो मायने रखती हैं। वह
कंपनी शुरू की क्योंकि वह
सोचा कि विचार मजेदार लग रहा है।
यहां मेरी रुचि के बारे में है
डेरेक: वह नियंत्रण से प्यार करता है। उसका पूरा
करियर बड़ा बनाने के बारे में रहा है
चलता है, अक्सर के चेहरे में
प्रतिरोध, अधिक नियंत्रण हासिल करने के लिए
वह क्या करता है और कैसे करता है पर
यह। और न केवल वह प्यार करता है
नियंत्रण, लेकिन वह काल्पनिक रूप से है
हासिल करने में सफल रहे। ये है
मैं उसे फोन पर क्यों मिला
सिंगापुर: मैं यह जानना चाहता था कि कैसे
उन्होंने यह उपलब्धि हासिल की। अधिक में
विस्तार से, मैंने पूछा कि वह किस मापदंड का उपयोग करता है
यह तय करने के लिए कि किन परियोजनाओं को आगे बढ़ाया जाए
और जिसे त्यागना है - संक्षेप में,
मैं नेविगेट करने के लिए उसका नक्शा चाहता था
अंतिम में वर्णित नियंत्रण जाल
दो अध्याय।सौभाग्य से हमारे लिए, उसके पास एक था
सरल लेकिन आश्चर्यजनक रूप से प्रभावी
मेरे सवाल का जवाब...।

वित्तीय व्यवहार्यता का कानून

जब मैंने समझाया कि मैं क्या चाहता हूं,
डेरेक ने इसे तुरंत प्राप्त कर लिया।
"आपका मतलब है, मानसिक का प्रकार
एल्गोरिदम जो वकील को रोकता है,
किसके पास यह सफल करियर रहा है

बीस साल के लिए, अचानक से
कह रही है, 'तुम्हें पता है, मैं प्यार करता हूँ'
मालिश, मैं बनने जा रहा हूँ
मालिश करनेवाली"?" उसने पूछा।
"यही बात है," मैंने जवाब दिया।
डेरेक ने एक पल के लिए सोचा।
"मेरे पास इस सिद्धांत के बारे में है
पैसा जो मेरे दूसरे जीवन पर हावी हो जाता है
नियम, "उन्होंने कहा। "क्या करो लोग
भुगतान करने को तैयार हैं।"
डेरेक ने स्पष्ट किया कि यह है
पैसे के लिए पीछा करने से अलग
पैसा होने की खातिर।
याद रखें, यह कोई है जो
22 मिलियन डॉलर दिए और अपनी बिक्री की
उनकी कंपनी के बाद संपत्ति थी
अधिग्रहीत। इसके बजाय, जैसा कि उन्होंने समझाया:
"पैसा एक तटस्थ संकेतक है
मूल्य। पैसा कमाने के मकसद से,
आप मूल्यवान होने का लक्ष्य रख रहे हैं।"
उन्होंने इस बात पर भी जोर दिया कि शौक
स्पष्ट रूप से इस नियम से मुक्त हैं।
"अगर मैं स्कूबा डाइव सीखना चाहता हूं, तो
उदाहरण, क्योंकि मुझे लगता है कि यह मजेदार है,
और लोग मुझे ऐसा करने के लिए भुगतान नहीं करेंगे,
मुझे परवाह नहीं है, मैं यह करने जा रहा हूँ
वैसे भी, "उन्होंने कहा। लेकिन जब यह
आपके को प्रभावित करने वाले निर्णयों के लिए आता है
मुख्य कैरियर, पैसा एक रहता है
मूल्य के प्रभावी न्यायाधीश। "अगर आप कर रहे हैं
एक के लिए धन जुटाने के लिए संघर्ष
विचार, या सोच रहे हैं कि आप करेंगे
असंबंधित के साथ अपने विचार का समर्थन करें
काम करें, तो आपको पुनर्विचार करने की आवश्यकता है

विचार।"पहली मुठभेड़ में, डेरेक का
करियर, जो रचनात्मक के इर्द-गिर्द घूमता है
पीछा, तलाकशुदा लग सकता है
prosaic और crass as . के रूप में मायने रखता है
पैसे। लेकिन जब उन्होंने अपनी
इस दृष्टि से पथ
मानसिक एल्गोरिथ्म, यह अचानक बना
अधिक समझ।
उनका पहला बड़ा कदम, उदाहरण के लिए,
एक पेशेवर बनना था
1992 में संगीतकार। डेरेकी के रूप में
मुझे समझाया, उसने शुरू किया
रात में और पर संगीत का पीछा करना
सप्ताहांत। "मैंने अपना दिन का काम नहीं छोड़ा
जब तक मैं और पैसा नहीं कमा रहा था
मेरे संगीत के साथ। ”
उनका दूसरा बड़ा कदम था शुरू करना
सीडी बेबी। फिर से, उसने अपना नहीं बदला
इस खोज के लिए पूर्णकालिक ध्यान
जब तक वह एक का निर्माण कर चुका था
लाभदायक ग्राहक आधार। "लोग पूछते हैं"
मुझे कैसे मैंने अपने व्यवसाय को वित्त पोषित किया," वह
कहा। "मैं उन्हें बताता हूं कि पहले मैंने एक बेच दिया"
सीडी, जिसने मुझे पर्याप्त पैसा दिया
दो बेचने के लिए। ” वहीं से बढ़ी।
अंत में, डेरेक की बोली
नियंत्रण बड़ा और गैर-अनुरूपतावादी रहता है, लेकिन उसकी मानसिक स्थिति को देखते हुए
केवल क्या करने पर एल्गोरिथ्म
लोग भुगतान कर रहे हैं, वे अब
भी बहुत कम जोखिम भरा लगता है। इस
विचार इतना शक्तिशाली है कि मैं
इसे अपना स्वयं का अधिकारी ध्वनि शीर्षक देना चाहिए:
वित्तीय कानून

व्यवहार्यता
यह तय करते समय कि
एक आकर्षक खोज का पालन करें
जो अधिक परिचय देगा
अपने कार्य जीवन पर नियंत्रण रखें,
सबूत मांगे कि क्या
लोग इसके लिए भुगतान करने को तैयार हैं
यह। अगर आपको यह सबूत मिल जाए,
जारी रखें। यदि नहीं, तो आगे बढ़ें।जब मैंने इस पर विचार करना शुरू किया
कानून, मैंने देखा कि यह फिर से लागू हुआ और
लोगों के उदाहरण के लिए फिर से
सफलतापूर्वक अधिक नियंत्रण प्राप्त करना
उनके करियर में। इसे समझने के लिए,
ध्यान दें कि "इच्छुक" की परिभाषा
भुगतान करने के लिए" भिन्न होता है। कुछ मामलों में, यह
का शाब्दिक अर्थ है भुगतान करने वाले ग्राहक
आप किसी उत्पाद के लिए पैसा देते हैं या
सर्विस। लेकिन इसका मतलब प्राप्त करना भी हो सकता है
एक ऋण के लिए स्वीकृत, एक प्राप्त करना
बाहरी निवेश, या, अधिक
आम तौर पर, एक नियोक्ता को आश्वस्त करना
या तो आपको काम पर रखने के लिए या लिखते रहने के लिए
आप तनख्वाह। एक बार आप इसे अपना लें
"इसके लिए भुगतान करें" की लचीली परिभाषा
यह कानून हर तरफ पॉप अप करना शुरू कर देता है।
उदाहरण के लिए, रयान पर विचार करें
रेड फायर फार्म से वोइलैंड। अनेक
पढ़े-लिखे शहरवासी, तंग आ चुके
शहरी अराजकता के साथ, कुछ खरीदें
खेत और जीविकोपार्जन की कोशिश
अपने हाथों से काम कर रहे हैं। अधिकांश असफल।
जो चीज रयान को अलग बनाती है वह है
उसने सुनिश्चित किया कि लोग इसके लिए तैयार हैं
कोशिश करने से पहले उसे खेती के लिए भुगतान करें।

अधिक विस्तार से, क्योंकि वह नहीं था
अमीर पूर्व बैंकर, अपनी पहली खरीद
संपत्ति से ऋण की आवश्यकता है
मैसाचुसेट्स फार्म सर्विसेज
एजेंसी—और एफएसए नहीं
अपना पैसा आसानी से दे दो। आप
एक विस्तृत व्यवसाय प्रस्तुत करना होगा
योजना जो उन्हें आश्वस्त करती है कि आप
वास्तव में अपने साथ पैसा कमाएं
खेत। दस साल के अनुभव के साथ
उसकी तरफ, रयान बनाने में सक्षम था
यह तर्क।
लुलु एक और अच्छा प्रदान करता है
कार्रवाई में इस कानून का उदाहरण। यहां,
"भुगतान करने को तैयार" की परिभाषा
उसकी तनख्वाह से संबंधित। वह
उसके कदमों को और अधिक की ओर देखा
स्वायत्तता चाहे या नहीं
कोई उसे काम पर रखेगा या रखेगा
उसे भुगतान करते हुए उसने उन्हें बनाया।
उसका पहला बड़ा कदम, उदाहरण के लिए,
तीस-घंटे-प्रति-सप्ताह के कार्यक्रम में छोड़ना था। वह जानती थी कि उसके पास है
इसका समर्थन करने के लिए पर्याप्त पूंजी
बदलें क्योंकि उसके नियोक्ता ने कहा
हां। बाद की नौकरियों में, जब वह
तीन महीने की छुट्टी पर बातचीत की या
के साथ फ्रीलांस काम करने पर जोर दिया
एक खुला कार्यक्रम, ये भी थे
अधिक नियंत्रण के लिए बोलियां जो थीं
इस तथ्य से मान्य है कि उसके
नियोक्ताओं ने उन्हें स्वीकार कर लिया। यदि वह
उनके पास कम करियर पूंजी थी
बताने में कोई दिक्कत नहीं होती
उसे अलविदा।दूसरी तरफ, जब आप देखते हैं

उन लोगों की कहानियों पर जो . थे
अधिक जोड़ने में असफल
उनके करियर पर नियंत्रण, आप अक्सर
पाया कि इस कानून की अनदेखी की गई है।
जेन को पहले से याद करें
नियम #3: वह कॉलेज से बाहर हो गई
अस्पष्ट विचार के साथ कि कुछ प्रकार
ऑनलाइन व्यापार का समर्थन करेगा a
साहसिक जीवन शैली। अगर उसने
डेरेक सिवर्स से मुलाकात की, वह होती
इस कदम में देरी तब तक की जब तक कि वह असली नहीं हो गई
सबूत है कि वह बना सकती है
पैसा ऑनलाइन। इस मामले में कानून
अपने उद्देश्य को अच्छी तरह से पूरा किया होगा,
एक साधारण प्रयोग के रूप में होगा
संभावना से पता चला है कि निष्क्रिय आय
वेबसाइट वास्तविकता से अधिक मिथक हैं,
और इस तरह उसके दाने को रोका
उसकी शिक्षा का परित्याग।
इसका मतलब यह नहीं है कि जेन होगा
जीवन के लिए खुद को इस्तीफा देना पड़ा है
उबाऊ काम का। इसके विपरीत,
कानून उसे प्रदान कर सकता था
खोज जारी रखने के लिए संरचना
उसके साहसिक जीवन पर बदलाव
दृष्टि जब तक वह एक को नहीं ढूंढ पाती
पीछा करना जो वास्तव में उपज देगा
परिणाम।नियम #1 और #2 ने निर्धारित किया
मेरी नई सोच की नींव
लोग किस तरह से प्यार करते हैं
वे करते हैं। नियम # 1 ने खारिज कर दिया
जुनून परिकल्पना, जो कहती है
कि आपको पहले पता लगाना होगा
आपकी सच्ची कॉलिंग और फिर नौकरी खोजें

मैच के लिए। नियम #2 ने इस विचार को बदल दिया
कैरियर पूंजी सिद्धांत के साथ, जो
तर्क है कि लक्षण जो परिभाषित करते हैं
महान कार्य दुर्लभ और मूल्यवान हैं,
और यदि आप इन्हें अपने में चाहते हैं
कामकाजी जीवन, आपको पहले निर्माण करना होगा
पेश करने के लिए दुर्लभ और मूल्यवान कौशल
बदले में। मैं इन कौशलों को "कैरियर" कहता हूं
पूंजी," और नियम # 2 में मैंने गोता लगाया
इसे कैसे प्राप्त किया जाए, इसका विवरण।
स्पष्ट अगला प्रश्न है
एक बार आप इस पूंजी का निवेश कैसे करें
यह है। नियम #3 ने एक का पता लगाया
इस प्रश्न का उत्तर तर्क-वितर्क से दें
जो आप पर नियंत्रण प्राप्त कर रहा है
आप इसे कैसे करते हैं और कैसे करते हैं यह अविश्वसनीय रूप से है
महत्वपूर्ण। यह गुण प्रकट होता है
अक्सर लोगों के जीवन में
वे जो करते हैं उससे प्यार करते हैं
इसे ड्रीम-जॉब अमृत कहते हैं।
अपनी पूंजी को नियंत्रण में रखना,
हालांकि, मुश्किल हो जाता है।
आमतौर पर दो जाल होते हैं
इस की खोज में लोगों को फँसाते हैं
प्रवृत्ति। पहला नियंत्रण जाल नोट
कि हासिल करने की कोशिश करना खतरनाक है
पर्याप्त के बिना अधिक नियंत्रण
इसे वापस करने के लिए पूंजी।
दूसरा नियंत्रण जाल नोट
कि एक बार आपके पास राजधानी है
अधिक नियंत्रण के लिए बोली का बैकअप लें,
आप अभी भी जंगल से बाहर नहीं हैं।
यह पूंजी आपको मूल्यवान बनाती है
आपके नियोक्ता के लिए पर्याप्त है कि वे

संभावना है कि अब आप को बनाए रखने के लिए लड़ेंगे
एक अधिक पारंपरिक मार्ग। उन्होंने अनुभव किया
कि अधिक नियंत्रण प्राप्त करना अच्छा है
आपके लिए लेकिन उनके तल के लिए नहीं
रेखा।
नियंत्रण जाल आपको एक में डालते हैं
कठिन परिस्थिति। आइए आपको बताते हैं
अधिक पीछा करने के लिए एक विचार है
अपने करियर में नियंत्रण और आप
प्रतिरोध का सामना करना पड़ रहा है। कैसे कर सकते हैं
आप बताएं कि क्या यह प्रतिरोध उपयोगी है
(उदाहरण के लिए, यह आपको बचने में मदद कर रहा है
पहला नियंत्रण जाल) या कुछ और
अनदेखा करना (उदाहरण के लिए, यह
दूसरे नियंत्रण जाल का परिणाम)?
इस नियंत्रण को नेविगेट करने में सहायता के लिए
पहेली, मैं डेरेकी की ओर मुड़ा
नदियाँ। डेरेक एक सफल है
उद्यमी जिसने जीवन जिया है
नियंत्रण के लिए समर्पित। मैंने उससे पूछा
के माध्यम से छानने के लिए उनकी सलाह
संभावित नियंत्रण-बढ़ाने वाले कार्य
और उसने एक सरल के साथ जवाब दिया
नियम: "वह करें जो लोग करने को तैयार हैं
के लिए भुगतान।" यह बनाने के बारे में नहीं है
पैसा (डेरेक, उदाहरण के लिए, is
कमोबेश पैसे के प्रति उदासीन,
दान के लिए दे दिया है
लाखों उसने अपनी बिक्री से कमाए
पहली कंपनी)। इसके बजाय, इसके बारे में है
"तटस्थ संकेतक" के रूप में धन का उपयोग करना
मूल्य का ”- निर्धारित करने का एक तरीका
आपके पास पर्याप्त है या नहीं
कैरियर की पूंजी के साथ सफल होने के लिए a

तलाश।मैंने इसे का कानून कहा
वित्तीय व्यवहार्यता, और निष्कर्ष निकाला
कि यह नेविगेट करने के लिए एक महत्वपूर्ण उपकरण है
नियंत्रण का अपना अधिग्रहण।
यह धारण करता है कि क्या आप हैं
एक उद्यमी विचार
उद्यम या एक के भीतर एक नई भूमिका
स्थापित कंपनी। जब तक लोग
आपको भुगतान करने को तैयार हैं, यह एक नहीं है
विचार आप के बाद जाने के लिए तैयार हैं।

12

पारदी का अर्थपूर्ण जीवन सबेटी

जिसमें मेरा तर्क है कि एक एकीकृत
आपके कामकाजी जीवन का मिशन हो सकता है
बड़ी संतुष्टि का स्रोत।
खुश प्रोफेसर
हार्वर्ड का अत्याधुनिक नॉर्थवेस्ट
विज्ञान भवन 52 . पर पाया जाता है
कैम्ब्रिज में ऑक्सफोर्ड स्ट्रीट,
मैसाचुसेट्स, दस मिनट की पैदल दूरी पर
पैकिंग करने वाले पर्यटकों से
विश्वविद्यालय का प्रसिद्ध केंद्रीय यार्ड। इसका
हॉकिंग ईंट और कांच की प्रयोगशालाओं के एक परिसर का हिस्सा जो का निर्माण करते हैं
हार्वर्ड फैबल्ड का नया दिल
अनुसंधान इंजन। के अंदर
नॉर्थवेस्ट हॉलीवुड जैसा दिखता है
एक विज्ञान प्रयोगशाला की दृष्टि।
की परिधि को परिभाषित करने वाले हॉलवे
प्रत्येक मंजिल पॉलिश कंक्रीट है
और की शैली में मंद रोशनी
टेलीविजन अपराध प्रक्रिया।
हॉलवे के अंदर, बीच में
इमारत की, आर्द्र प्रयोगशालाएं हैं,
स्नातक छात्रों के साथ छेड़छाड़

खिड़की के माध्यम से दिखाई देने वाले पिपेट
स्टील के दरवाजे। दूसरी तरफ
दालान प्रोफेसरों के कार्यालय हैं,
फर्श से छत तक कांच द्वारा परिभाषित
विभाजन यह इनमें से एक था
विशेष रूप से कार्यालय जिन्होंने मुझे आकर्षित किया
एक धूप जून पर उत्तर पश्चिम
दोपहर - Pardis . का कार्यालय
सबेती, एक पैंतीस वर्षीय
विकासवादी जीव विज्ञान के प्रोफेसर
जिसने अधिक में से एक में महारत हासिल की थी
मायावी लेकिन शक्तिशाली रणनीतियाँ
जिस काम से आप प्यार करते हैं उसकी तलाश।
पहली चीज़ों में से एक जो आप करेंगे
नोटिस अगर आप आसपास समय बिताते हैं
पारदीस यह है कि वह अपने जीवन का आनंद लेती है।
जीवविज्ञान, किसी भी उच्च-दांव की तरह
अकादमिक क्षेत्र, मांग कर रहा है।
इस वजह से इसकी प्रतिष्ठा है
युवा प्रोफेसरों को में बदलने के लिए
घुमंतू जो अपनाते हैं a
वर्कहोलिज़्म का मर्दवादी ब्रांड,
जिसमें विश्राम एक संकेत बन जाता है
असफलता और उपलब्धियों के
साथियों की त्रासदी बन जाते हैं। ये हो सकता है
अंधकारमय अस्तित्व हो। पारडिस, उसके लिए
भाग, इस भाग्य से बचा है।
मेरी यात्रा में पाँच मिनट नहीं,
उदाहरण के लिए, एक युवा स्नातक छात्र,
Pardis में कार्यरत दस लोगों में से एक
उसका नाम सबेटी लैब, पोक्स
कार्यालय में उसका सिर।
"हम नीचे जा रहे हैं
वॉलीबॉल अभ्यास, "वे कहते हैं,

लैब की टीम को संदर्भित करना, जो
जाहिर तौर पर खुद को गंभीरता से लेता है। वह
उनसे जल्द से जल्द जुड़ने का वादा
हमारा साक्षात्कार समाप्त होता है।
वॉलीबॉल केवल पारदीस का नहीं है
शौक। अपने कार्यालय के एक कोने में वह
एक ध्वनिक गिटार रखता है जो कार्य करता है
सजावट से अधिक के रूप में: Pardis
हजारो नामक बैंड में बजता है
दिन, जो में अच्छी तरह से जाना जाता है
बोस्टन संगीत मंडल। 2008 में, पीबीएस
नोवा स्पेशल में बैंड को दिखाया गया
रिसर्चर्स हू रॉक कहा जाता है।
इनके लिए पारदी की ऊर्जा
गतिविधियाँ उसका एक दुष्प्रभाव है
उसके काम के लिए उत्साह। थोक
उसका शोध अफ्रीका पर केंद्रित है,
सेनेगल में चल रहे अध्ययनों के साथ,
सिएरा लियोन, और सबसे बढ़कर,
नाइजीरिया। पारदी के लिए, यह काम है
सिर्फ से ज्यादा के बारे में
प्रकाशनों का संचय और
पैसे देना। हमारे में एक बिंदु पर
बातचीत, उदाहरण के लिए, वह खींचती है
उसका लैपटॉप बाहर: "आपको देखना होगा
मेरा और मेरी लड़कियों का यह वीडियो," वह
का एक YouTube क्लिप लोड करते हुए कहते हैं
Pardis, हाथ में गिटार, अग्रणी a
चार अफ्रीकी महिलाओं का समूह
गाना। वीडियो बाहर शूट किया गया था
नाइजीरिया में। ताड़ के पेड़ प्रदान करते हैं
पृष्ठभूमि। महिलाएं, मैं सीखती हूं,
द्वारा समर्थित क्लिनिक में काम करते हैं
सबेटी लैब। "ये महिलाएं सौदा करती हैं"

विनाशकारी में मरने वाले लोगों के साथ
हर दिन तरीके, "वह किसी से नहीं कहती
विशेष रूप से जब वीडियो चलता है।
स्क्रीन पर हर कोई मुस्कुरा रहा है
जबकि पारदी मिश्रित के साथ उनका नेतृत्व करते हैं
सफलता, छंद के माध्यम से। "मुझे पसंद है
वहाँ जा रहा है, "वह आगे कहती हैं। "नाइजीरिया है
मेरा अफ्रीकी घर। "

यह स्पष्ट है कि पारडिस ने परहेज किया है
पीसने वाला सनकीवाद जो फँसता है
कई युवा शिक्षाविदों, और है
इसके बजाय एक आकर्षक जीवन बनाया ("यह है
हमेशा आसान नहीं, "उसने एक बार कहा था
एक साक्षात्कार, "लेकिन मुझे वास्तव में क्या पसंद है
मैं करता हूँ"
1
) लेकिन उसने कैसे खींच लिया
यह करतब? जैसा कि मैंने के साथ समय बिताया
पारदीस, मैंने पहचाना कि उसका
खुशी इस तथ्य से आती है
कि उसने अपना करियर a . पर बनाया है
स्पष्ट और सम्मोहक मिशन
—ऐसा कुछ जो न केवल देता है
उसके काम के लिए अर्थ लेकिन प्रदान करता है
जीवन को अपनाने के लिए आवश्यक ऊर्जा
प्रयोगशाला से परे। में
अतिप्राप्ति की विशिष्ट शैली
हार्वर्ड, पारडिस का मिशन नहीं है
मतलब सूक्ष्म: उसका लक्ष्य, सीधे शब्दों में कहें,
दुनिया से सबसे ज्यादा छुटकारा पाना है
प्राचीन और घातक रोग।

एक स्नातक छात्र के रूप में, Pardis
के उभरते क्षेत्र में ठोकर खाई
कम्प्यूटेशनल जेनेटिक्स- का उपयोग

डीएनए को समझने में मदद करने के लिए कंप्यूटर
क्रम। उसने विकसित किया
एल्गोरिथ्म जो छानता है
मानव आनुवंशिक के डेटाबेस
किसी के निशान की तलाश में जानकारी
मायावी लक्ष्य: चल रहे मानव
क्रमागत उन्नति। आम जनता को,
यह विचार कि मनुष्य अभी भी हैं
विकसित होना आश्चर्यजनक हो सकता है, लेकिन
विकासवादी जीवविज्ञानी के बीच यह है
बिना प्रमाण के सही मान लेना। (निम्न में से एक
हाल के मानव के क्लासिक उदाहरण
विकास लैक्टोज टॉलरेंस है—
वयस्कता में दूध को पचाने की क्षमता
—एक लक्षण जो फैलना शुरू नहीं हुआ
मानव आबादी के माध्यम से
हमने दूध उत्पादन को पालतू बनाया
जानवरों।)
Pardis का एल्गोरिथ्म सांख्यिकीय का उपयोग करता है
के पैटर्न का शिकार करने की तकनीक
जीन प्रवासन जो आप से मेल खाता है
चयनात्मक से उम्मीद करेंगे
दबाव—उदाहरण के लिए, एक उत्परिवर्तन
जो हाल ही में मानव में पॉप अप हुआ
विकास लेकिन तब से फैल गया है
आबादी के बीच जल्दी।
एल्गोरिथम, दूसरे शब्दों में, खोज
आँख बंद करके "उम्मीदवार"
जीन जो दिखते हैं जैसे वे हैं
प्राकृतिक चयन का परिणाम, लेकिन
इसे शोधकर्ता पर छोड़ देना
पता लगाएँ कि प्राकृतिक चयन क्यों
जीन को उपयोगी माना।
Pardis एल्गोरिथ्म का उपयोग करता है

हाल ही में विकसित जीन की खोज करें
जो रोग प्रतिरोधक क्षमता प्रदान करते हैं। उसकी
तर्क यह है कि अगर वह इन्हें ढूंढ सकती है
जीन और समझते हैं कि वे कैसे
काम, बायोमेडिकल शोधकर्ता हो सकता है
एक में उनके लाभ की नकल करने में सक्षम हो
इलाज। यह समझ में आता है,
बेशक, वह रोग-प्रतिरोध जीन
उम्मीदवारों में होगा
पारडिस के एल्गोरिदम द्वारा बदल दिया गया, जैसा
वे का एक उत्कृष्ट उदाहरण प्रदान करते हैं
कार्रवाई में प्राकृतिक चयन। यदि एक
घातक वायरस मार रहा है
लंबे समय तक आबादी में इंसान
समय, जीवविज्ञानी कहेंगे कि यह
जनसंख्या "चयनात्मक" के अंतर्गत है
दबाव।" अगर भाग्यशाली कुछ सदस्य
समूह का तब विकसित होता है
रोग के लिए एक प्रतिरोध, यह
दबाव सुनिश्चित करता है कि नया जीन
तेजी से फैलेगा (लोगों के साथ
नए जीन की तुलना में कम बार मरते हैं
इसके बिना)। यह तेजी से फैला
एक नए जीन का बिल्कुल प्रकार है
सिग्नेचर पारडिस के एल्गोरिथम में है
पता लगाने के लिए ट्यून किया गया।
Pardis की पहली बड़ी खोज थी a
जीन जो को प्रतिरोध प्रदान करता है
ल्हासा बुखार, सबसे पुराना और में से एक
अफ्रीकियों की सबसे घातक बीमारियां
महाद्वीप, दसियों . के लिए जिम्मेदार
हर साल हजारों मौतें।
("लोग सिर्फ इसके साथ नहीं मरते हैं
रोग," उसने जोर दिया, "वे मर जाते हैं"

अत्यधिक मौतें।") उसने तब से
जोड़ा गया मलेरिया और बुबोनिक
"प्राचीन" की सूची में प्लेग
अभिशाप" जिससे वह निपट रही है
उसकी कम्प्यूटेशनल रणनीति।
Pardis का करियर a . द्वारा संचालित है
स्पष्ट मिशन: नए का उपयोग करने के लिए
पुरानी बीमारियों से लड़ने की तकनीक।
यह शोध स्पष्ट रूप से महत्वपूर्ण है-
द्वारा जोर दिया गया एक अवलोकन
तथ्य यह है कि उसे सात-आंकड़ा प्राप्त हुआ है
दोनों से उसके काम के लिए अनुदान
बिल एंड मेलिंडा गेट्स फाउंडेशन
और एनआईएच। बाद में इस पुस्तक में,
हम कैसे के विवरण में गोता लगाएंगे
उसने यह फोकस पाया, लेकिन क्या है
अब ध्यान देने योग्य बात यह है कि उसे
मिशन उसे की भावना प्रदान करता है
उद्देश्य और ऊर्जा, लक्षण जो हैं
उसे a . बनने से बचने में मदद की
सनकी अकादमिक और इसके बजाय
उसके काम को उत्साह के साथ गले लगाओ।
उसका मिशन नींव है
जिससे वह प्यार करती है जिसके लिए वह करती है
करता है, और इसलिए यह एक करियर है
रणनीति हमें बेहतर करने की जरूरत है
समझना।

मिशन की शक्ति

एक मिशन के लिए एक होना है
अपने करियर के लिए एकीकृत फोकस। इसका
एक विशिष्ट नौकरी से अधिक सामान्य और
कई पदों पर फैल सकता है। यह

प्रश्न का उत्तर देता है,
मुझे अपने जीवन के साथ क्या करना चाहिए?
मिशन शक्तिशाली हैं क्योंकि वे
अपनी ऊर्जा को एक उपयोगी की ओर केंद्रित करें
लक्ष्य, और यह बदले में अधिकतम करता है
आपकी दुनिया पर आपका प्रभाव—a
आप जो प्यार करते हैं उसका महत्वपूर्ण कारक
करना। जो लोग अपने जैसा महसूस करते हैं
करियर वास्तव में अधिक मायने रखता है
अपने कामकाजी जीवन से संतुष्ट,
और वे इसके प्रति अधिक प्रतिरोधी भी हैं
कड़ी मेहनत का तनाव। जागे रहना
अपने कॉर्पोरेट मुकदमे को बचाने के लिए देर हो चुकी है
ग्राहक कुछ अतिरिक्त मिलियन डॉलर
जल निकासी हो सकती है, लेकिन देर से जागना
एक प्राचीन बीमारी को ठीक करने में मदद कर सकते हैं
आप की तुलना में अधिक ऊर्जावान छोड़ दें
जब आपने शुरू किया—शायद यहां तक कि
अतिरिक्त उत्साह प्रदान करना
लैब वॉलीबॉल टीम शुरू करने की जरूरत
या रॉक बैंड के साथ यात्रा करें।
मैं Pardis Sabeti . के लिए तैयार था
क्योंकि उसका करियर a . द्वारा संचालित है
मिशन और उसने खुशी काटी है
बदले में। उससे मिलने के बाद, मैं चला गया
अन्य लोगों के लिए खोज रहे हैं जो
काम बनाने के लिए इस विशेषता का लाभ उठाया
वे प्यार करते हैं। इस खोज ने मुझे एक
युवा पुरातत्वविद् जिसका मिशन
अपने क्षेत्र को लोकप्रिय बनाने के लिए उनका नेतृत्व किया
पर खुद की टेलीविजन श्रृंखला
डिस्कवरी चैनल, और एक ऊब के लिए
प्रोग्रामर जो व्यवस्थित रूप से
एक तैयार करने के लिए विपणन का अध्ययन किया

मिशन जिसने उत्साह का संचार किया
अपने कामकाजी जीवन में वापस। सभी में
तीन मामलों में, मैंने बिल्कुल डिकोड करने की कोशिश की
इन व्यक्तियों को कैसे मिला और
फिर सफलतापूर्वक तैनात किया गया
मिशन। संक्षेप में, मैं चाहता था a
एक महत्वपूर्ण प्रश्न का उत्तर:
आप मिशन को कैसे हकीकत बनाते हैं
आपके कामकाजी जीवन में?
मुझे जो उत्तर मिले वे हैं
उलझा हुआ। बेहतर समझने के लिए
इस जटिलता, चलो विषय डालते हैं
के व्यापक संदर्भ में वापस
किताब। पिछले नियमों में, मेरे पास है
तर्क दिया कि "अपने जुनून का पालन करें" है
बुरी सलाह, जैसा कि ज्यादातर लोग नहीं करते हैं
पहले से मौजूद जुनून के साथ पैदा हुआ
खोजे जाने की प्रतीक्षा कर रहा है। यदि तुम्हारा
लक्ष्य यह है कि आप जो करते हैं उससे प्यार करें, आप
पहले "कैरियर पूंजी" का निर्माण करना चाहिए
दुर्लभ और मूल्यवान में महारत हासिल करके
कौशल, और फिर इस पूंजी में नकद
उन लक्षणों के लिए जो महान कार्य को परिभाषित करते हैं।
जैसा कि मैं समझाता हूँ, मिशन इनमें से एक है
ये वांछनीय लक्षण, और किसी की तरह
ऐसी वांछनीय विशेषता, इसकी भी आवश्यकता है
कि आप सबसे पहले करियर की पूंजी बनाएं—a
इसके बिना लॉन्च किया गया मिशन
विशेषज्ञता स्पटर के लिए बर्बाद होने की संभावना है
और मर जाते हैं।
लेकिन अकेले पूंजी पर्याप्त नहीं है
एक मिशन को एक वास्तविकता बनाओ। बहुतायत
लोग जो करते हैं उसमें अच्छे होते हैं लेकिन
a . में अपने करियर को फिर से उन्मुख नहीं किया है

सम्मोहक दिशा। तदनुसार,
मैं की एक जोड़ी का पता लगाने जा रहा हूँ
उन्नत रणनीति जो एक भी खेलती है
छलांग लगाने में अहम भूमिका
एक मिशन के लिए एक अच्छे विचार से
वास्तव में उस मिशन को बनाना a
वास्तविकता। आगे के अध्यायों में, आप
व्यवस्थित रूप से मूल्य जानें
एक दिशा की तलाश के लिए विभिन्न प्रोटोमिशन के साथ प्रयोग करना
ज़ारी करने लायक़। आप भी सीखेंगे
तैनात करने की आवश्यकता a
खोज में विपणन मानसिकता
आपका ध्यान। दूसरे शब्दों में,
मिशन एक शक्तिशाली विशेषता है
अपने कामकाजी जीवन में परिचय दें,
लेकिन वे भी चंचल हैं, आवश्यकता है
उन्हें बनाने के लिए सावधानी से मनाना a
वास्तविकता।
यह सूक्ष्मता शायद समझाती है
इतने सारे लोगों की कमी क्यों है
अपने करियर पर ध्यान केंद्रित करना,
भले ही इस तरह का फोकस व्यापक रूप से हो
प्रशंसित: मिशन कठिन हैं। इस के द्वारा
मेरी खोज में बिंदु, हालांकि, मेरे पास था
"कठिन" के साथ सहज हो जाओ
और मुझे आशा है कि यदि आपने इसे बनाया है
पुस्तक में अब तक, आपके पास है
यह आराम भी मिला।
कठोरता डराती है
दिवास्वप्न और डरपोक, छोड़कर
हम जैसे लोगों के लिए अधिक अवसर
जो समय लेने को तैयार हैं
सबसे अच्छे रास्ते पर ध्यान से काम करें
आगे बढ़ें और फिर आत्मविश्वास से लें

गतिविधि।

13

मिशनों को पूंजी की आवश्यकता है

जिसमें मेरा तर्क है कि एक मिशन
आपके पास प्रासंगिक होने से पहले चुना गया
कैरियर पूंजी होने की संभावना नहीं है
टिकाऊ।
मिशन विफलता
जब सारा ने मुझे लिखा, वह थी
अटक गया। उसने हाल ही में अपनी नौकरी छोड़ दी थी
एक समाचार पत्र संपादक के रूप में भाग लेने के लिए
संज्ञानात्मक का अध्ययन करने के लिए ग्रेजुएट स्कूल
विज्ञान। सारा ने ग्रेड माना था
कॉलेज के ठीक बाहर स्कूल, लेकिन पर
समय, वह चिंतित थी कि उसने नहीं किया
सही कौशल है। उम्र के साथ,
हालाँकि, अधिक आत्मविश्वास आया,
और उसके बाद साइन अप करने के बाद
एक कृत्रिम-खुफिया पाठ्यक्रम प्राप्त किया
जो "एक छोटे को डराता" होता
खुद का संस्करण, "सारा ने फैसला किया
डुबकी लगाने और एक बनने के लिए
पूर्णकालिक डॉक्टरेट उम्मीदवार।
फिर परेशानी शुरू हुई। नहीं
अपने नए छात्र कैरियर में लंबे समय तक

सारा उसके द्वारा लकवाग्रस्त हो गई
काम की एक आयोजन की कमी
मिशन। "मुझे लगता है कि मेरे पास बहुत अधिक है
रुचियां, "उसने मुझे बताया। "मैं नहीं कर सकता
तय करें कि क्या मुझे सैद्धांतिक करना है
काम या कुछ और लागू,
या जो अधिक उपयोगी होगा।
और भी खतरनाक, मेरा मानना है कि सभी
अन्य शोधकर्ता होने के लिए
प्रतिभाशाली.... आप क्या करते अगर
तुम मेरे जूते में थे?"
सारा की कहानी ने मुझे याद दिलाया
जेन, जिसे मैंने रूल . में पेश किया था
#3. जैसा कि आपको याद होगा, जेन
कॉलेज से बाहर कर दिया "[शुरू] ए
मेरी दृष्टि को विकसित करने के लिए गैर-लाभकारी
स्वास्थ्य, मानव क्षमता, और एक जीवन
अच्छी तरह से रहते थे।" यह मिशन,
दुर्भाग्य से, एक कठोर में भाग गया
वित्तीय वास्तविकता जब जेन विफल रही
उसकी अस्पष्टता का समर्थन करने के लिए धन जुटाएं
नज़र। जब मैं उससे मिला, वह थी
a . खोजने के बारे में सलाह मांगना
सामान्य काम, एक ऐसा काम जो साबित कर रहा था
मुश्किल है क्योंकि उसके पास कमी है
डिग्री।
सारा और जेन दोनों ने पहचाना
मिशन की शक्ति, लेकिन संघर्ष किया
अपने आप में विशेषता को तैनात करने के लिए
कामकाजी जीवन। सारा सख्त
जीवन को बदलने वाली अनुसंधान फोकस की पारदीस सबेटी शैली चाहता था, फिर भी उसे
ऐसे की तुरंत पहचान करने में विफलता
एक फोकस ने उसे स्नातक पर पुनर्विचार करने के लिए प्रेरित किया
स्कूल। दूसरी ओर जेन,

एक साथ थप्पड़ मारा कुछ अस्पष्ट
(एक गैर-लाभकारी जो "विकसित" होगा
मेरी दृष्टि ... एक अच्छी तरह से जीने वाला जीवन")
और फिर उम्मीद थी कि विवरण होगा
एक बार उसे मिल जाने के बाद खुद काम करें
शुरू किया गया। जेन ने से बेहतर प्रदर्शन नहीं किया
सारा: विवरण, यह निकला, किया
खुद काम नहीं करना, छोड़ना
जेन दरिद्र और अभी भी बिना a
कॉलेज की डिग्री।मैं ये कहानियाँ इसलिए सुनाता हूँ क्योंकि वे
एक महत्वपूर्ण बिंदु पर जोर दें:
मिशन मुश्किल हैं। सारा और के रूप में
जेन ने सीखा, सिर्फ इसलिए कि आप
वास्तव में अपने काम को व्यवस्थित करना चाहते हैं
एक मिशन के आसपास का मतलब यह नहीं है कि
आप इसे आसानी से कर सकते हैं।
हार्वर्ड की अपनी यात्रा के बाद, मुझे एहसास हुआ
कि अगर मैं इसे तैनात करने जा रहा था
मेरे अपने करियर में विशेषता, मुझे चाहिए
इस चालबाजी को बेहतर ढंग से समझें।
यही है, मुझे यह पता लगाने की जरूरत है कि क्या
पारडिस ने सारा से अलग किया
और जेन। जवाब मैं अंत में
एक अप्रत्याशित से आया पाया
जगह: समझाने का प्रयास a
हैरान करने वाली घटना।
की चौंकाने वाली लोकप्रियता
यादृच्छिक रैखिक नेटवर्क
कोडन
जैसा कि मैं इस अध्याय को लिखता हूं, मैं हूं
एक कंप्यूटर विज्ञान में भाग लेना
सैन जोस, कैलिफोर्निया में सम्मेलन।
आज से पहले, कुछ दिलचस्प
हो गई। मैंने . में एक सत्र में भाग लिया

जो चार अलग-अलग प्रोफेसर
चार अलग-अलग विश्वविद्यालयों से
अपना नवीनतम शोध प्रस्तुत किया।
आश्चर्यजनक रूप से चारों प्रस्तुतियां
उसी संकीर्ण समस्या से निपटा
—सूचना प्रसार
नेटवर्क—एक ही संकीर्ण . का उपयोग करते हुए
तकनीक-यादृच्छिक रैखिक
नेटवर्क कोडिंग। यह ऐसा था जैसे मेरा
अनुसंधान समुदाय जाग गया एक
सुबह और सामूहिक रूप से और
से निपटने के लिए अनायास निर्णय लिया
एक ही गूढ़ समस्या।संयुक्त खोज का यह उदाहरण
मुझे आश्चर्य हुआ, लेकिन ऐसा नहीं होगा
विज्ञान लेखक स्टीवन को हैरान कर दिया
जॉनसन। अपने आकर्षक 2010 . में
किताब, जहां अच्छे विचार आते हैं
से, जॉनसन बताते हैं कि ऐसे
"गुणकों" में अक्सर होते हैं
विज्ञान का इतिहास।
1 पर विचार करें
1611 में सनस्पॉट की खोज: असो
जॉनसन नोट, चार वैज्ञानिक, से
चार अलग-अलग देश, सभी
के दौरान घटना की पहचान की
उसी वर्ष। पहला विद्युत
बैटरी? अठारहवीं शताब्दी के मध्य में दो बार आविष्कार किया गया। ऑक्सीजन?
1772 में स्वतंत्र रूप से पृथक और
1774. द्वारा उद्धृत एक अध्ययन में
जॉनसन, के शोधकर्ता
कोलंबिया विश्वविद्यालय सिर्फ शर्मीला पाया
के 150 विभिन्न उदाहरणों में से
प्रमुख वैज्ञानिक खोजें
कई शोधकर्ताओं द्वारा बनाया गया

उसी समय के पास।
युगपत के ये उदाहरण
खोज, हालांकि दिलचस्प, हो सकता है
में हमारी रुचि के लिए स्पर्शरेखा प्रतीत होते हैं
कैरियर मिशन। हालाँकि, मैं पूछता हूँ कि
तुम मेरे साथ रहो, जैसे
इस घटना के लिए स्पष्टीकरण है
तर्क की श्रृंखला की पहली कड़ी कि
पारडिस ने जो किया उसे समझने में मेरी मदद की
सारा और जेन से अलग।
बड़े विचार, जॉनसन ने समझाया, हैं
लगभग हमेशा में खोजा गया
"आसन्न संभव," एक शब्द
जटिल प्रणाली से उधार लिया गया
जीवविज्ञानी स्टुअर्ट कॉफ़मैन, जो
सहज का वर्णन करने के लिए इसका इस्तेमाल किया
जटिल रसायन का निर्माण
सरल संरचनाओं से संरचनाएं।
केमिकल का सूप दिया
घटक स्लोशिंग और मिश्रण
एक साथ, विख्यात कॉफ़मैन, बहुत सारे
नए रसायन बनेंगे। सब नही
नया रसायन, हालांकि, समान रूप से है
संभावित। नए रसायन जो आप करेंगे
ढूँढें वे हैं जिन्हें द्वारा बनाया जा सकता है
पहले से मौजूद संरचनाओं का संयोजन
सूप। यानी नए रसायन
आसन्न के स्थान में हैं
वर्तमान द्वारा परिभाषित संभव
संरचनाएं।
जब जॉनसन ने इस शब्द को अपनाया,
उसने इसे कॉम्प्लेक्स से स्थानांतरित कर दिया
सांस्कृतिक और वैज्ञानिक के लिए रसायन
नवाचार। "हम विचार लेते हैं"

हमें विरासत में मिला है या जो हमें मिला है
ठोकर खाई, और हम घबरा गए
उन्हें एक साथ कुछ नया
आकार, "उन्होंने समझाया। अगला बड़ा
किसी भी क्षेत्र में विचार सही पाए जाते हैं
वर्तमान अत्याधुनिक से परे, में
आसन्न स्थान जिसमें शामिल है
के संभावित नए संयोजन
मौजूदा विचार। कारण महत्वपूर्ण
खोजें अक्सर कई होती हैं
समय, इसलिए, यह है कि वे केवल
एक बार जब वे प्रवेश कर जाते हैं तो संभव हो जाते हैं
आसन्न संभव, किस बिंदु पर
इस स्थान का सर्वेक्षण करने वाला कोई भी व्यक्ति—वह
है, जो वर्तमान कटिंग कर रहे हैं
धार - वही नोटिस करेगा
नवाचार होने का इंतजार कर रहे हैं।
ऑक्सीजन का अलगाव a . के रूप में
हवा का घटक, इनमें से किसी एक का नाम लेने के लिए
एक बहु के जॉनसन के उदाहरण
खोज, दो बजे तक संभव नहीं था
बातें हुईं: सबसे पहले, वैज्ञानिक
हवा के बारे में सोचने लगा
पदार्थ युक्त तत्व, नहीं
बस एक शून्य; और दूसरा, संवेदनशील
तराजू, जरूरत में एक प्रमुख उपकरण
प्रयोग, उपलब्ध हो गया।
एक बार ये दो घटनाक्रम
हुआ, ऑक्सीजन का अलगाव
नव में एक बड़ा मोटा लक्ष्य बन गया
परिभाषित आसन्न संभव-दृश्यमान
जो हुआ उसके लिए
उस दिशा में देख रहे हैं। दो
वैज्ञानिक—कार्ल विल्हेम शीले

और जोसेफ प्रीस्टली—देख रहे थे
इस दिशा में, और इसलिए दोनों
आवश्यक संचालन करने के लिए चला गया
प्रयोग स्वतंत्र रूप से लेकिन पर
लगभग उसी समय।

आसन्न भी संभव
चार के मेरे पहले के उदाहरण की व्याख्या करता है
उसी से निपटने वाले शोधकर्ता
उसी के साथ अस्पष्ट समस्या
सम्मेलन में अस्पष्ट तकनीक
मैंने भाग लिया। विशिष्ट तकनीक
इस मामले में लागू - एक तकनीक
यादृच्छिक रैखिक नेटवर्क कहा जाता है
कोडिंग—के ध्यान में आया
मैं जिन कंप्यूटर वैज्ञानिकों के साथ काम करता हूं
केवल पिछले दो वर्षों में, जैसा कि
शोधकर्ता जो संबंधित अध्ययन करते हैं
विषय ने इसे सफलतापूर्वक लागू करना शुरू किया
कांटेदार समस्याओं के लिए। वैज्ञानिक
जिन्होंने पर कागजात प्रस्तुत करना समाप्त किया
मेरे सम्मेलन में यह तकनीक थी
सभी ने इसकी क्षमता के आसपास देखा
उसी समय। जॉनसन की शर्तों में रखो,
इस तकनीक ने काटने को फिर से परिभाषित किया
अकादमिक के मेरे कोने में बढ़त
दुनिया, और इसलिए यह भी
आसन्न संभव को फिर से परिभाषित किया, और
इस नए विन्यास में
सूचना प्रसार समस्या,
ऑक्सीजन की खोज की तरह कई
सदियों पहले, अचानक करघा
एक बड़े लक्ष्य के रूप में निपटने की प्रतीक्षा कर रहा है।
हम नवाचार के बारे में सोचना पसंद करते हैं
हमें एक आश्चर्यजनक यूरेका में मारना

पल, जहाँ आप सब एक साथ
लोगों को देखने का नजरिया बदलें
दुनिया, हमारे से बहुत आगे छलांग लगा रही है
वर्तमान समझ। मैं बहस कर रहा हूँ
कि वास्तव में, नवाचार अधिक है
व्यवस्थित। हम पीसते हैं
काटने के किनारे का विस्तार करें, खोलना
आस-पास की नई समस्याएं
निपटने के लिए संभव है और इसलिए
धार का कुछ और विस्तार करें,
अधिक नई समस्याओं को खोलना,
और इसी तरह। "सच्चाई," जॉनसन
बताते हैं, "क्या वह तकनीकी है (और
वैज्ञानिक) प्रगति शायद ही कभी टूटती है
आसन्न संभव है। ”
जैसा कि मैंने उल्लेख किया है, समझ
आसन्न संभव और में इसकी भूमिका
नवाचार एक श्रृंखला की पहली कड़ी है
तर्क का जो बताता है कि कैसे
एक अच्छे करियर मिशन की पहचान करें। में
अगला भाग, मैं बनाऊंगा
दूसरा लिंक, जो को जोड़ता है
वैज्ञानिक सफलताओं की दुनिया
काम की दुनिया।

पूंजी संचालित मिशन

वैज्ञानिक सफलताएँ, जैसा कि हम बस
सीखा, आवश्यकता है कि आप पहले प्राप्त करें
अपने क्षेत्र के अत्याधुनिक। सिर्फ़
तो क्या आप आसन्न देख सकते हैं
परे संभव है, वह स्थान जहाँ
अभिनव विचार लगभग हमेशा होते हैं
खोजा गया। यहाँ मैंने जो छलांग लगाई है
जैसा कि मैंने पारदीस सबेटी के बारे में सोचा
उसी समय मैं सोच रहा था

जॉनसन का नवाचार का सिद्धांत: A
अच्छा करियर मिशन a . के समान है
वैज्ञानिक सफलता - यह एक है
नवाचार होने का इंतजार
बगल में खोजा गया
आपके क्षेत्र में संभव है। अगर आप चाहते हैं
अपने लिए एक मिशन की पहचान करने के लिए
कामकाजी जीवन, इसलिए, आपको अवश्य
सबसे पहले अत्याधुनिक तक पहुंचें—the
एकमात्र स्थान जहां ये मिशन
दृश्यमान हो जाना।
यह अंतर्दृष्टि सारा की व्याख्या करती है
संघर्ष: वह खोजने की कोशिश कर रही थी
काटने से पहले मिशन
बढ़त (वह अभी भी अपने पहले दो में थी
स्नातक छात्र के रूप में वर्ष जब
वह अपनी कमी के बारे में घबराने लगी
केंद्र)। उसके सुविधाजनक बिंदु से a . के रूप में
नई स्नातक छात्रा, वह थी
अत्याधुनिक से बहुत दूर
सर्वेक्षण करने की कोई आशा रखने के लिए
आसन्न संभव है, और यदि वह नहीं कर सकती है
आसन्न संभव देखें, वह नहीं है
एक सम्मोहक नए की पहचान करने की संभावना
उसके काम के लिए दिशा। अनुसार
जॉनसन के सिद्धांत के अनुसार, सारा होगा
पहले द्वारा बेहतर सेवा दी गई है
एक आशाजनक जगह में महारत हासिल करना-ए
कार्य जिसमें वर्षों लग सकते हैं—और केवल
फिर उसका ध्यान तलाशने की ओर लगाया
एक उद्देश्य।
आसन्न से यह दूरी
संभव भी जेन को ट्रिप किया। वह
एक परिवर्तनकारी शुरू करना चाहता था

गैर-लाभकारी जिसने रास्ता बदल दिया
लोग अपना जीवन जीते हैं। एक सफल
गैर-लाभकारी, हालांकि, की जरूरत है
मजबूत के साथ विशिष्ट दर्शन
इसकी प्रभावशीलता के लिए सबूत। जेन
ऐसा दर्शन नहीं था। प्रति
एक ढूंढो, उसे एक की आवश्यकता होगी
आसन्न संभव का अच्छा दृश्य
गैर-लाभ के उसके कोने में
क्षेत्र, और यह होगा
आवश्यक है कि वह पहले
बेहतर करने के प्रयासों की धार
लोगों का जीवन—एक प्रक्रिया जो, जैसे
सारा के साथ, धैर्य की आवश्यकता है और
शायद वर्षों का काम। जेन था
पहले एक मिशन की पहचान करने की कोशिश कर रहा है
वह अत्याधुनिक हो गई और वह
अनुमानित रूप से साथ नहीं आया
कुछ भी जो लोगों को बदल सकता है
सिर।अंत में, ये अवलोकन
स्पष्ट हैं। अगर जीवन बदल रहा है
मिशन सिर्फ a . के साथ मिल सकते हैं
थोड़ा नाभि-टकटकी और एक आशावादी
रवैया, दुनिया को बदलना होगा
सामान्य हो। लेकिन ऐसा नहीं है
सामान्य; इसके बजाय यह काफी है
दुर्लभ। यह दुर्लभता, अब हम
समझते हैं, ऐसा इसलिए है क्योंकि ये
सफलताओं की आवश्यकता है कि आप पहले
अत्याधुनिक तक पहुंचें, और यह है
कठोर—कठोरता का प्रकार जो
हम में से अधिकांश अपने में बचने की कोशिश करते हैं
कामकाजी जीवन।
सतर्क पाठक ध्यान देगा कि

"काटने के लिए हो रही" की यह बात
एज" करियर के विचार को प्रतिध्वनित करता है
पूंजी, जिसे वापस पेश किया गया था
नियम # 2 में। जैसा कि आपको याद होगा, करियर
पूंजी दुर्लभ के लिए मेरा शब्द है और
मूल्यवान कौशल। यह है, मैंने तर्क दिया, आपका
बनाने में मुख्य सौदेबाजी चिप
आप जिस काम से प्यार करते हैं: ज्यादातर लोग जो
अपने काम से प्यार करो जहां वे हैं
पहले कैरियर पूंजी का निर्माण करके
और फिर इसे प्रकारों के लिए भुनाना
महान कार्य को परिभाषित करने वाले गुण।
एक क्षेत्र के अत्याधुनिक तक पहुंचना
इन शब्दों में समझा जा सकता है:
यह प्रक्रिया दुर्लभ बनाती है और
मूल्यवान कौशल और इसलिए बनाता है
करियर पूंजी के अपने स्टोर को ऊपर उठाएं।
इसी तरह, एक सम्मोहक की पहचान करना
मिशन एक बार जब आप कटिंग पर पहुंच जाते हैं
बढ़त को आपके निवेश के रूप में देखा जा सकता है
कैरियर पूंजी एक वांछनीय हासिल करने के लिए
आपके करियर में विशेषता। दूसरे शब्दों में,
मिशन अभी तक का एक और उदाहरण है
कार्रवाई में कैरियर पूंजी सिद्धांत। यदि
आप एक मिशन चाहते हैं, आपको चाहिए
पहले पूंजी हासिल करो। यदि आप इसे छोड़ देते हैं
कदम, आप सारा की तरह समाप्त हो सकते हैं
और जेन: बहुत उत्साह के साथ
लेकिन इसके लिए दिखाने के लिए बहुत कम।
आश्चर्य की बात नहीं, जब हम लौटते हैं
पारदीस सबेटी की कहानी के लिए, हम
एक मिशन के लिए उसका रास्ता खोजें
इसका एक अच्छा उदाहरण प्रदान करता है
करियर पूंजी परिप्रेक्ष्य अनुवादित

अभ्यास में।

"मुझे लगता है कि आपको होने के लिए जुनून की ज़रूरत है खुश," पारदीस सबेटी ने मुझे बताया। पर पहले ऐसा लगता है कि वह है जुनून परिकल्पना का समर्थन कि मैंने नियम # 1 में खारिज कर दिया। परंतु फिर उसने विस्तार से बताया: "बस इतना ही" हम नहीं जानते कि वह जुनून क्या है। किसी से पूछोगे तो वो बता देंगे वे क्या सोचते हैं कि वे भावुक हैं के बारे में, लेकिन उनके पास शायद यह है गलत।" दूसरे शब्दों में, वह का मानना है कि जुनून के लिए आपका काम महत्वपूर्ण है, लेकिन वह भी का मानना है कि यह एक मूर्ख की गलती है पहले से पता लगाने की कोशिश करो क्या काम इस जुनून को बढ़ावा देगा। जब आप पारदी की कहानी सुनते हैं, इस दर्शन की उत्पत्ति स्पष्ट हो जाता है। "हाई स्कूल में, मैं गणित के प्रति जुनूनी था," उसने बताया मुझे। तब उनके पास जीव विज्ञान की शिक्षिका थी जिसे वह प्यार करती थी, जिसने उसे बनाया था लगता है कि जीव विज्ञान उसके लिए हो सकता है। जब वह एमआईटी पहुंची, तो वह थी गणित और के बीच चयन करने के लिए मजबूर जैव। "यह पता चला है कि एमआईटी जैव" विभाग के पास एक अविश्वसनीय शिक्षण पर जोर, "वह व्याख्या की। "तो मैंने जैव में पढ़ाई की।" बायो मेजर के साथ आया नया प्लान: उसने फैसला किया कि वह किस्मत में है चिकित्सक बन जाओ। "मैंने माना खुद को किसी ऐसे व्यक्ति के रूप में जो परवाह करता है

लोगों के बारे में। मैं अभ्यास करना चाहता था
दवा।"
Pardis ने MIT में बहुत अच्छा प्रदर्शन किया, जीता
एक रोड्स छात्रवृत्ति, और इसका इस्तेमाल किया
ऑक्सफोर्ड में पीएचडी हासिल करने के लिए जाएं। वह
जैविक नृविज्ञान पर केंद्रित,
एक आम तौर पर पुरातन ऑक्सफ़ोर्डियन नाम
एक क्षेत्र के लिए अधिकांश बस कॉल करेंगे
आनुवंशिकी।
यह ऑक्सफोर्ड में था कि Pardis
फैसला किया कि अफ्रीका और संक्रामक
बीमारियाँ भी थीं संभावित
अध्ययन के लिए दिलचस्प विषय। अगर आप कर रहे हैं
गिनती रखते हुए, यह तीसरा था
क्षेत्र है कि किसी बिंदु पर उसके
छात्र कैरियर ने उन्हें आकर्षित किया—
पूरी सूची में अब गणित है,
दवा, और संक्रामक रोग।
यही कारण है कि वह इससे सावधान है
अपने को पहचानने की कोशिश करने की रणनीति
अग्रिम में एक सच्ची बुलाहट—उसमें
अनुभव, बहुत सारी अलग-अलग चीजें
अलग-अलग समय पर लग सकता है
सम्मोहक
अफ्रीका में उसकी नई रुचि को देखते हुए,
Pardis एक शोध समूह में शामिल हो गए
मदद करने के लिए आनुवंशिक विश्लेषण का उपयोग करना
अफ्रीकी-अमेरिकियों ने उनका पता लगाया
के क्षेत्रों में वापस वंशावली
अफ्रीका। एक-एक साल के बाद, Pardis
प्रयोगशालाओं को बदलने का फैसला किया, और वह
दूसरे में ले जाया गया, a . द्वारा सुझाया गया
दोस्त। यह प्रयोगशाला निपट रही थी
मलेरिया के आनुवंशिकी।

ऑक्सफोर्ड के बाद, पारडिस वापस आ गया
उसे कमाने के लिए हार्वर्ड मेडिकल स्कूल
एमडी-आश्चर्यजनक रूप से, भले ही वह थी
आनुवंशिकी में पीएचडी खत्म करना, वह
अभी तक उसे छोड़ने के लिए तैयार नहीं था
पहले का अनुमान था कि वह थी
किसी तरह डॉक्टर बनना था।
नतीजा यह हुआ कि वह जवान हो गई
पीएचडी थीसिस खत्म करने वाला मेड छात्र
अपने खाली समय के दौरान। "अगर आप चाहते हैं
एक होने के बारे में कुछ लिखने के लिए
गुणवत्तापूर्ण सुखद जीवन, मुझसे मत पूछो
हार्वर्ड में मेरे समय के बारे में," वह
चेतावनी दी। "हार्वर्ड एक कठिन था
समय।"
पारडिस ने अपना शोध प्रबंध समाप्त किया
और पोस्टडॉक्टोरल फेलो बन गए,
के साथ इस काम को जारी रखना
उसके एमडी कार्यक्रम का अंत, ले रहा है
सबवे आगे और पीछे
हार्वर्ड और एमआईटी, जहां वह थी
अब ब्रॉड इंस्टीट्यूट में काम कर रहे हैं
प्रसिद्ध आनुवंशिकीविद् एरिक के साथ
लैंडर। इस अवधि के दौरान था
कि सांख्यिकीय का उपयोग करने के बारे में उसके विचार
हाल के साक्ष्य खोजने के लिए विश्लेषण
मानव विकास उपजने लगता है
परिणाम, 2002 में समापन
में एक प्रमुख पत्र का प्रकाशन
सहज शीर्षक के साथ प्रकृति:
"हाल ही में सकारात्मक चयन का पता लगाना
से मानव जीनोम में
हैप्लोटाइप संरचना। ”
2

गूगल स्कॉलर के अनुसार,
काम 720 से अधिक उद्धृत किया गया है
इसके प्रकाशन के बाद से कई बार। "लोग
के बाद मेरे साथ अलग व्यवहार करना शुरू किया
वह कागज, "पार्डिस कहते हैं। "वह है
जब संकाय की पेशकश शुरू हुई
में आ रहा है।" हालांकि वह समाप्त हो गई
इस अवधि में कहीं उसके एमडी, आईटी
इस बिंदु तक नहीं था कि उसे
मिशन आखिरकार स्पष्ट हो गया:
क्लिनिकल डॉक्टर बनना नहीं था
समझ में आता है; वह निर्माण करने जा रही थी
एक शोध कैरियर उस पर केंद्रित है
कम्प्यूटेशनल जेनेटिक्स का उपयोग
प्राचीन रोगों से लड़ें। पारदिस
हार्वर्ड में प्रोफेसर की उपाधि ली,
अंत में एकल के लिए प्रतिबद्ध होने के लिए तैयार
अपने कामकाजी जीवन में ध्यान दें।
पारडिस के बारे में मुझे क्या लगा?
कहानी कितनी उल्लेखनीय रूप से देर हो चुकी थी
उसकी पहचान से पहले उसके प्रशिक्षण में
वह मिशन जो अब उसे परिभाषित करता है
करियर। यह विलंब सर्वोत्तम है
अभी भी उसके निर्णय द्वारा प्रतिनिधित्व किया
उपस्थित हों—और समाप्त करें!—चिकित्सा
स्कूल भले ही वह थी
पीएचडी शोध पर काम कर रहा था जो था
नोटिस आकर्षित करना शुरू कर दिया। ये हैं
किसी के कार्य नहीं जो है
पहले दिन से उसके भाग्य के बारे में निश्चित।
यह निश्चितता तब तक नहीं आई
बाद में, उसकी प्रकृति के समय के आसपास
प्रकाशन, जब पारडिस ने आखिरकार
उसे कम्प्यूटेशनल विकसित किया

आनुवंशिकी विचार उस बिंदु तक जहां
उनकी उपयोगिता और नवीनता थी
ज़ाहिर।मेरी शब्दावली का उपयोग करने के लिए, यह लंबा
प्रशिक्षण की अवधि, उसके साथ शुरू
स्नातक जीव विज्ञान कक्षाएं और
उसके पीएचडी के माध्यम से जारी है और
फिर ब्रॉड में पोस्टडॉक्टरल काम
संस्थान, जब वह थी
कैरियर के अपने भंडार का निर्माण
राजधानी। जब उसने एक लिया
हार्वर्ड में प्रोफेसर, वह थी
अंत में इस पूंजी को भुनाने के लिए तैयार
मिशन संचालित कैरियर प्राप्त करने के लिए
वह आज आनंद लेती है।
नियम #4 का शीर्षक है "थिंक स्मॉल,
एक्ट बिग।" यह इस समझ में है
करियर पूंजी और इसकी भूमिका में
मिशन है कि हमें अपना स्पष्टीकरण मिलता है
इस शीर्षक के लिए। के लिए आगे बढ़ रहा है
एक क्षेत्र में बढ़त का एक कार्य है
"छोटी" सोच, आपको करने की आवश्यकता है
के एक संकीर्ण संग्रह पर ध्यान केंद्रित करें
संभावित लंबे समय के लिए विषय।
एक बार जब आप अत्याधुनिक हो जाते हैं,
हालांकि, और में एक मिशन की खोज करें
आसन्न संभव है, आपको जाना चाहिए
इसके बाद जोश के साथ: एक "बड़ी" कार्रवाई।
Pardis Sabeti ने छोटा सोचा
वर्षों से धैर्यपूर्वक ध्यान केंद्रित करना a
संकीर्ण आला (के आनुवंशिकी)
अफ्रीका में रोग), लेकिन फिर अभिनय
बड़ा एक बार वह पर्याप्त हासिल कर लिया
एक मिशन की पहचान करने के लिए पूंजी (उपयोग .)
कम्प्यूटेशनल जेनेटिक्स मदद करने के लिए

प्राचीन को समझें और लड़ें
बीमारी)। सारा और जेन, by
इसके विपरीत, इस आदेश को उलट दिया। वे
बड़ा सोच कर शुरुआत की, तलाश
एक दुनिया बदलने वाला मिशन, लेकिन
पूंजी के बिना वे केवल
इस बड़ी सोच को छोटे से मिलाओ,
निष्प्रभावी कृत्य। मिशन की कला,
हम निष्कर्ष निकाल सकते हैं, हमसे पूछता है
हमारे सबसे भव्य को दबाएं
काम की प्रवृत्ति और इसके बजाय अपनाएं
धैर्य—धैर्य की शैली
पारदीस सबेटी के साथ मनाया गया-
इस आदेश को सही करने के लिए आवश्यक है।

14

मिशन को मार्केटिंग की आवश्यकता है

जिसमें मेरा तर्क है कि महान
मिशन में तब्दील हो जाते हैं
के परिणाम के रूप में बड़ी सफलताएँ
कानून को संतुष्ट करने वाली परियोजनाओं को खोजना
उल्लेखनीयता की, जिसके लिए आवश्यक है
कि एक विचार लोगों को प्रेरित करता है
इसके बारे में टिप्पणी, और में शुरू किया गया है
ऐसा स्थान जहाँ ऐसी टिप्पणी है
आसान बना दिया।

जाइल्स का उल्लेखनीय जीवन
बोकेट

जाइल्स बॉकेट जो करता है उससे प्यार करता है
जीविका के लिए। वास्तव में, मेरा पहला
जाइल्स के साथ मुठभेड़ एक ई-मेल थी
उसने मुझे विषय पंक्ति के साथ भेजा:
"मेरा उल्लेखनीय जीवन।"
जाइल्स, हालांकि, हमेशा नहीं थे
उसके करियर से प्यार करो। अंक थे
जब वह टूट गया था और
बेरोजगार, और अन्य बिंदु जब
वह उन नौकरियों से पीड़ित था जो ऊब गए थे
उसे एक स्तब्धता में। परिवर्तन का बिन्दू

2008 में आया जब जाइल्स ए . बन गए
के समुदाय में रॉक स्टार
कंप्यूटर प्रोग्रामर जो
नामक भाषा में विशेषज्ञ
माणिक। "ऐसा लगता है जैसे हर रूबी
ग्रह पर प्रोग्रामर जानता है
मेरा नाम," उसने मुझे बताया, पर विचार करते हुए
उनकी नई हस्ती। "मैं सचमुच
अर्जेंटीना और . के लोगों से मिले
नॉर्वे जो न केवल जानता था कि मैं कौन हूँ
लेकिन बिल्कुल चौंक गए थे
कि मैंने उनसे यह जानने की अपेक्षा नहीं की थी
मैं कौन था।"
मैं विवरण में गोता लगाऊंगा कि कैसे
जाइल्स जल्द ही स्टार बन गए, लेकिन मैं क्या?
अब इस बात पर जोर देना चाहते हैं कि
प्रसिद्धि ने उन्हें नियंत्रण करने की अनुमति दी
उनका करियर और इसे में बदलने के लिए
कुछ वह प्यार करता है। "मेरे पास बहुत कुछ था"
San . में कंपनियों से ब्याज
फ्रांसिस्को और सिलिकॉन वैली, "हे
मुझे बताया, अवधि को दर्शाते हुए
जो 2008 में शुरू हुआ। उसने फैसला किया
ENTP के साथ नौकरी करें, इनमें से एक
देश की शीर्ष रूबी प्रोग्रामिंग
फर्म। उन्होंने उसका वेतन दोगुना कर दिया और
उसे दिलचस्प पर काम करने के लिए रखो
परियोजनाओं. 2009 में, जाइल्स थोड़ा पीछे थे
एक उद्यमी बग। वो चला गया
ENTP और एक ब्लॉग बनाया और a
मिनी-वेब अनुप्रयोगों का संग्रह
जो जल्द ही पर्याप्त पैसा लेकर आया
उसका समर्थन करने के लिए। "मेरे पास एक दर्शक था
कौन जानना चाहता था कि मैं क्या हूँ

एक पूरे टन के बारे में सोचा
अलग-अलग चीजें, "उन्होंने मुझे बताया। "में
कई मामलों में वे भुगतान करने में प्रसन्न थे
पैसे सिर्फ मुझसे सवाल पूछने के लिए।"
आखिरकार, उसने फैसला किया कि वह
एकल के साथ अपना भरण-पोषण किया था
जीवन शैली ("घर से काम करना is
जब आपके पास नहीं है तो लंगड़े की तरह
रूममेट्स, एक प्रेमिका, या यहां तक कि एक
कुत्ता"), इसलिए उन्होंने लंबे समय तक पीछा किया
में जाकर फिल्म निर्माण में रुचि
हिटरेकॉर्ड के लिए काम: एक कंपनी
अभिनेता जोसेफ गॉर्डन लेविट द्वारा शुरू किया गया जो एक वेब-आधारित प्रदान करता है
सहयोगी मीडिया के लिए मंच
परियोजनाओं. ऐसा नहीं है कि पैसा था
महान ("हॉलीवुड
क्या की समझ
प्रोग्रामर को बेतहाशा भुगतान मिलता है
गलत"), लेकिन बस यह लग रहा था
बहुत मज़ा पसंद है — जाइल्स में से एक
उसके लिए सबसे महत्वपूर्ण मानदंड
कामकाजी जीवन। "यह एक बहुत अच्छा था
अनुभव, "उन्होंने मुझसे कहा। "मुझे करना है
के सितारों में से एक के साथ घूमें
इंसेप्शन और अगला बैटमैन,
अपने घर पर बियर पीते हुए, कि
इस तरह की चीज़।" मेरे मिलने के कुछ समय बाद
जाइल्स, के बाद वह सफलतापूर्वक था
अपनी हॉलीवुड की खुजली को खुजलाया, वह
एक बार फिर आगे बढ़ गया। एक प्रकाशक
उसे एक किताब लिखने के लिए कहा था, और
वह सहमत हो गया था - और क्यों नहीं? यह
एक दिलचस्प बात की तरह लग रहा था
करना।

जिस गति से जाइल्स
अवसर से उछलता है
अवसर लग सकता है
भटकाव है, लेकिन यह जीवन शैली एक है
उनके हाइपरकिनेटिक के लिए एकदम सही मैच
व्यक्तित्व। जाइल्स के पसंदीदा में से एक
प्रस्तुति तकनीक, के लिए
उदाहरण के लिए, तेजी से बात करना शुरू करना है
और तेज़, उसके साथ
स्लाइड की एक तीव्र श्रृंखला के साथ भाषण,
प्रत्येक एक एकल खोजशब्द की विशेषता है कि
स्क्रीन पर सटीक रूप से चमकता है
जिस क्षण वह इस शब्द का उच्चारण करता है—
एक कैफीन के वक्तृत्वपूर्ण समकक्ष
जल्दबाज़ी करना। दूसरे शब्दों में, उन्होंने अपने
करियर कस्टम-फिट बनाने के लिए पूंजी
अपने व्यक्तित्व के लिए, यही कारण है कि वह
अब अपने कामकाजी जीवन से प्यार करता है।
कारण मैं जाइल्स को बता रहा हूँ
कहानी यहाँ नियम #4 में है कि
प्रसिद्धि के लिए उनकी वृद्धि का मूल उनका था
मिशन। अधिक विस्तार से, जाइल्स
के मिशन के लिए खुद को प्रतिबद्ध किया
कला की दुनिया को एक साथ लाना
और रूबी प्रोग्रामिंग। उसने बनाया
इस प्रतिबद्धता पर अच्छा है जब वह
जारी किया गया आर्कियोप्टेरिक्स, एक ओपनसोर्स आर्टिफिशियल इंटेलिजेंस
प्रोग्राम जो लिखता और निभाता है
खुद का नृत्य संगीत।देख रहे
कार्रवाई में आर्कियोप्टेरिक्स हो सकता है
भयानक: एक अहानिकर आदेश
मैक कमांड लाइन में टाइप किया गया
एक आक्रामक और जटिल शुरू होता है
टेक्नो ब्रेकबीट;एक सिंगल वैल्यू है

बायेसियन प्रायिकता में परिवर्तन
एआई इंजन में अंतर्निहित मैट्रिसेस;
और अचानक बीट
पूरी तरह से कुछ में बदल जाता है
को अलग। ऐसा लगता है जैसे संगीत रचनात्मकता
खुद को की एक श्रृंखला में घटा दिया गया है
समीकरण और संक्षेप की कुछ पंक्तियाँ
कोड। इस कारनामे ने जाइल्स को स्टार बना दिया।
लेकिन सवाल जो मुझे रुचता है
जाइल्स के बारे में सबसे अधिक यह है कि उन्होंने कैसे बनाया
एक सामान्य मिशन से छलांग—to
कला और रूबी को एक साथ लाओ
प्रोग्रामिंग - एक विशिष्ट, प्रसिद्ध परियोजना के लिए: आर्कियोप्टेरिक्स। में
अंतिम अध्याय, मैंने इस पर प्रकाश डाला
के लिए छोटे दांव का उपयोग करने का महत्व
आगे बढ़ने का एक अच्छा तरीका महसूस करें
विशिष्ट परियोजना के लिए सामान्य मिशन।
हालाँकि, जाइल्स एक और परत जोड़ता है
इस लक्ष्य के लिए सूक्ष्मता से। वह
खोजने के कार्य से संपर्क किया
उनके मिशन के लिए अच्छी परियोजनाएं
एक बाज़ारिया की मानसिकता,
व्यवस्थित रूप से पुस्तकों का अध्ययन
यह पहचानने में मदद करने वाला विषय क्यों
कुछ विचार पकड़ में आते हैं जबकि अन्य
चित्त गिरना। उनका मार्केटिंग-केंद्रित
दृष्टिकोण किसी के लिए भी उपयोगी है
के हिस्से के रूप में मिशन चलाने के लिए देख रहे हैं
काम के लिए उनकी खोज वे प्यार करते हैं।
बैंगनी गाय और खुला स्रोत
रॉक स्टार
जाइल्स के करियर की कहानी तब शुरू होती है जब वह
अपने पहले के बाद सांता फ़े कॉलेज छोड़ दिया
साल। उन्होंने पटकथा लिखने की कोशिश की,

"लेकिन वे अच्छे नहीं थे," और वह
संगीत लिखने की कोशिश की, "जो मैं था"
बेहतर है, लेकिन जिसने भुगतान नहीं किया।" वह
भी प्रचंड। प्रकृति में कलात्मक,
जाइल्स को ग्राफिक के लिए तैयार किया गया था
कंपनियों में डिजाइनर जहां
उसने काम किया और उन्होंने उसका परिचय दिया
नई मार्कअप भाषा को विचित्र बनाने के लिए
की दुनिया को बदलने के लिए तैयार था
डिज़ाइन—एक भाषा जिसे HTML कहा जाता है।
जाइल्स ने अपना पहला वेब पेज में बनाया था
1994, और 1996 में वे सानो चले गए
फ्रांसिस्को, अपने साथ किताबें ला रहा है
जावा और पर्ल पर, प्रोग्रामिंग
भाषाएं जो प्रदान करती हैं
प्रारंभिक वेब की नींव। वह
1994 में 30,000 डॉलर कमाए। 1996 में यह
$ 100,000 तक उछला: डॉट-कॉम
बूम गति पकड़ रहा था और
जाइल्स के साथ सही जगह पर थे
सही समय पर सही कौशल।
सबसे पहले, चीजें अच्छी तरह से चली गईं
सैन फ्रांसिस्को में जाइल्स। उसे मज़ा आया
वेबसाइटों को डिजाइन करना और उनके फ्री . में
समय वह में शामिल हो गया
स्थानीय डीजे दृश्य। लेकिन करियर है
अपनी तरह की गति, और
उसने जल्द ही खुद को पाया
निवेश के लिए प्रोग्रामिंग
बैंक। "मैं अपने से ऊब गया था"
मन," वह याद करते हैं, "तो मैंने फैसला किया
कुछ बोल्ड करो: मैं जा रहा था
वास्तव में एक दिलचस्प स्टार्टअप पर लागू करें। " जिस दिन उसने अपना सबमिट किया
आवेदन के तहत स्टार्ट-अप चला गया।

पहला डॉट-कॉम क्रैश शुरू हो गया था।
"बहुत जल्द मैं अकेला था
मेरे दोस्त जिनके पास बिल्कुल भी नौकरी थी," वह
याद किया। "मैंने एक भर्तीकर्ता से बात की
मुझे पसंद आया कुछ खोजने के बारे में
बेहतर, और उसने कहा कि मुझे होना चाहिए
नौकरी पाने के लिए रोमांचित। "जाइल्स जाइल्स होने के बावजूद, वह
भर्ती करने वाले को नजरअंदाज किया, नौकरी छोड़ दी,
और सांता फ़े में वापस चले गए। वह
पर किराए के टूरिस्ट में रहता था
माता-पिता की भूमि, उन्हें बनाने में मदद करना a
लेते समय सौर ऊर्जा से चलने वाला घर
स्थानीय समुदाय में पाठ्यक्रम
कॉलेज। उन्होंने पेंटिंग, आवाज,
पियानो, और शायद अधिकांश
महत्वपूर्ण रूप से, स्टूडियो इंजीनियरिंग,
कक्षा जिसने उसका परिचय कराया
एलिएटोरिक संगीत: रचना का उपयोग कर
एल्गोरिदम यह यहाँ है, के बीच
रेगिस्तानी परिदृश्य और कला पाठ्यक्रम,
कि जाइल्स ने एक महत्वपूर्ण निर्णय लिया। ए
करियर अदम्य, उन्होंने महसूस किया, कर सकते हैं
आपको खतरनाक क्षेत्र में ले आओ,
जैसे लिखते समय ऊब जाना
निवेश के लिए कंप्यूटर कोड
बैंक। उसे एक मिशन की जरूरत थी
सक्रिय रूप से अपने करियर का मार्गदर्शन करें या वह
अंत में फिर से फंस जाएगा और
फिर से। उन्होंने फैसला किया कि एक अच्छा
उसके लिए मिशन किसी तरह होगा
कलात्मक और तकनीकी को मिलाएं
उसके जीवन के पक्ष, लेकिन वह नहीं जानता था
इस सामान्य विचार को कैसे बनाया जाए
पैसा बनाने की वास्तविकता, तो वह चला गया

जवाब खोज रहे हैं। उसे मिला
वह एक में क्या देख रहा था
किताबों की असंभव जोड़ी।
"आप या तो उल्लेखनीय हैं या
अदृश्य, "सेठ गोडिन अपने में कहते हैं
2002 बेस्टसेलर, पर्पल काउ।
1 जैसा वह
एक फास्ट कंपनी में विस्तृत
पर प्रकाशित घोषणापत्र
विषय: "दुनिया बोरिंग से भरी है
सामान—भूरी गाय—यही कारण है
इतने कम लोग ध्यान देते हैं.... ए
बैंगनी गाय ... अब वह खड़ी होगी
बाहर। उल्लेखनीय विपणन है
लायक चीजों को बनाने की कला
ध्यान दे रहा है।"
2 जब जाइल्स पढ़ते हैं
गोडिन की किताब, उनके पास एक एपिफेनी थी:
A . के निर्माण के अपने मिशन के लिए
टिकाऊ करियर, इसे उत्पादन करना था
बैंगनी गाय, उल्लेखनीय प्रकार
ऐसी परियोजनाएं जो लोगों को मजबूर करती हैं
प्रचार कीजिये।
लेकिन इसने उसे एक सेकंड के लिए छोड़ दिया
प्रश्न: कंप्यूटर की दुनिया में
प्रोग्रामिंग, एक कहाँ करता है
उल्लेखनीय परियोजनाओं का शुभारंभ? वह
2005 में अपना दूसरा जवाब मिला
एक विचित्र शीर्षक के साथ कैरियर गाइड: My
नौकरी भारत चली गई: 52 तरीके
अपनी नौकरी बचाओ।
3 किताब थी
चाड फाउलर द्वारा लिखित, एक प्रसिद्ध रूबी प्रोग्रामर जो भी
करियर सलाह में डबल्स

सॉफ्टवेयर डेवलपर्स। विशेष रुप से प्रदर्शित
फाउलर की बावन रणनीतियों के बीच
यह विचार है कि नौकरी तलाशने वाला
ओपन-सोर्स का लाभ उठाना चाहिए
सॉफ्टवेयर आंदोलन। इस
आंदोलन एक साथ लाता है
कंप्यूटर प्रोग्रामर जो
स्वयंसेवी अपना समय निर्माण करने के लिए
सॉफ्टवेयर जो स्वतंत्र रूप से उपलब्ध है और
परिवर्तनीय। फाउलर ने तर्क दिया कि यह
समुदाय अच्छी तरह से सम्मानित है और
अत्यधिक स्पष्ट। अगर आप बनाना चाहते हैं
सॉफ्टवेयर में अपने लिए एक नाम
विकास—नाम का प्रकार
जो आपको सुरक्षित करने में मदद कर सकता है
रोजगार—अपना ध्यान केंद्रित करें
गुणवत्ता योगदान करने पर
ओपन-सोर्स प्रोजेक्ट्स। यह कहाँ है
जो लोग मायने रखते हैं वे ढूंढते हैं
प्रतिभा।

"इस बिंदु पर मैं मूल रूप से बस डालता हूं
दो और दो एक साथ," जाइल्स ने बताया
मुझे। "बैंगनी गाय का संश्लेषण"
और माई जॉब वॉन्ट टू इंडिया वह है
अपने आप को एक के रूप में बाजार में लाने का सबसे अच्छा तरीका
प्रोग्रामर उल्लेखनीय बनाना है
खुला स्रोत सॉफ्टवेयर। तो मैंने किया।"
गोडिन की सलाह के बाद, जाइल्स
के लिए विचार के साथ आया था
आर्कियोप्टेरिक्स, उनका एआई-संचालित संगीत
रचनाकार। "मुझे नहीं लगता कि वहाँ था
मेरे संयुक्त के साथ कोई और
पृष्ठभूमि, "उन्होंने कहा। "बहुतायत
रूबी प्रोग्रामर को डांस पसंद है

संगीत, लेकिन मुझे नहीं लगता
उन्होंने वही बलिदान किया है
घंटे की हास्यास्पद संख्या
ब्रेकबीट्स और सिंथेस को ट्विक करना
बार-बार पैच,
व्हाइट-लेबल रिकॉर्ड जारी करना कि
कभी एक पैसा नहीं बनाया, और पढ़ाई
संगीत सिद्धांत।" दूसरे शब्दों में,
जाइल्स की रूबी पैदा करने की क्षमता
कार्यक्रम जिसने वास्तविक संगीत का निर्माण किया
अद्वितीय था: अगर वह इसे खींच सकता था,
वह बैंगनी रंग की गाय होगी।
फाउलर की सलाह से आकर्षित,
तब जाइल्स ने फैसला किया कि ओपनसोर्स समुदाय एकदम सही था
इस बैंगनी गाय को पेश करने की जगह
दुनिया के लिए। निम्न के अलावा
आर्कियोप्टेरिक्स कोड को इस रूप में जारी करना
खुला स्रोत, वह सड़क पर ले गया
प्रचार कीजिये। "मैंने मूल रूप से लिया
चाड फाउलर की सलाह बहुत दूर है
और लगभग हर जगह बोलने चला गया
उपयोगकर्ता समूह और सम्मेलन कि I
2008 में कम से कम पंद्रह, "
जाइल्स को याद किया। यह संकर
गोडिन/फाउलर रणनीति ने काम किया। "मैं
हर जगह से प्रस्ताव मिले, "
जाइल्स को याद किया। "मुझे साथ काम करना है
मेरे उद्योग में सितारे, मुझे मिल गया
पर एक किताब लिखने के लिए संपर्क किया
आर्कियोप्टेरिक्स, मैं बहुत कुछ चार्ज कर सकता था
जितना मैं करता था उससे अधिक पैसा। " ये था,
दूसरे शब्दों में, एक रणनीति जिसने बनाया
अपने मिशन को सफल बनाने के लिए।

उल्लेखनीयता का कानून
जाइल्स की कहानी पर विचार करते हुए, मैंने रखा
उसी विशेषण पर वापस आना:
"उत्कृष्ट।" क्या जाइल्स
पता चला, मैंने फैसला किया, क्या यह अच्छा है
मिशन संचालित परियोजना होनी चाहिए
दो अलग-अलग तरीकों से उल्लेखनीय।
सबसे पहले, यह उल्लेखनीय होना चाहिए
लोगों को मजबूर करने का शाब्दिक अर्थ
इसके बारे में टिप्पणी। इसे समझने के लिए
विशेषता, आइए पहले कुछ देखें
कि इसकी कमी है। रिलीज होने से पहले
आर्कियोप्टेरिक्स, जाइल्स ने काम किया था
किसी अन्य ओपन-सोर्स प्रोजेक्ट पर। वह
लोकप्रिय कमांड-लाइन एकत्र की
रूबी के लिए उपकरण और उन्हें संयुक्त
संगत के साथ एक पैकेज में
दस्तावेज़ीकरण। अगर आपने पूछा
इसके बारे में रूबी प्रोग्रामर
परियोजना, वह आपको बताएगा कि यह
ठोस, गुणवत्तापूर्ण, उपयोगी कार्य है। परंतु
यह उपलब्धि का प्रकार नहीं है कि
वही रूबी को मजबूर करेगा
प्रोग्रामर अपने दोस्तों को लिखने के लिए और
उन्हें बताओ, "आपको यह देखना होगा!"
सेठ गोडिन के शब्दों में, यह
प्रारंभिक परियोजना एक "भूरी गाय" थी।
इसके विपरीत, अपने कंप्यूटर को पढ़ाना
अपना खुद का जटिल संगीत लिखना a
बैंगनी गाय; यह लोगों को प्रेरित करता है
नोटिस लें और प्रचार करें।
इसमें सबसे पहले क्या अच्छा है
उल्लेखनीयता की धारणा यह है कि यह कर सकता है
किसी भी क्षेत्र में लागू किया जा सकता है। किताब लो

लेखन: अगर मैंने . की एक पुस्तक प्रकाशित की
हाल ही में मदद करने के लिए ठोस सलाह
नौकरी के लिए स्नातक संक्रमण
बाजार, आपको यह उपयोगी लग सकता है
योगदान, लेकिन शायद नहीं
अपने आप को बाहर निकालते हुए खोजें
आईफोन और ट्वीट कर इसकी तारीफ की। पर
दूसरी ओर, अगर मैं एक किताब प्रकाशित करता हूँ
वह कहता है "अपने जुनून का पालन करें" is
बुरी सलाह, (उम्मीद है) यह होगा
आपको शब्द फैलाने के लिए मजबूर करता है।
यानी आपके पास जो किताब है
बहुत पहले से कल्पना की गई थी
देखे जाने की आशा के साथ चरण
"उल्लेखनीय" के रूप में।
हालाँकि, एक सेकंड भी है
खेल में उल्लेखनीयता का प्रकार। जाइल्स
सिर्फ एक परियोजना नहीं मिली कि
टिप्पणी करने के लिए मजबूर करता है, लेकिन वह भी
परियोजना के बारे में प्रचार करें
एक स्थल जो इनका समर्थन करता है
टिप्पणियां। उनके मामले में, यह स्थल था
ओपन-सोर्स सॉफ्टवेयर
समुदाय। जैसा कि उन्होंने . से सीखा
चाड फाउलर, एक स्थापित है
इस समुदाय में बुनियादी ढांचे के लिए
शब्द को देखना और फैलाना
दिलचस्प परियोजनाओं के बारे में। बिना
बकबक करने के लिए यह अनुकूलता, a
बैंगनी गाय, हालांकि हड़ताली, मई
कभी नहीं देखा जाएगा। अधिक होने के लिए
कंक्रीट, अगर जाइल्स के बजाय था
आर्कियोप्टेरिक्स को वाणिज्यिक के एक बंद स्रोत के रूप में जारी किया
सॉफ्टवेयर, शायद इसे बेचने की कोशिश कर रहा है

एक चालाक वेबसाइट से या संगीत पर
सम्मेलनों, यह शायद नहीं होगा
की तरह आग पकड़ ली है।
एक बार फिर, की यह धारणा
उल्लेखनीयता न्याय से परे लागू होती है
जाइल्स की रूबी की दुनिया
प्रोग्रामिंग। अगर हम my . पर लौटते हैं
करियर-सलाह लिखने का उदाहरण
किताबें, मुझे अपने में जल्दी एहसास हुआ
प्रक्रिया है कि ब्लॉगिंग एक थी
परिचय के लिए उल्लेखनीय स्थल
मेरे ख्याल। ब्लॉग दिखाई दे रहे हैं और
बुनियादी ढाँचा अच्छे के लिए है
विचारों को तेजी से फैलाने के लिए,
उदाहरण के लिए, लिंक करना, ट्वीट करना, और
फेसबुक। होने के कारण
टिप्पणी करने के लिए अनुकूलता, द्वारा
जिस समय मैंने इस पुस्तक को प्रस्तुत किया
प्रकाशकों, मेरे पास न केवल एक बड़ा था
दर्शकों ने मेरे विचारों की सराहना की
जुनून और कौशल पर, लेकिन मेमे
फैल गया था: समाचार पत्र और प्रमुख
दुनिया भर की वेबसाइटों के पास था
पर मेरे विचार उद्धृत करने लगे
विषय, जबकि लेख किया गया था
ऑनलाइन उद्धृत और हजारों ट्वीट किए
समय की। अगर मैंने इसके बजाय करने का फैसला किया होता
मेरे विचारों को सशुल्क बोलने तक सीमित रखें
उदाहरण के लिए, मेरा मिशन to
हमारे सोचने का तरीका बदलो
करियर में ठहराव की संभावना है
-स्थल नहीं होता
पर्याप्त उल्लेखनीय।
हमारी सोच को व्यवस्थित करने में मदद करने के लिए,

मैं इन विचारों को संक्षेप में प्रस्तुत करूँगा
संक्षिप्त कानून:
उल्लेखनीयता का कानून
एक मिशन संचालित परियोजना के लिए
सफल होने के लिए, यह होना चाहिए
दो अलग-अलग क्षेत्रों में उल्लेखनीय
तरीके। सबसे पहले, इसे मजबूर करना होगा
जो लोग इसका सामना करते हैं
इसके बारे में दूसरों को टिप्पणी करें।
दूसरा, इसे लॉन्च किया जाना चाहिए
ऐसे स्थान में जो इस तरह का समर्थन करता है
टिप्पणी
एक बार जब मैंने इस कानून को स्पष्ट कर दिया, तो मैं
खेल में इसे नोटिस करना शुरू किया
उदाहरण मैंने पहले पाया था
एक सम्मोहक के लिए अग्रणी मिशन
करियर। इसे सीमेंट करने में मदद करने के लिए
विपणन केंद्रित दृष्टिकोण
मिशन, यह एक पल लेने लायक है
इन उदाहरणों पर लौटने के लिए और
कार्रवाई में कानून को उजागर करें।

कार्रवाई में कानून

पारदीस सबेटी का सामान्य मिशन था
लड़ने में मदद करने के लिए आनुवंशिकी का उपयोग करना
अफ्रीका में संक्रामक रोग। ये है
एक अच्छा मिशन, लेकिन अपने आप में यह करता है
पूर्ति के प्रकार की गारंटी नहीं
जीवन Pardis नेतृत्व करता है। वास्तव में, बहुत सारे
शोधकर्ता इस मिशन को साझा करते हैं, और
अच्छा कर रहे हैं, बुनियादी विज्ञान-
जैसे के जीनों को अनुक्रमित करना
वायरस—लेकिन विशेष रूप से नहीं हैं
सम्मोहक करियर। पारदीस, बाय
इसके विपरीत, द्वारा इस मिशन को आगे बढ़ाया

एक गिरफ्तारी परियोजना शुरू करना:
खोजने के लिए शक्तिशाली कंप्यूटरों का उपयोग करना
मनुष्यों के विकसित होने के उदाहरण
प्राचीन रोगों का प्रतिरोध। अगर तुम
उल्लेखनीयता का प्रमाण चाहते हैं
इस दृष्टिकोण के, आगे मत देखो
की आकर्षक सुर्खियों की तुलना में
कई लेख जो लिखे गए हैं
सबेटी लैब पर- के साथ लेख
शीर्षक जैसे "5 प्रश्न के लिए"
हमारे डीएनए को ट्रैक करने वाली महिला
पैरों के निशान" (डिस्कवर, अप्रैल 2010),
"इवोल्यूशन की बीट उठा रहा है"
(विज्ञान, अप्रैल 2008), और "क्या हम"
अभी भी विकसित हो रहा है?" (बीबीसी क्षितिज,
मार्च 2011)। यह एक परियोजना है कि
लोगों को शब्द फैलाने के लिए मजबूर करता है।
यह बैंगनी रंग की गाय है।
एक उल्लेखनीय परियोजना की तलाश में,
Pardis ने पहले भाग को संतुष्ट किया
उल्लेखनीयता का नियम। दूसरा
भाग की आवश्यकता है कि वह उसे लॉन्च करे
समर्थन करने वाले स्थान में परियोजना
टिप्पणी पारदी के लिए, जैसा कि सभी में होता है
वैज्ञानिकों, यह आसान हिस्सा है। पीयर-रिव्यूड प्रकाशन एक प्रणाली है
अनुमति देने के विचार के आसपास बनाया गया
फैलाने के लिए अच्छे विचार। बेहतर
विचार, पत्रिका जितनी अच्छी होती है
में प्रकाशित। बेहतर पत्रिका
एक लेख प्रकाशित हुआ है, और अधिक
जो लोग इसे पढ़ते हैं। और अधिक
जो लोग इसे पढ़ते हैं, जितना अधिक मिलता है
उद्धृत, सम्मेलनों में चर्चा, और
सामान्य रूप से क्षेत्र को प्रभावित करता है। अगर आप कर रहे हैं

एक उल्लेखनीय विचार वाला वैज्ञानिक,
इसमें कोई संदेह नहीं है कि कितना अच्छा है
इसे फैलाने के लिए: प्रकाशित करें! यह बिलकुल ठीक है
पारडिस ने प्रकृति के साथ क्या किया
लेख जिसने उसे उछाल दिया
प्रतिष्ठा।
Kirk फ्रेंच के साथ, हम यह भी देखते हैं
कार्रवाई में उल्लेखनीयता का कानून।
उनका सामान्य मिशन था:
आधुनिक पुरातत्व को लोकप्रिय बनाना।
बहुत सारे गैर-उल्लेखनीय हैं
इस मिशन को आगे बढ़ाने के तरीके। के लिये
उदाहरण के लिए, वह काम कर सकता था
पुरातत्व पाठ्यक्रम बनाना
पेन स्टेट में अधिक आकर्षक
स्नातक से नीचे, या प्रकाशित
सामान्य रुचि विज्ञान पत्रिकाओं में क्षेत्र पर लेख। परंतु
इन परियोजनाओं में नहीं होगा
ध्यान आकर्षित करने वाली सफलता का प्रकार उत्पन्न किया जो रूपांतरित हो सकता है
कुछ में आपका करियर
सम्मोहक इसके बजाय, किर्क ने फैसला किया
सीधे लोगों के घरों में जाने के लिए
और पुरातात्विक तकनीकों का उपयोग करें
उन्हें उजागर करने में मदद करने के लिए
परिवार का महत्व (यदि कोई हो)
खजाने यह दृष्टिकोण है
उल्लेखनीय—एक अवलोकन
की संख्या से प्रबलित
बोल रहा हूँ निमंत्रण किर्क अब
हाल ही सहित प्राप्त करता है
सबसे बड़े को संबोधित करने का अवसर
अपने क्षेत्र में सम्मेलन के बारे में
एक लोकप्रिय के रूप में सीखा सबक।
जब उन्होंने पता दिया,

सभागार में उमड़ी भीड़
(किसी के लिए एक प्रभावशाली उपलब्धि
जिन्होंने अभी-अभी डॉक्टरेट की उपाधि प्राप्त की थी)।
इस उदाहरण में, किर्क ने a
उनके समर्थन के लिए उल्लेखनीय परियोजना
मिशन—अब उसे बस एक की जरूरत थी
टिप्पणी के लिए अनुकूल स्थल। वह
के साथ यह उल्लेखनीय स्थल मिला
टेलीविजन। हम एक प्रशिक्षित समाज हैं
देखने के लिए कि क्या हो रहा है और फिर चर्चा करें
आगे क्या हमारा ध्यान खींचा
दिन।

इस पुस्तक का मूल विचार है
सरल: काम का निर्माण करने के लिए आप
प्यार, आपको पहले करियर बनाना होगा
दुर्लभ और में महारत हासिल करके पूंजी
मूल्यवान कौशल, और फिर इसमें नकद
उस प्रकार के लक्षणों के लिए पूंजी
सम्मोहक करियर को परिभाषित करें। मिशन
उन लक्षणों में से एक है।
इस नियम के प्रथम अध्याय में I
इस विचार को पुष्ट किया कि यह विशेषता,
सभी वांछनीय कैरियर लक्षणों की तरह, वास्तव में
करियर पूंजी की आवश्यकता है—आप
सीधे एक महान में नहीं जा सकते
पहली इमारत के बिना मिशन
अपने क्षेत्र में महारत। चित्रकला
स्टीवन की शब्दावली से
जॉनसन, मैंने तर्क दिया कि सबसे अच्छा
मिशन के लिए विचार में पाए जाते हैं
आसन्न संभव—क्षेत्र बस
वर्तमान अत्याधुनिक से परे।
इन विचारों का सामना करने के लिए,
इसलिए, आपको पहले उस तक पहुंचना होगा

अत्याधुनिक, जिसके बदले में आवश्यकता होती है
विशेषज्ञता। एक मिशन तैयार करने की कोशिश करने के लिए
जब आप किसी क्षेत्र में नए हों और
किसी भी कैरियर पूंजी की कमी है a
विफलता के लिए बाध्य उद्यम।
एक बार जब आप एक सामान्य की पहचान कर लेते हैं
मिशन, हालाँकि, आप अभी भी बचे हैं
विशिष्ट लॉन्च करने के कार्य के साथ
परियोजनाएँ जो इसे सफल बनाती हैं। एक
पूरा करने के लिए प्रभावी रणनीति
यह कार्य छोटे कदमों को आजमाना है कि
ठोस प्रतिक्रिया उत्पन्न करें—थोड़ा
बेट्स—और फिर इस फीडबैक का उपयोग करें,
यह अच्छा हो या बुरा, यह पता लगाने में मदद करने के लिए
आगे क्या प्रयास करना है। यह व्यवस्थित
अन्वेषण आपको उजागर करने में मदद कर सकता है
आगे एक असाधारण तरीका है कि
आप अन्यथा कभी नहीं हो सकता है
ध्यान दिया।
द लिटिल-बेट्स रणनीति, I
में मेरे शोध के रूप में खोजा गया
मिशन जारी रहा, यही नहीं है
मिशन को सफल बनाने का तरीका। यह
a . की मानसिकता को अपनाने में भी मदद करता है
बाज़ारिया। यह रणनीति का नेतृत्व किया
कि मैंने का कानून करार दिया
उल्लेखनीयता
यह कानून कहता है कि एक परियोजना के लिए
एक मिशन को एक सफलता में बदलना,
यह दो में उल्लेखनीय होना चाहिए
तरीके। सबसे पहले, यह सचमुच मजबूर होना चाहिए
लोग इसके बारे में टिप्पणी करने के लिए। दूसरा,
इसे एक स्थल में लॉन्च किया जाना चाहिए
ऐसी टिप्पणी के लिए अनुकूल।

संक्षेप में, मिशन उनमें से एक है
सबसे महत्वपूर्ण लक्षण जो आप कर सकते हैं
अपने कैरियर की पूंजी के साथ प्राप्त करें। परंतु
इस विशेषता को अपने काम में जोड़ना
जीवन सरल नहीं है। एक बार आपके पास है
एक अच्छे की पहचान करने के लिए पूंजी
मिशन, आपको अभी भी काम करना चाहिए
इसे सफल बनाओ। छोटे दांव का उपयोग करके
और उल्लेखनीयता का नियम, आप
अपने अवसरों को बहुत बढ़ाएँ
अपने को बदलने के तरीके खोजना
में एक सम्मोहक विचार से मिशन
एक सम्मोहक करियर।

www.ingramcontent.com/pod-product-compliance
Lightning Source LLC
LaVergne TN
LVHW050652051026
849532LV00002B/615